拜占庭帝國

拯救西方文明的千年東羅馬帝國

LOST TO THE WEST

THE FORGOTTEN BYZANTINE EMPIRE THAT RESCUED WESTERN CIVILIZATION

LARS BROWNWORTH

YZANTINE

324-1453

君士坦丁堡
拜占庭帝國首都
GALATA
加拉塔
OWER OF
GALATA
加拉塔石塔
CHRYSOPOLIS
克里索波利斯
BOSPHORUS
博斯普魯斯海峽
戰勝哥德人紀功柱 COLUMN OF THE GOTHS
丁尼蓄水池
STINIAN'S
CISTERN
聖和平教堂
HAGIA
IRENE
聖索菲亞大教堂
HAGIA
SOPHIA
POLO GROUNDS
馬球場
MAGNAURA
PALACE
馬格諾拉宮
里程起點碑
MILION
ME
花園
GARDENS
HOUSE OF
JUSTINIAN
查士丁尼宮
ACE OF
OLEON
里安宮

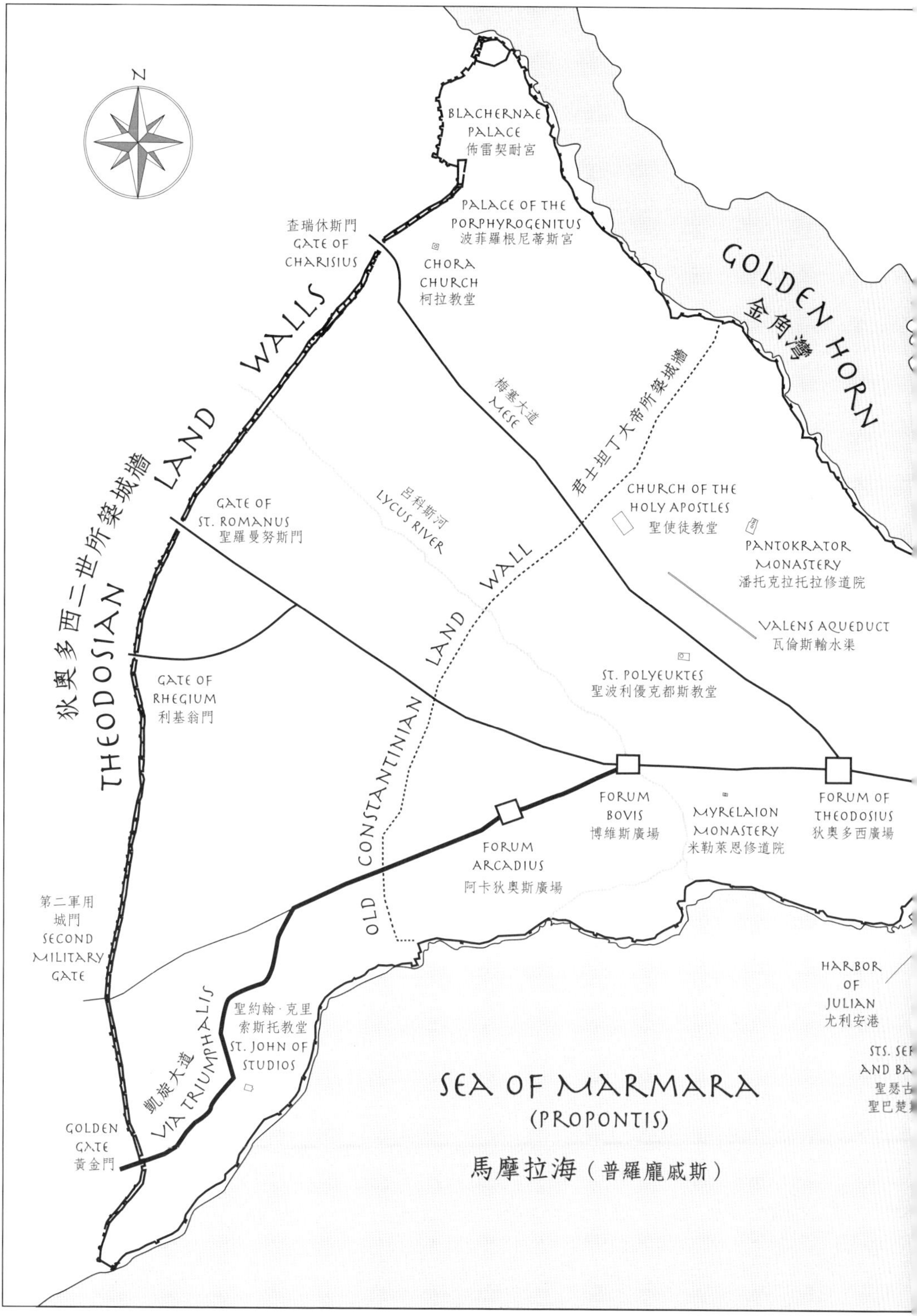
N
BLACHERNAE PALACE
佈雷契耐宮
PALACE OF THE PORPHYROGENITUS
波菲羅根尼蒂斯宮
查瑞休斯門
GATE OF CHARISIUS
CHORA CHURCH
柯拉教堂
GOLDEN HORN
金角灣
THEODOSIAN LAND WALLS
狄奧多西二世所築城牆
梅塞大道
MESE
君士坦丁大帝所築城牆
OLD CONSTANTINIAN LAND WALL
GATE OF ST. ROMANUS
聖羅曼努斯門
呂科斯河
LYCUS RIVER
CHURCH OF THE HOLY APOSTLES
聖使徒教堂
PANTOKRATOR MONASTERY
潘托克拉托拉修道院
VALENS AQUEDUCT
瓦倫斯輸水渠
GATE OF RHEGIUM
利基翁門
ST. POLYEUKTES
聖波利優克都斯教堂
FORUM BOVIS
博維斯廣場
MYRELAION MONASTERY
米勒萊恩修道院
FORUM OF THEODOSIUS
狄奧多西廣場
FORUM ARCADIUS
阿卡狄奧斯廣場
第二軍用城門
SECOND MILITARY GATE
凱旋大道
VIA TRIUMPHALIS
聖約翰·克里索斯托教堂
ST. JOHN OF STUDIOS
HARBOR OF JULIAN
尤利安港
SEA OF MARMARA
(PROPONTIS)
馬摩拉海（普羅龐戚斯）
GOLDEN GATE
黃金門

獻給 安德斯（Anders）

——我們年輕時代的說故事大師

INDEX

目次

地圖

推薦序

歷史就是故事

SADE（德國耶拿大學中世紀研究所博士生）

談起國高中歷史或歷史老師，可能會有兩種截然不同的反應。一種是「歷史課就是聽故事很有趣」，會說故事的歷史老師常常成為學生崇拜與喜愛的對象；反之，就是拿各種無趣的年表人名填塞學生，讓學生這輩子痛恨歷史的無趣老師。無論如何，作者拉爾斯．布朗沃思一定是前者。常有人誤會布朗沃思是大學教授，其實他是Houghton Colleg的歷史學士，一九九九年開始在The Stony Brook School教書，但一開始他甚至不是教歷史而是教科學，而他原本的專攻也與拜占庭相去甚遠。布朗沃思對拜占庭一直有高度的興趣，也常與他的兄長安德斯分享他各種新發現，開始錄製Podcasts的契機也是受到安德斯的鼓勵，後來安德斯將他的錄音放上iTunes，因而開啟了他的Podcaster之路。

他的podcasts"12 Byzantine Rulers"可說是歷史類podcasts的先驅，因為大受歡迎而讓他獲得《紐約時報》的專訪。另外，他也曾在《華爾街日報》撰稿。而本書《拜占庭帝國：324-1453 拯救西方文明的千年東羅馬帝國》是他的第一本書，也是成名作，從此開始了他的作家生涯。目前布朗沃思任教於Washington Christian Academy，但他仍持續錄製Podcasts、更新Blog與寫書，除了《拜占庭帝國》，也出版了《諾曼風雲：從蠻族到王族的三百年》、《十字軍聖戰：基督教與伊斯蘭的二百年征戰史》、《維京傳奇：來自海上的戰狼》，以及一系列關於拜占庭馬其頓王朝的迷你書系列：

Leo the Wise (886-912)（Byzantium: The Rise of the Macedonians Book 1）

Alexander III and Zoë(912-920)（Byzantium: The Rise of the Macedonians Book 2）

Romanus Lecapenus: The Great Pretender（Byzantium: The Rise of the Macedonians Book 3）

由此可見布朗沃思對拜占庭的熱愛，可以說拜占庭是他寫作的原點。布朗沃思認為，長期以來拜占庭帝國被低估甚至被忽視，若沒有拜占庭帝國如歐洲東壁般地聳立，西歐早就被來自東方的遊牧民族與南方的阿拉伯勢力占領了。拜占庭是正統羅馬帝國的延續，君士坦丁堡曾是歐洲最壯麗的城市，其藝術文化的高度，絕非因民族大遷移文明一度中斷的西歐堪可比擬。布朗沃思甚至多次於書中提及，若當初拜占庭帝國沒有失去西歐，又或者拜占庭把西歐的領地奪回來，今日的文明絕對會大不相同（而且絕對會更好）。然而，千年古國究竟為何被其西方後輩取而代之，在君士坦丁堡被伊斯蘭化為伊斯坦堡之後，西方對保護與傳承「歐洲文明」的拜占庭既不感激也不懷念，拜占庭與東羅馬帝國只是一個遙遠的褪色之夢，被遺忘在東與西之間。

顯然布朗沃思對此相當惋惜，因此他以高超的說故事技巧與極具張力的筆法，將帝國千年的歷史濃縮於一本書，篇篇高潮迭起，讓人忍不住想讀下去，同時被君士坦丁堡的美麗震攝不已，也感嘆於命運如此造化人。

羅馬帝國向來以幅員遼闊著稱，橫跨歐亞非三洲，將地中海稱為「我們的海」。然而，廣大的領土所蘊含的危機便是管理困難、中央勢力難以深入每一個角落，區域各自為政是很常見的事，尤其早在羅馬帝國之前，亞歷山大大帝就將希臘文化帶到東方世界，羅馬崛起並征服希臘之後，出於對希臘文化的崇敬而未讓自身的文化取代希臘文化，反而是吸收希臘文化為自己所用，甚至羅馬的建國神話都可連結到特洛伊的陷落。雖然拉丁文是政府官方語言，但在帝國東部日常一直還維持著希臘文化，兩邊的斷層早已存在，只是無人有膽量做些什麼，就這樣將這個過大而無法掌控的帝國緊緊抓在手裡。這種情況直到三世紀戴克里先的出現才有所改變，也就是作者選擇作為拜占庭歷史的第一章。

戴克里先是名篡位者，但也是務實又有膽識的軍人，他直接面對皇帝不可能管理這麼大的帝國之事實，因此做出了改變後來世界版圖的決定：將羅馬帝國分成東西兩部分。當然並不是此後就是兩個帝國，東西羅馬仍同為一個帝國，只是由兩位奧古斯都（資深皇帝）與兩位凱薩（資淺皇帝）共治，戴克里先自己則坐鎮在東方，此舉的確讓帝國行政變得更有效率。但更重要的是，從此歐洲被一分為二，東方與西方，拉丁與希臘，羅馬公教與希臘正教，一切都由此開始。雖然戴克里先此一制度的原意是希望帝位能夠傳賢而非傳子，但奧古斯都的兒子們都不願坐視權力白白讓人，四帝共治的破局只在轉瞬之間，最後出線的是君士坦丁大帝。

君士坦丁大帝最重要的事蹟有二，一是遷都拜占庭，也就是日後東羅馬永遠的首都——新羅馬，更常被稱為君士坦丁堡。其二是改信基督教，原本他的母親——著名的海倫娜——就是一位基督徒。雖然對君士坦丁到底有多虔誠一事還有許多可發揮的空間，但無論如何，他奠定了日後基督教世界的基礎。他留給後世的傳統還有大公會議，他舉辦的尼西亞大公會議訂定出至今仍通用的《尼西亞信經》，此外也奠基了封建制度。基督教在羅馬帝國蟄伏多年終於出頭，但真正成為國教則要到四世紀末狄奧多西的時代。同時期歐洲發生了改變世界歷史的大事——民族大遷移（Völkerwanderung），對於羅馬帝國來說，這件事叫做「蠻族入侵」。民族大遷移讓西羅馬帝國的版圖大洗牌，日耳曼人在西歐建立了大大小小許多王國，西羅馬皇帝一度被趕出羅馬城，東羅馬皇帝在驚嚇之餘蓋了一道又高又厚的新城牆，不過這道牆在往後一千年都發揮了應有的作用。雪上加霜的是，五世紀前半是「上帝之鞭」阿提拉的時代，他所到之處無不風聲鶴唳、戰無不克，東羅馬也只能屈辱地和他簽定賠款條約以求生，讓他可以任意穿越邊境來到西羅馬，皇帝已逃離的羅馬城如今只剩教宗坐鎮，但這位勇敢的教宗利奧竟然奇蹟地說服阿提拉放羅馬城一條生路，更不可思議的是，不久後阿提拉驟逝了。雖然帝國的危機暫時解除，但國家的問題不會在一夜之間自動好轉。四七六年，西羅馬帝國便隨著皇帝遜位走入歷史。

在此，筆者要補充解釋，一如前述，東西羅馬從來都不是兩個帝國，雖然西羅馬帝國不再存在了，但此時還不是真正的東西大決裂，東羅馬也還未放棄義大利。事實上，不論在名義上或實質上，此後義大利還有很長一段時間都屬於東羅馬帝國。

在接下來的歷史裡，查士丁尼絕對是不會被遺忘的閃亮名字，作者用了四章篇幅講述查士丁尼時代的故事。查士丁尼的事蹟不計其數，他命人編輯了《查士丁尼法典》，可說是現今歐陸法系的老祖宗。他翻新了君士坦丁堡，建立了聖索菲亞大教堂。任內他收復了義大利失土，戰勝波斯與汪達爾，這些當然不是查士丁尼一個人能做到的，而要歸功於拜占庭史上舉世無雙的名將貝利薩留。然而，在帝國聲勢一片看好時，災難卻從天而降，六世紀歷史上第一次鼠疫爆發，帝國失去的四分之一的人口，而注定了後繼無力的衰退。此外，在查士丁尼之後拜占庭全面希臘化，拉丁文沒落，希臘文被定為官方語言，連原本的皇帝頭銜「奧古斯都」與「凱薩」都被改成Basileus（希臘文的王）。七世紀伊斯蘭教將阿拉伯凝聚在一起，帶有宗教狂熱的阿拉伯將君士坦丁堡視為首要目標，不斷測試其底線。然而，帝國每逢危難時必有生機，第一次是希臘火的發明，作為帝國的祕密武器無數次拯救了帝國。第二次是李奧三世的出現，李奧三世運用妙技與手腕擊退了穆斯林海陸軍，但他也是惡名昭彰的聖像毀滅者，此舉所造成最嚴重的後果是義大利自羅馬帝國獨立，原本東羅馬的勢力在義大利早就被倫巴地人打得落花流水、苟延殘喘，又因為聖像問題而使得宗教文化開始對立，教宗轉而投靠法蘭克人，拜占庭從此永遠失去了對羅馬的統治權。不久後，八〇〇年查理曼被教宗加冕為羅馬皇帝，西歐與東羅馬帝國完全分道揚鑣。

從前羅馬改變的世界，如今東羅馬被世界改變，此時帝國已不再是世界權威，由保加爾人組成的保加利亞大帝國多次兵臨君士坦丁堡城下，但攻不破那堵高牆。伊斯蘭勢力也依舊存在，眾敵環繞的拜占庭領土則不斷縮小。直到九世紀的馬其頓王朝，拜占庭才再度強盛起來，馬其頓王朝由篡位開始，其中的歷史更是不乏謀殺、篡位與血親相殘。但馬其頓王朝仍算是盛世，不僅收復了許多失土，也復興了古典文化。其中利奧六世的第四次婚姻也讓「在紫宮出生」這種說法成為拜占庭版本的「含著金湯匙出生」。馬其頓王朝時代還讓俄羅斯皈依了基督教（東正教），後來更破天荒地讓拜占庭公主下嫁俄羅斯大公，而換來了「瓦蘭吉衛隊」——一支由維京人組成的禁衛軍，此後這個傳統也一直流傳下去。但作者在書中未提及，十世紀拜占庭還出嫁了一位公主給西方神聖羅馬帝國的奧圖二世，嫁妝包括拜占庭在義大利最後幾塊零星的領土，隨行人員也有許多拜占庭的能工巧匠。雖然這不代表東羅馬真正承認神聖羅馬帝國的地位，但拜占庭的確不能再以當年羅馬即世界的地位自居了。

十一世紀初，西方教廷與東方教會正式決裂，而成為羅馬公教與希臘正教，其實兩邊因為文化與地裡的距離早就貌合神離，存在著不能修補的裂痕，只是此時才終於說開而已。不久之後亞歷克賽・科穆寧對西方教庭釋出善意，而促成教宗烏爾班二世組織十字軍。此外，威尼斯因為與亞歷克賽合作對抗諾曼人，其勢力逐漸滲透到君士坦丁，東西交流又開始頻繁起來。但此後拜占庭帝國的國勢卻有如自由落體般下墜。十二世紀初，千年來從未被外族人攻陷的君士坦丁堡卻被同是基督徒的十字軍洗劫一空，還在君士坦丁堡建立拉丁人的政權。不過，此時帝國還未滅亡，一二五九年，米海爾・巴列奧略在尼西亞坐上帝位並收復了君士坦丁堡，成為米海爾八世。他的王朝是帝國史上最後也是最長的。帝國又活了將近兩百年，只是苟延殘喘，最終無法躲開毀滅的命運。一四五三年，拜占庭那堵高牆再也擋不住最新的火砲，東羅馬帝國至此正式滅亡。

走筆至此，筆者好像將書中內容全部劇透光了，但其實只是提供一個精簡版本的摘要，讓讀者大略知道閱讀本書時可以期待看到那些故事，真正精采之處都在書中等待讀者自行發現。

歷史是死的，但故事是活的，拜占庭千年歷史幾經風霜又染滿鮮血，其精彩程度絕不下於向來受到歡迎的宮鬥與史詩故事；若處理不好，也可能讓讀者陷入人名年代大混戰的噩夢，有多少人叫君士坦丁？有多少人叫米海爾？同時有好幾個同名的人在政爭，到底誰是誰？在此，作者選材與敘述的功力完全嶄露無遺，透過文字讓一幕幕重大的歷史場景栩栩如生地重現。當查士丁尼在賽馬車場被所有的觀眾大喊「尼卡」時，坐在高位的皇帝瞬間成為競技場內眾矢之的的畫面馬上出現在眼前。順帶一提，這個場景也像極了影集《冰與火之歌》中龍后丹尼莉絲在鬥技場被舉旗造反的場景，兩者的原因也極為相似，原以為透過民眾喜歡的運動可以挽回民心、拉近與群眾距離，未料卻替反對勢力製造絕佳機會。筆者在閱讀歷史文本時，常覺得現代電影電視小說中許多劇情發展早在幾百年甚至幾千前就被寫過或真實發生了，這裡又再次證實了。

在人物方面，雖然個性的描述是很主觀的事，歷史人物的性格也大都為後人推測，但作者依然能夠清楚地讓讀者對每個被提及名字的人物在歷史事件中的定位有明確的認知，不論是忠心耿耿或心懷鬼胎，是有真知灼見或自取滅亡，有時歷史會還人清白，有時卻不會，但這一切的前提都是這個人要先被知曉。這也是作者寫這本書的初心：讓人認識拜占庭。就這點而言，布朗沃思的確是成功的，本書非常適合對拜占庭歷史一知半解或只聞其名的人從頭開始好好認識這個帝國與它為什麼應該被認識。

不過，對那些對歷史有興趣也看過許多課外讀物，對中世紀歐洲歷史有點認知或充滿幻想的讀者，筆者最後想節外生枝。

在已故大師安伯托．艾可的小說《波多里諾》中，當波多諾來到君坦丁堡時正好遇到十字軍洗劫的場景，機緣之下他搭救了拜占庭的歷史學家尼賽塔（Niketas Choniates），兩人有了這一段對話：

波多里諾說：「（前略）如果有人挖掉皇帝的眼睛，這個人就成了拜占庭皇帝，所有人的人都同意，就連君士坦丁堡的主教也聽從拜占庭皇帝的指示，否則拜占庭皇帝也會挖掉他的眼睛……」

（兩行略）

尼賽塔反問：「你們難道沒有殺掉前任篡位的國王？」

「有，但他們是在戰役當中將對方殲滅，或是用毒藥、匕首。」

尼賽塔的結論：「你瞧，你們根本就是一群野蠻人，你們沒有辦法用一種血濺得較少的方式來解決統治的問題。（下略）」

當筆者在閱讀本書的時候，這段對話常常在腦海中響起，不只是因為本書也提到很多拜占庭皇帝眼睛被戳瞎，而是因為兩人的身分立場。在此先解釋一下，尼賽塔是歷史上確實存在的拜占庭官員與史家，故事中虛構的波多里諾是一位義大利人，也是神聖羅馬帝國皇帝菲特烈巴巴羅薩（紅鬍子）的養子，師承史學家弗萊辛的主教奧圖（Otto von Freising），也曾在巴黎大學讀書；換句話說，他是位道道地地並受過高等教育的拉丁人，但在拜占庭眼中依然是個蠻族，波多里諾對上尼賽塔可說是兩邊都以自身文化為正統的優越感看待對方。筆者舉這個插曲是想提醒讀者，每個作者在寫作時都會以自身角度為出發點。當布朗沃思選擇了以拜占庭為中心，自然會以拜占庭優越的角度來書寫，若因看到中世紀西歐一直被損成黑暗時代文明荒漠就生氣不看，實在是很大的損失。畢竟那是拜占庭，在過去的羅馬帝國找不到，未來也不會在任何地方重現，僅此一個獨一無二，承先啟後連結了古典到近世，卻連名字都被奪去，只留存歷史中的輝煌帝國，一點點的驕傲應該是可以被容忍的。

作者序

我初識拜占庭是在長島北岸一片明媚的鹽鹼灘。當時，我挨著最喜愛的一棵樹，展讀一本名為《後期羅馬帝國》（*The Later Roman Empire*）的書，準備重溫熟悉的敘事：文明世界如何下墜至黑暗時代（Dark Ages）的混亂和野蠻。但迎面而來的，卻是栩栩如生的皇帝與殺氣騰騰、具有豐富蠻族色彩的畫像，他們是羅馬帝國被認為死去許久後，繼續自稱羅馬皇帝的男女。這些畫面既熟悉又陌生：原來，一個羅馬帝國以某種方式存續到了黑暗時代，繼續高舉古典文明的火把。有時，它面對的問題彷彿自今日的報紙頭條迸出：一個有著希臘—羅馬根源的基督教社會如何應付移民大量湧入的問題；教會與國家關係的問題；備受好戰伊斯蘭教威脅的問題。這個帝國的窮人稅賦過重而富人總有辦法逃稅，以及臃腫的官僚體系如何為籌措國家用度又不致弄得人人破產而傷透腦筋。

另一方面，現代人一定也會感受到拜占庭滿溢且令人好奇不已的異國情調。在那裡，有些聖人住在柱頂，[1]有些皇帝會登壇講道，芝麻綠豆的神學爭論足以引發街頭暴亂。現代的民主觀念讓拜占庭人嚇出冷汗。他們的社會是從第三世紀的不穩定與混亂中打造出來的——那是一個叛亂頻仍，皇帝拚命提升君主尊嚴的時代。民主觀念因強調人人平等，足以對拜占庭人尊卑有序的社會基礎構成重大威脅，讓他們花費極大力氣欲擺脫的內戰如接連惡夢般地捲土重來。不過，拜占庭人雖然身處高壓獨裁的社會，卻非動彈不得：只要有能力，卑微的農民和女孤兒也可爬上皇帝寶座。事實上，拜占庭最偉大的一位君主便出身於馬其頓一戶普通農家，即使如此，他在位期間功業彪炳，帝國的版圖幾乎涵蓋整個地中海地區，而他的後繼者所看管的拜占庭，是宗教色彩濃得化不開的社會，但又有著世俗化的教育系統，並自視為迅速遁入黑暗之世界文明的燈塔。正如同拜倫（Lord Byron）[2]的名言，拜占庭人表現出一種「三核併合」（triple fusion）——兼具羅馬人的身體、希臘人的頭腦和神祕主義者的靈魂。

這個定義比大多數來得好。要知道，「拜占庭帝國」一詞是徹頭徹尾的現代產物，也因此始終出了名地難以定義。事實上，我們口中的「拜占庭帝國」是羅馬帝國的東半部，而從君士坦丁堡於三二三年建城到十一個世紀後（一四五三年）淪陷為止，其國民都以羅馬人自居。他們的鄰居、盟友和敵人在帝國大部分的時期也這樣看待他們。正因為如此，穆罕默德二世征服君士坦丁堡後，才有理由自封為「羅馬凱撒」，號稱為與奧古斯都[3]一脈相承的統治者。直要到啟蒙運動時代，學者因為喜歡往古希臘和古羅馬展開所謂的文化尋根，而否認這個東部帝國有資格稱為「羅馬」帝國，改稱之為「拜占庭」帝國——拜占庭是君士坦丁堡的舊稱。對他們來說，「真正的」羅馬帝國已在四七六年隨著最後一位西部皇帝遜位而結束，君士坦丁堡的所謂羅馬皇帝純屬「冒名頂替」，而它逾千年的歷史，不過是一個日益野蠻、腐化與衰朽的過程。

其實這個座落於博斯普魯斯海峽旁遭蔑視的城市，對西方文明有著數不清的恩惠。它屹立超過千年，期間如大碉堡般保護著初生而混亂的歐洲，讓一個個大征服者在其城牆之下翻船。沒有了拜占庭，伊斯蘭的澎湃大軍一定會在第七世紀橫掃歐洲，甚至（如吉朋[4]所想像的）讓牛津響起宣禮塔呼喚的禱告聲。[5]但拜占庭讓西方受惠的不只是強大的武力。當文明之光在西方幾乎熄滅，只剩餘火在偏遠的愛爾蘭修道院黯淡閃爍時，君士坦丁堡這道光仍耀眼逼人（時強時弱）。拜占庭最偉大的皇帝查士丁尼（Justinian）頒佈的羅馬法至今仍是大部分歐洲國家法律體系的基礎。拜占庭的工匠留給我們拉文納（Ravenna）的輝煌馬賽克壁畫和無與倫比的建築奇蹟聖索菲亞大教堂（Hagia Sophia），拜占庭學者也留下炫目的希臘文與拉丁文經典（它們在黑暗的中世紀西方已近乎絕跡）。

既然拜占庭讓我們受惠良多，為何我們如此忽視它？首先是因為羅馬帝國的東西分裂（先是文化上，然後是宗教上的分裂），彼此日益疏遠，隔閡也隨之產生。起先雙方還能靠著基督教薄薄的一扇門維持統一的表象，但隨著一〇五四年教會分裂為天主教和東正教，東羅馬和西羅馬發現彼此已無多少共通處。十字軍東征斬斷了雙方最後的連繫，讓東羅馬對西羅馬長懷怨恨，西羅馬對東羅馬心生輕蔑。所以，當拜占庭帝國僅餘的國土被入侵的穆斯林完全吞噬時，力量強大且自信滿滿的歐洲卻只是轉過身去視若無睹。西方的蔑視讓滅亡後的拜占庭落入與其成就不相稱的沒沒無聞，為一度靠其城牆保護的西方人遺忘了數百年。

大部分的歷史課程都不會提到拜占庭文明，使它的許多精彩人物——例如西里爾（Cyril）和美多德（Methodius）兄弟[6]、約翰一世（John I Tzimisces）和尼基弗魯斯二世（Nicephorus II Phocas）——湮滅不彰。對大多數人來說，羅馬帝國結束於西羅馬帝國的最後一位皇帝，希臘的英雄事蹟則結束於斯巴達國王李奧尼達（Leonidas）。但論凜凜威風，拜占庭皇帝德拉加塞斯（Constantine Dragases）與拜占庭將軍貝利撒留（Belisarius）不遑多讓。我們斷然對其虧負良多。

本書做為扭轉這種不公道現象的一個小小努力，要為一群失聲太久的人發聲。本書讓讀者小嚐拜占庭的美味，對其漫長歷史稍能總體掌握，而且對東西方關係更加有血有肉地理解。遺憾的是，它不可能自稱詳盡無遺。要求單單一本書便能充分闡述一段超過千年的歷史其實就是太苛刻的要求，而且有違簡潔扼要的原則。若要為那些被我剪裁掉的部分辯解，我只能說，拜占庭歷史帶給人的一大樂趣，在於它會讓人不斷有新的發現。

我在整本書中都採取拉丁體而非希臘體的人名和地名，例如把君士坦丁拼成Constantine，而非Konstandinos。理由是一般讀者較熟悉前者，一望可知。在講述拜占庭的故事時，我採取一種以人物為軸的方法，因為皇帝對拜占庭人的生活舉足輕重。很少有社會像東羅馬帝國那樣專制：在那裡，龍椅上的人被視為半神，是真命天子，每個決定都深深影響著最不起眼的平民百姓。

但願這本書能喚起人們對此埋沒已久之重要課題的興趣。後人與拜占庭帝國共享著同一部文化史，而它上千年的歷史也提供我們許多重要的教訓。在創造我們當今所居住的這個世界，拜占庭的貢獻並沒有比西方少。若說還有什麼理由值得我們研究它的歷史，那就是它的故事相當引人入勝。

ROMAN
ROOTS

序幕
羅馬的根源

PROLOGUE

一般相信，歷史的走向不因個人意志而轉移，而是由一些巨大的非人格力量推動，它們沛然莫之能禦，身在其中的人只能被捲著走。但是，在三二八年的一個冷涼秋日裡，歷史被一位名叫君士坦丁的人牽著走。他的屁股後面跟著一群吃驚的朝臣，他手持長矛，自信十足地大步登上俯瞰博斯普魯斯海峽的丘陵。他聽從來自天上的聲音之吩咐而來，至於那聲音是發自天使或上帝，他並未說明。內戰造成的動亂剛過去，世界再度於羅馬雄鷹巨翅的蔭護下休養生息，但羅馬城本身已不再有資格充當世界的首都，因為瘧疾肆虐，到處是異教[1]的印記。年輕的皇帝想要遷都，因此他去了特洛伊（傳說中羅馬民族的發源地），準備將它建設為新都。而就在特洛伊殘破城門的陰影下，那個天上的聲音首次降臨到他耳邊。它說：普里阿姆（Priam）[2]的古城屬於過去，應該讓它繼續留在過去，他（及帝國）的天命是寄託在赫勒斯滂（Hellespont）[3]的另一邊。於是，君士坦丁循著這個指引，去了千年古城拜占庭。那晚他夢見一個老女人突然回春，醒來後他明瞭拜占庭就是那個他應該建為新都的地方。羅馬有如夢裡老態龍鍾的女人，只有遷都到普羅龐戚斯（Propontis）[4]旁，帝國方可回春。

至少傳說是這樣述說的，但以「新羅馬」君士坦丁堡[5]為中心的帝國後來果然煥然一新。它重建於一個東方與基督教交會的新軸心上，將屹立逾千年，並在一個黑暗與動盪的世界裡擔起燈塔照明的作用。後來的歷史學家將會主張，就在新都落成的那一刻，羅馬帝國已然蛻變。拜占庭的歷史就此拉開序幕。

但這個新的世界並非起源於君士坦丁。他在四世紀的頭十年奪得帝國大權，當時的帝國在一代人的時間裡，已於政治和宗教方面歷經深刻的改變。君士坦丁所做的，只是在這個轉化過程中補上最後幾筆。他的願景和精力固然將君士坦丁堡打造成一個令人屏息的巨構，但為此巨構提供基本建材的，卻是前任戴克里先（Diocletian）所揭櫫的改革。所以，拜占庭的故事應從戴克里先講起方為恰當。

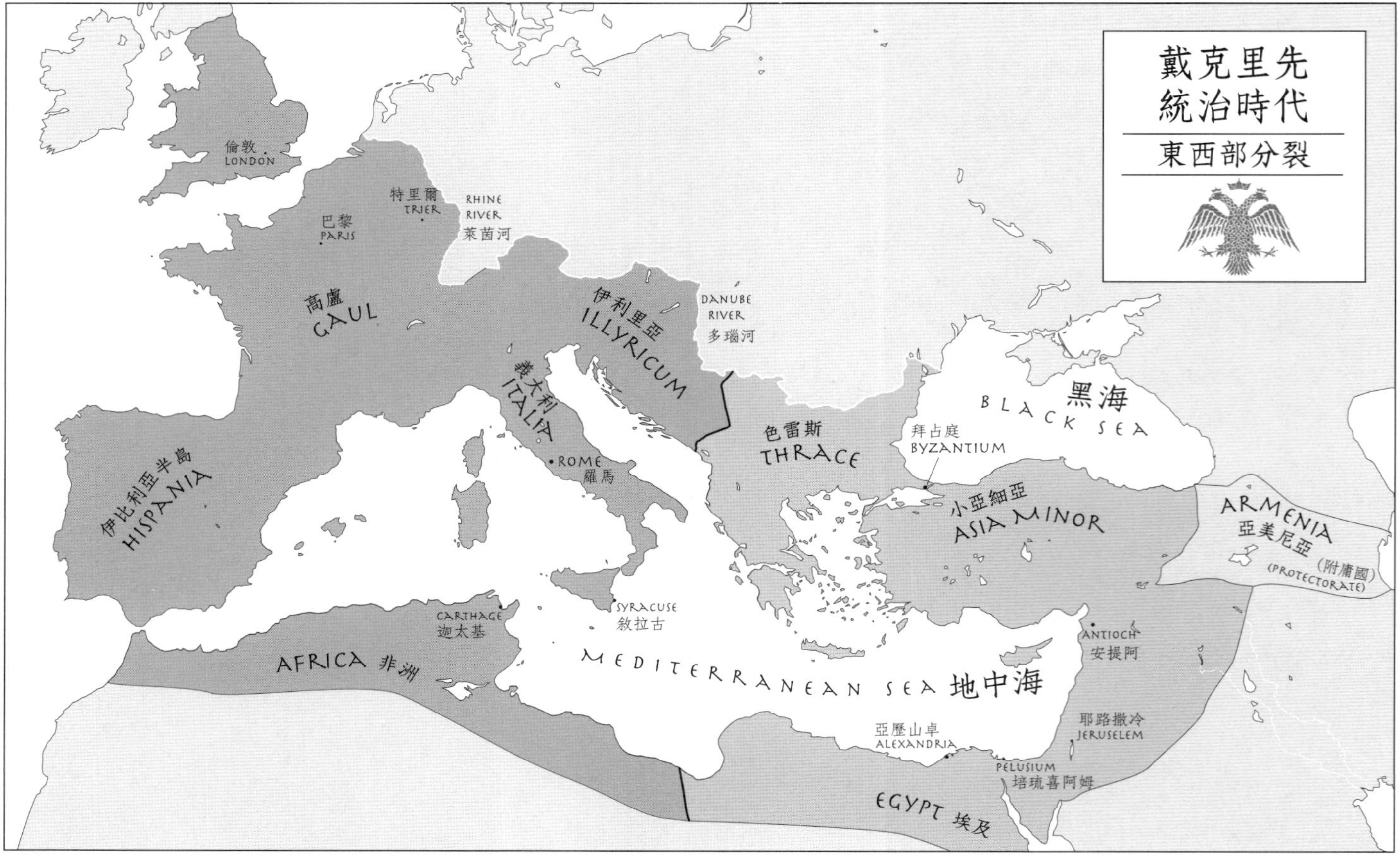

戴克里先統治時代
東西部分裂
倫敦 LONDON
特里爾 TRIER
RHINE RIVER 萊茵河
巴黎 PARIS
高盧 GAUL
伊利里亞 ILLYRICUM
DANUBE RIVER 多瑙河
義大利 ITALIA
ROME 羅馬
伊比利亞半島 HISPANIA
黑海 BLACK SEA
拜占庭 BYZANTIUM
色雷斯 THRACE
小亞細亞 ASIA MINOR
ARMENIA 亞美尼亞 (附庸國) (PROTECTORATE)
CARTHAGE 迦太基
SYRACUSE 敘拉古
AFRICA 非洲
MEDITERRANEAN SEA 地中海
ANTIOCH 安提阿
耶路撒冷 JERUSELEM
亞歷山卓 ALEXANDRIA
PELUSIUM 培琉喜阿姆
EGYPT 埃及

DIOCLETIAN'S REVOLUTION

第一章 戴克里先的革命

CHAPTER 1

三世紀羅馬帝國的人民特別命苦，因為他們生逢一個特別糟糕的亂世。在君士坦丁出生前三百年，羅馬的建築師、工程師和軍人在已知世界的範圍內往來奔走，將秩序和穩定帶到了義大利之外的野蠻和龐雜地區。「羅馬太平」（*PaxRomana*）[1]締造出總長超過八千公里的大道和許多高聳的輸水渠，它們無視高聳山峻，採取近乎筆直的路線前進。四通八達的大道是帝國取得成功的重要祕訣，因為它讓產地可以和市場連結，讓遠行變得輕鬆，讓帝國文書可在一天之內傳送八百公里。優雅的城市沿著主幹道如雨後春筍般出現，一律設有圓形劇場、公共浴池和堪稱文明重大勝利的室內供水管線。但到了第三世紀，帝國的榮光已隨著歲月流轉褪色，層出不窮的叛亂和起義為它的街道帶來斑斑血跡。曾經讓羅馬有效輸出帝國的大道此時反而成了它最大的致命傷，因為靠著便捷的交通，起事者和蠻族的軍隊可以訊速掩至。在當時，包括一個個過客般的皇帝在內，沒有人是安全的。該世紀前八十年共有二十九人坐上過龍椅，卻只有一個不是被謀殺或被俘，得以自然死亡。

普遍見於人民自求多福的心態和羸弱體格，削弱了帝國一度堅實的基礎。軍隊因為忙著搞擁立皇帝的勾當，就像當時的每個人，成了時代病的受害者。二五九年，不可一世的的皇帝瓦勒良（Valerian）出征波斯人，結果遭到羅馬史上最大的羞辱。他因戰敗被俘，被迫充當波斯國王的腳凳，椎骨破裂而死。波斯人剝了他的皮，染成深紅色，填入乾草，掛在牆上當戰利品展示。此舉也是為了提醒以後每個來謁的羅馬使節，羅馬軍團的無敵神話有多空洞。

這種公開羞辱固然讓羅馬人極為難堪，但羅馬作家對羅馬人國民性衰敗的哀嘆卻由來已久。早在公元前二世紀，波里比阿（Polybius）便批評那些百般討好人民的政治人物把共和政體搞成暴民政治，薩盧斯特（Sallust）也曾抨擊政黨只知黨同伐異。更早之前，羅馬黃金時代最著名的作家李維（Livy）也說：「在這些日子……不論是我們的疾病或用來對治它們的藥方，都讓人難以忍受。」[2]

但作家在第三世紀發出的聲音卻更為不祥，因為他們現在不僅不再預言災難，反而淨是對皇帝歌功頌德，稱他們偉大及可大可久——雖然事實顯然相反。一票望之不似人君的皇帝就像可怕的證據，證實諸神已經遺棄羅馬。蠻族如狼群一般，在邊境虎視眈眈，但被派去迎戰的將軍更多是以手上的兵力當作問鼎帝位的工具。曾經是皇帝僕人的軍隊現在成了皇帝的主人，也讓朝代以令人眼花撩亂的速度更替著。

幾乎不間斷的內戰讓人說不清誰是皇帝，但稅吏照樣會登門收稅，而且要求的稅款有增無已。需錢孔急的皇帝別無他法，只能用減少錢幣含銀量的方法來省錢，但此舉卻引發重創經濟的通貨膨脹，乃至最後，帝國大部分的地區回到以物易物的時代。人們因備受日益高升的不確定性所驚嚇，而轉往「神祕宗教」尋求心靈寄託。根據這些宗教，物質世界轉瞬即逝，應該把希望寄託於巫術、占星術和煉丹術。由於生活充滿痛苦，一些更極端的人們以拒絕結婚或自殺來逃避人生。社會的基本結構日趨分崩離析，無論窮人和富人都祈求救星降世。

救星果然出現了，但出乎人意料之外的是來自達爾馬提亞（Dalmatia）[3]。他名叫戴克里先，是個剽悍的軍人，自幼生長於巉巖山脈和茂密森林的環境。他奪取皇位的方法還是老套：暗殺在位者及把對手一一除掉。他為人十分務實，而願意承認其他人隱約懷疑的事實：帝國的幅員過於廣袤，在多事之秋的第三世紀很難期望單靠一個人管理好。當時的羅馬帝國涵蓋整個地中海，版圖北至不列顛的潮濕森林，南至埃及的熾熱沙漠，西至直布羅陀的山脈，東至波斯邊界。戎馬一生的戴克里先也不可能在每次發生危機時都迅速趕到，敉平叛亂。他也不可能指望派人代他出征：帝國的歷史有太多例子顯示，奉命出征的將領會以手上兵力奪取皇位。所以，如果想要讓搖搖晃晃的帝國保持完整，戴克里必須先以某種方式縮小它的規模——這個艱鉅任務是所有前任皇帝不敢為之。歷史上很少有領導人一開始就像這樣給自己找麻煩，但務實的戴克里先找到了一個非正統的解決辦法：把帝國分成兩半。他將一名老酒友馬克西米安（Maximian）提拔為「奧古斯都」（即資深皇帝），讓對方與自己共治天下。

乍看之下，這個決定並沒有那麼具有革命性，事實上帝國在語言上已分裂為東、西兩半。在羅馬人還不敢夢想征服天下的久遠以前，亞歷山大大帝便已橫掃至印度的東方，所到之處推行希臘化，把被征服的龐雜地域鍛鑄成一個帝國。後來，隨著亞歷山大的死去，他的帝國雖然四分五裂，但希臘文化業已在東方大地落地生根。雖然羅馬人後來征服了這個希臘化世界，但這種征服僅止於表層，未達文化的層次。羅馬人固然武力較為優越，卻對古老的希臘化文化又敬又畏。拉丁語是東部政府機關的用語，卻不是市場或百姓家的用語。在思想和性格上，帝國東部始終牢牢是希臘人的天下。

戴克里先把拉丁語居主導地位的帝國西部移交給馬克西米安，將更富有更有文化的東部留給自己。理論上，在這種安排下，帝國仍為一體且不可分割，但它的東、西兩部日後將會走上極端不同的道路，而它們的分界線大體上仍是今日東歐和西歐的分野。這種分割的後果需要再等兩個世紀才會完全明朗，但戴克里先實際上已經把世界劃分為羅馬和拜占庭兩個部分。

分享權力是一個危險的遊戲，因為戴克里先此舉可能為自己創造出一個對手。但事實證明，馬克西米安為人相當安分。戴克里先對自己的設計行得通感到高興，後來又有鑑於光靠兩人仍不足以阻止如潮湧至的入侵者，便進一步把權力切割為四份，另外任命兩位「凱撒」（資淺皇帝）。兩位「凱撒」獲得充分授權，可以擁有自己的軍隊並發布法律，由此讓兩位資深皇帝的工作負擔減輕不少。四位皇帝現在構成了一個統治團隊，運作起來非常有效率。但只有時間可以證明，「四帝共治」（tetrarchy）的制度創造的是四個夥伴還是對手。

把帝國一分為四只是戴克里先的熱身運動而已。工作量的減輕讓他有暇徹底重組疊床架屋的官僚體系，讓它變得像軍隊一樣有條理和有效率。他把帝國重劃為十二個大區（diocese），每個大區由直接對皇帝負責的總督（vicar）管轄。[4]這種改革讓徵稅變得更有效率，國庫因而充盈起來，守邊將士也得到了更好的裝備。搞定國庫和邊界之後，戴克里先便開始投入穩固皇權的巨大任務。

這位皇帝比其他前任更了解皇權有多麼朝不保夕。不斷發生的叛亂讓軍隊只知效忠個人，不知效忠皇權，而這樣的情況是不穩定的根源。沒有人（不管多麼有權勢或有魅力）能讓每個人都滿意，只要他一露出弱點，內戰就會爆發。早期王室血統可以抑制重臣的狼子野心，但現在任何擁有軍隊的人都可能奪得皇帝，王室血統已不足以保障天下太平。為了打破叛亂和戰爭的反覆循環，戴克里先必須確立皇權本身的威嚴。

在古代世界，這是一大難題。國家穩定有賴權力的有秩序轉移，但這種有秩序的轉移往往得靠一位暴君來實現，而每個奪權的獨裁者又只會進一步削弱繼承的原則。無論如何，提升皇權威嚴的想法都會被既成的傳統打臉。過去五十年來的皇帝都出身行伍，每位都使盡渾身解數來證明他們和他們指揮的人馬是一樣的人。他們會和將士一起吃飯，一起說笑，傾聽他們訴苦，想盡辦法留住他們的忠誠。這類親近手段是必要的：若不這樣做，你很容易就無法在第一時間嗅出軍中的不滿情緒，進而無法防患於未然，以致身陷內戰的泥淖。然而，那樣做也助長了皇帝只是個普通人的想法。既然皇帝只是凡人，殺掉他並取而代之亦無不可。所以，戴克里先若想要皇權受到尊重，就必須證明皇帝不是凡人。如果他做不到這一點，他辛辛苦苦締造的一切將會在他失勢的一刻傾毀。

羅馬帝國一向有著以共和國門面來掩飾其獨裁本質的傳統。第一位皇帝奧古斯都甚至拒絕接受皇帝的頭銜，寧願被稱為「第一公民」。有超過三世紀的時間，羅馬軍團的軍旗上都寫著*SPQR*（元老院與羅馬人民），彷彿他們效忠的是人民的意志，不是暴君的一時之念。戴克里先想改變這一切。他不再用作古已久的共和國破爛招牌來為皇帝權力塗脂抹粉，因為赤裸裸展示權力反而會讓臣民敬畏。假裝皇帝是「同儕之首」（first among equals）[5]只會讓人敢於作亂。

宗教給了他實現這種新政治理論的手段。一個政治宣傳活動隨即展開。根據新的宣傳，權力與合法性的來源不是人民，而是諸神：戴克里先不僅是朱彼得（Jupiter）在人間的代表，其本人就是一個神。自此，每位謁見他的人都必須頂禮膜拜，而且會被他無比氣派的行頭嚇得不敢直視。現在，他不管接見誰都不會只穿簡單軍服，對服裝的講究變得一絲不苟，包括頭戴璀璨王冠（他是第一個戴上王冠的羅馬皇帝）和身穿掛肩金色長袍。與此搭配的是從東方學來的繁複儀式（東方一向有把統治者視為神明的傳統）。從此戴克里先盡量避免出現在群眾中，讓自己被深宮的層層人員所包圍，藉此增加神祕感。

以奧林匹亞山諸神來鞏固搖搖欲墜的皇權是神來一筆，搞這套不是因為戴克里先傲慢或自大。在一個叛亂不間斷的世界裡，沒有什麼比神的懲罰更能嚇阻狼子的野心了。在戴克里先的重新定義下，叛亂是對神不敬的行為，暗殺是褻瀆。戴克里先以區區一個動作，便創造出一位專制君主、半人半神的皇帝，他的每個命令都有宗教在背後全力支持。雖然拜占庭將信仰一種不同的宗教，但仍會繼承這種君權神授的意識形態。

羅馬帝國的異教徒輕易接受了這一套。因為是多神論者，要他們相信皇帝是神一點都不難——事實上，幾百年來曾有不少羅馬皇帝在死後被奉為神明。遺憾的是，戴克里先的人民並不全是異教徒，而他以神自居這點，也讓他與帝國內發展最快的宗教陷入尖銳衝突。

許多羅馬人拋棄傳統諸神，一點都不令人訝異。經過戴克里先的改革，生活變得好過一點，但對大多數人民來說，總體上人生仍悲慘而且沒有公道可言。尋常百姓得忍受苛捐雜稅、貪腐的官僚和偏袒有錢人的法院，常常只能眼睜睜地看著大地主吞併他們的土地而無語問蒼天。因為越來越絕望，很多人轉而向各種「神祕宗教」尋求精神寄託，其中最受歡迎的是基督教。

基督教反對各種不公不義，又向信徒保證，他們受過的苦不會白受，因為賞善罰惡的上帝最後一定會幫他們主持公道，讓貪得無饜之徒下場淒慘。他們並非孤單地活在黑暗與墮落的世界，而是有慈愛的上帝同在，而祂承諾過，信祂者可得永生。這個世界與所有的痛苦轉瞬即逝，不久之後它將被一個沒有哀愁和眼淚的完美世界取代。與基督教的上帝相比，傳統異教的神祇顯得愛慕虛榮、行事任性又不提供永生，吸引力完全不可同日而語。

當朝廷官員下達向皇帝獻祭的命令時，大部分基督徒斷然拒絕。他們樂意繳稅和入伍，但堅持基督教的家室只容得下一位神祇。無論皇帝多有權勢，他都只能是凡人。

基督徒的這種反應直接打擊了皇權的基礎，而戴克里先絕對無法容忍。對付這種危險叛徒只有一種方法：殺無赦。一紙詔書隨即頒布，規定凡是不肯向皇帝獻祭的人都得死。羅馬帝國最後一次鎮壓基督教的行動於焉展開。

後果非常可怕。帝國東部的情況尤其嚴重，因為詔書的規定在那裡執行得最為徹底。許多教堂遭到摧毀，大量基督徒的著作被焚，數以千計基督徒遭下獄、刑求或殺害。然而，雖然迫害進行得如火如荼，卻無成功的指望。異教徒和基督徒已和平共存多年很多人都同情教會所受到的迫害。中傷基督徒的古老謠言仍流傳著（例如說他們吃人肉和極度淫亂），但已經無人相信。大多數異教徒都拒絕相信鼓勵繳稅、家庭穩定和誠實做買賣的宗教可能威脅國家安全。基督徒和異教徒往往是鄰居和朋友，都一樣是在亂世中掙扎求生的普通老百姓。當時，任何人都無法把基督教掃到地毯下或予以消滅了。它的信徒遍佈整個帝國，即將要轉化世界。

戴克里先對基督教打的是一場必敗的仗，到了三〇五年他也明白了這一點。二十年的統治生涯讓他身心俱疲，閃閃發光的帝位已不足以補償他的付出。年近六十的他身體越來越差，不願把餘生繼續花在扛起帝國的重擔上。為此，他作出了一項羅馬歷史上沒有先例且讓其他三位皇帝嚇一跳的決定：宣布退休。不過，他也秉持一貫作風，退位絕不單純只是退位而已。他此次企圖心絕不輸給從前任何時候：他想以一種令人震驚且兼具遠見的方式逆轉歷史的潮流。

古代世界從未能完全解決權力繼承的問題。羅馬帝國就像古代大部分的帝國一樣，帝位傳統上都是父傳子，而且國家始終由一小群家族所控制。這種制度最大的弱點是，如果一個皇帝膝下無子，帝國就會陷入血腥衝突，直到最強的一位角逐者勝出為止。無論新皇帝如何強調自己的權力乃神明所授，他的權力基礎明明白白地仍是過人的精力、勝人一籌的大腦或精心安排的暗殺。只有等到啟蒙運動鼓吹的成文憲法出現，權力繼承的問題才得到基本的解決。若沒有這種憲法，任何在位者都只會以「適者生存」或奧古斯都所說的「及時行樂」為統治原則。

雖然羅馬從未找到平穩過渡皇權的解方，卻找到過一個庶幾近之的方法。在戴克里先時代兩百年之前（一個田園詩般的黃金時代），無子嗣的皇帝會挑一名臣下作為養子和繼承人。在此近一百年間，帝位在一個個有才的統治者之間相傳，確保了羅馬高高在上的權勢和威望，也讓人看到以才幹而非血緣作為繼位資格可以成就多大的功業。但這種傳賢制度之所以能維持下去，完全是因為期間的每個皇帝都沒有兒子，而一旦出現了一位有兒子的皇帝，這種制度就會窒礙難行。最後一個「養子皇帝」馬可．奧勒留（Marcus Aurelius）共有十三個兒子，死時將帝國留給其中一個兒子康茂德（Commodus）。康茂德醉心濫用權力，毫無人君風範，而且為人狂妄自大：他自稱赫丘力士（Hercules）[6]輪迴轉世，自號「世界的和平使者」，又以自己的名字重新命名羅馬和一年的十二個月。羅馬人民忍受了這個自大狂十二年，而且眼看著他的荒唐行徑日甚一日。[7]最後，一個元老院議員親手解決了這個討厭鬼：趁皇帝沐浴時掐死了他。但傳子制度已再次確立。

所以，戴克里先最後的舉措是一項革命性創舉，超前了近十五個世紀之久。它不僅是一個疲倦老人的退位，而且是一個全面解決權力繼承問題的新嘗試。他和馬克西米安將同時卸任，並由他們各自的「凱撒」接任「奧古斯都」之職。兩位新的「奧古斯都」——加萊里烏斯（Galerius）和「蒼白者」君士坦提烏斯（Constantius the Pale）[8]——都會任命自己的「凱撒」，退休時也是把權力轉交給他們。這種設計既可確保權力順利交接，不用擔心會引發內戰，又可確保後繼者經驗豐富且能幹。只有在「凱撒」任內證明自己能力過人者，才能成為「奧古斯都」。

放下王冠和權杖的戴克里先卸下權力，快樂地退隱到亞得里亞海濱，薩隆內地區（Salonae）的豪華宮殿以種包心菜自娛。[9]與他同時代的人們幾乎不知道該如何看待這位退休的神祇，而歷史既肯定他的遺緒卻又隱沒這份遺緒。他結束混亂並恢復穩定，堪稱奧古斯都第二，但光芒卻被一個十九年後的繼起之秀所掩蓋，變得黯然失色。雖然羅馬帝國過去的枷鎖由戴克里先打破，但它的未來卻是君士坦丁大帝鋪設的。

CONSTANTINE AND THE CHURCH ASCENDANT

第二章

君士坦丁和基督教得勢

CHAPTER 2

塞內卡（Seneca）常在我們之中。

——德爾圖良（Tertullian）

「四帝共治」的制度有其優點，而它竟以短命收場，實在令人扼腕。諷刺的是，戴克里先的靈感來自羅馬歷史的構想，但他就是因為忘記羅馬歷史的教訓而失敗。

他因為嚮往羅馬帝國開始搖搖欲墜前的黃金時代，才恢復了「養子」制度。但他忘了挑兩個沒有成年兒子的人作為繼承人。馬克西米安和君士坦提烏斯的兒子——分別是馬克森提（Maxentius）和君士坦丁——都認為當皇帝是他們與生俱來的權利，所以急著要分享大權。但當馬克西米安不情願地隨著戴克里先退休後，馬克森提和君士坦丁落得一無所有，從神的兒子變回尋常百姓，因此有被出賣的感覺。

君士坦丁決心要幹幾件大事，便隨同父親前往不列顛，征討皮克特人（Picts）。在輕鬆征服蠻族之後，兩人回到約克（York），但這時君士坦提烏斯的臉色變得更為蒼白，他即將死於白血病。他是四帝之中性格最溫和的，幾乎不去搞像東方同僚搞的宗教迫害，也深受軍隊愛戴（他的將士包括許多基督徒和拜日教教徒）。他死於三〇六年七月二十五日，接著一名使者為他心碎的將士們帶來聖旨，說一位名叫塞維魯（Severus）的人將會接替「凱撒」的職位。但大部分將士都沒有聽過這號人物，也懶得搞清楚他是誰。他們敬愛的領袖是君士坦提烏斯，而這位年輕且更有活力的君士坦提烏斯就近在眼前。他們合併盾牌，舉起君士坦丁，高呼他為「奧古斯都」。羅馬世界於是再次爆發內戰。

不列顛是帝國大眾通常不會注意的小島，但君士坦丁被擁立的消息卻迅速傳遍帝國的每個角落，也把戴克里先苦心經營的繼承制度毀於一旦。其他人受到君士坦丁榜樣的鼓勵，紛紛起而效尤，反抗戴克里先加諸於他們的權力限制。他們當中一位便是仍心有未甘的馬克森提，他佔領羅馬，以花言巧語說服已退休的父親復出為他壯大聲勢，又成功擊退了每一個趕他下台的嘗試。讓當時羅馬人眼花和後代學者煩惱的是，很快地就有六個人同時以「奧古斯都」自居。

幸好這種混亂狀態沒有持續多久。雖然帝國幅員廣大，但還是沒有廣大到足以容納六名統治者，所以他們開始相互廝殺。到了三一二年，皇帝只剩下四個，而一直按兵不動的君士坦丁則認定，出兵的時機已經成熟。「四帝共治」的制度已經破產：西部兩名皇帝都以非法手段攫取權力，而東部的兩名皇帝則忙於內鬥，無暇他顧。在無後顧之憂的情況下，君士坦丁完全控制西部，他的障礙只剩下馬克森提。於是，君士坦丁挑著自己的守護神「不敗日神」的軍旗，率領四萬人馬翻越阿爾卑斯山，向義大利進軍。

就像所有偉大人物一樣，君士坦丁拿捏時間點的能力與運氣都顯著過人。馬克森提的民望在當時降至空前新低。先前他以軍隊嚴重缺糧為藉口向羅馬市民苛徵重稅，但接著又把這些錢用於在廣場蓋一座立有他自己巨像的宏偉會堂（basilica）。[1]此舉激起了民變。雖然秩序在數千平民被殺之後恢復了，但馬克森提已盡失民心。聽說君士坦丁的大軍正逼近，飽受驚嚇的馬克森提還因為擔心羅馬市民靠不住，所以不理會羅馬還有城牆可以禦敵，便帶著軍隊從米爾維安橋（Milvian Bridge）橫越台伯河，在離羅馬城幾公里處紮寨安營。他的占卜師向他保證，他們看到的都是吉兆。第二天是他掌權的六週年紀念日，顯然沒有比這個吉日更適合發動攻擊了。

通過平原區之後，君士坦丁等待著攻擊的時機，同時也祈求吉兆出現。他看見一大群占卜師和魔法師在馬克森提的軍營裡團團轉，讓君士坦丁備感壓力，不知自己是否有辦法勝過他們的法力。雖然萬神殿裡每位神明的代表祭司都向他保證，從動物內臟或鳥類的飛行路線判斷，他將獲得神佑，但顯然敵營的每個占卜師也向他們的主帥說一樣的話。

君士坦丁在布滿灰塵的營帳裡跪了下來，做了將會改變歷史進程的禱告。他多年後回憶，他禱告前曾仰望天空，祈求真神向他顯露真容。令他大吃一驚的是，他看見一個光芒構成的大十字架出現在天空上方，遮住他向來崇拜的太陽。十字架上還出現了「藉此符號征服」的字樣。他不知應該對此異象當作何解釋，但夜幕低垂後，他從夢中得到了答案。基督本人在夢中出現他面前，向他出示一個十字架，責成他作戰時以此象徵符號為護身符。君士坦丁醒來後依言而行，令部下造出一批十字架來取代原來的異教軍旗。每個十字架上方都掛有花圈和寫有基督名字的頭兩個字母。君士坦丁自信滿滿地以十字架為先導，他的軍隊勢如破竹，取得大捷。馬克森提的軍隊逃向羅馬城，但大多數人在通過米爾維安橋時因為推擠而掉下橋去，溺死在河裡。身披沉重盔甲的馬克森提下場也一樣，掉進了擠滿死人和垂死者的台伯河。第二天他的屍體被沖上岸。君士坦丁神采奕奕地進入了羅馬城，對手的頭顱插在一名士兵手持的長矛上。當他來到羅馬廣場時，元老院的議員對他三呼萬歲。令他們吃驚的是，新皇帝拒絕向傳統的勝利之神獻祭。他宣佈暴君已死，一個新的時代開始了。

這種誇口比君士坦丁自己知道的還接近事實。雖然人們要到日後才會知道，但米爾維安橋之戰是重大的歷史轉捩點。透過揮舞十字架與劍，君士坦丁做的事情不只是擊敗對手，還把教會和國家融合在一起。對兩者而言，這種融合是福也是禍，但對基督教會或羅馬帝國來說，此後都將永遠改形換貌。

夠奇怪的是，儘管君士坦丁對基督教世界影響極鉅，他卻從來不是個真正意義之下的基督徒。自始至終，他不曾真正理解他改皈的宗教，起初，他的態度也看似只把基督當成羅馬萬神殿中的其中一位神。有好些年，「不敗日神」和戰神馬斯（Mars Convernvator）的肖像繼續出現在羅馬的錢幣上，而君士坦丁也從沒拋棄過異教的「最高祭司」（*Pontifex Maximus*）頭銜。學者已花費過無數筆墨爭論他的改信是否真誠，但這些猜測卻無關宏旨。君士坦丁的天才之處在於，他不像戴克里先那樣，把基督教視為一種威脅，而是視為一種統一國家的手段，他的願景將會為帝國和教會帶來滔天鉅變。自此，基督教不再受到迫害，開始往取得最後勝利之道挺進。

成員以異教徒居多的元老院不知該如何看待這位新征服者。他顯然是一神論者，但是哪種一神論者這點卻不太確定。為安全所計，他們在為新皇帝蓋一座凱旋門歌功頌德時，銘文上不提基督教的上帝，只說皇帝是在「神明」的庇佑下獲勝。這種打模糊仗的做法讓君士坦丁龍顏大悅。他在三一三年頒布寬容令，給予基督教合法化，但沒有把它定為帝國境內的唯一宗教。雖然基督教對他來說很合身〔他母親海倫娜（Helena）就是基督徒，而把星期天定為聖日也不違背他自己的拜日信仰〕[2]，但他對導人歸主卻不感興趣。這是因為大部分的臣民仍然是異教徒，他最不想做的，就是強迫他們相信一種陌生的宗教，導致他們離心離德。相反地，他像戴克里先利用異教支持政權那樣地利用基督教，主要目標是讓帝國在他的仁慈領導下統一，而不是為了讓宗教狂熱危及帝國的統一。

不過，還有一個更吃緊的理由促使他為自己塑造出宗教寬容者的形象。當他忙著征服羅馬時，皇帝李錫尼（Licinius）已在帝國東部勝出，此時正緊張兮兮地盯著自己西部鄰居的動靜。他有充分的理由害怕。因為帝國東部雖然比西部更富有且有更多人口，卻是基督教的發源地，而心向君士坦丁的人可能很多。雙方有十一年的時間表面上相安無事，但李錫尼對君士坦丁的貪婪胃口始終不放心，最後也被自己的被害妄想症所害。他指控治下的基督徒為君士坦丁的內應，開始鎮壓他們。他處決主教，焚毀教堂，重啟戴克里先的迫害。

這位東部皇帝的愚行正中對手下懷。君士坦丁一直在等待這樣的機會，一等到就馬上出擊。他的大軍橫掃東部，把李錫尼人數更多的大軍主力逼退到赫勒斯滂另一邊，又摧毀了慌亂中被李錫尼在留在後頭的海軍。經過幾星期的爾虞我詐後，兩軍於三二四年九月十八日展開決戰，戰場是隔著博斯普魯斯海峽，相望希臘殖民地拜占庭的一個地點。君士坦丁在拜占庭的俯視下，獲得了徹底的勝利，把敵人殺得片甲不留。

現在，他以五十二歲之齡，成了羅馬帝國唯一的統治者。為了紀念這場勝仗，他給自己冠上一個新的頭銜：「勝利者」。他的頭銜本來就多，例如在米爾維安橋之戰得勝後，他也曾自稱「最偉大者」。謙遜顯然不是這位皇帝的美德之一，但他卻是一名宣傳高手，從不錯過任何促銷自己的機會。這種本能對他來說也很有幫助，使他能以宗教寬容的幌子來掩飾自己的權力欲，假借救民於水火的名義來消滅對手。他固然拯救了基督教，但卻沒有迫害異教徒，總是小心翼翼地維持中立。現在，除掉所有異教徒對手之後，他可以放膽對基督教表現出更多關照了。他派母親海倫娜前往聖地朝聖，是為歷史上第一次朝聖之旅。海倫娜沿路建立旅館和醫院，為後來一代代的朝聖者提供了便利，又在伯利恆建造聖誕教堂（Church of the Nativity）。在耶路撒冷的各他[3]奇蹟似地找到當初釘死基督的十字架後，她下令夷平皇帝哈德良（Hadrian）所建的維納斯神廟，並把聖墓教堂（Church of the Holy Sepulchre）蓋在空的墓穴上。

就在母親忙著成為第一個朝聖者時，君士坦丁推出了好些影響深遠的改革。內戰的混亂打亂了市場和農場，因為農民紛紛拋棄田地，逃到相對安全的城市避難。為此，君士坦丁規定農民此後必須留在自己的土地上。他還更進一步下令各種職業（從麵包師傅到豬肉商人）必須子傳父業，不得轉業。帝國東部因為一向較為穩定繁榮，這種立法極少嚴格執行，所以影響不大；但在局勢混亂的西部卻雷厲風行。封建制度自此根深柢固，需歷經千年才會被推翻。

不過短期而言，這些政策讓動盪不安的帝國恢復穩定。不僅田地豐收，市場重新運作，商業也蓬勃發展。

君士坦丁不只是想讓子民們得到物質上的福祉，所以當帝國財政狀況有所改善後，他開始小心翼翼地栽培自己的新信仰。異教獻祭活動遭禁止，神聖的賣淫與祭祀狂歡被取締，神廟財產被充公以用於興建教堂。除了釘十字架的酷刑被廢除，格鬥士比武也遭到打壓，並被較不暴力的戰車賽車取代。將帝國統一之後，他又致力於把基督教一統於他之下。

不過，就在帝國政治統一後，卻冒出了一種新的異端[4]，威脅要永遠撕裂它。發端者正是年輕的埃及教士阿里烏（Arius），他主張基督不是完全的神，因此地位在天父上帝之下。宣揚這種神學等於是攻擊基督教信仰的核心，因為基督教一貫主張，基督是上帝的道成肉身。但阿里烏能言善道，吸引到了大批聽眾。教會也被打了個措手不及，眼見就要分裂。教會一直不時受到迫害且只能在地下活動，所以結構鬆散，沒有權力中樞，而各地的教眾大體上也各自為政。羅馬主教因身為聖彼得的繼承人，固然特別受到尊崇，但一樣沒有實權。正如《新約聖經》的保羅書信所顯示，各地教眾有強烈自行其是的趨勢；而缺乏組織讓教會無法有力地回應阿里烏的神學，爭議未幾便進入失控狀態。

君士坦丁出於一貫的軍人心態，以為只要他一聲令下，爭論就會平息。在完全低估問題嚴重性的情況下，他寫信給埃及各主教，稱他們之間的分歧「微不足道」，要求他們別把它當作一回事，要和睦共處。後來明白自己的要求不管用之後，他又想出另一個徹底解決的方法。他認為，基督教的問題在於明顯缺乏領導階層，導致眾主教就像羅馬共和時代的元老院議員那樣，總是爭吵不休，除非受到威脅，否則從來不能達成共識。幸而，奧古斯都已經找出解決這個問題的方法：他讓元老院議員繼續爭吵，但每逢需通過什麼決議時，他就會親臨元老院，以氣勢壓過他們。君士坦丁打算用同一招拯救教會：他相信，在他的盯梢下，教會一定會變得同聲同氣，世人也一定會把教會的聲音當一回事。

為此，他宣布召開一次大公會議，邀請帝國境內所有主教參加，並自掏腰包支付他們的交通和食宿費。三二五年五月二十日，數百名主教齊聚於亞洲小城尼西亞（Nicaea）的大教堂，召開會議。君士坦丁一開始先訓了他們一頓，呼籲他們齊心合意。皇帝不在乎會議結果由哪方勝出，他要的只是出現一個明顯的勝方。哪種主張得到大多數支持，他就會全力支持它。會議從一些次要議題討論起（包括由異端教士施行的洗禮是否有效，和復活節的日期應如何推算等），然後才轉入那個重中之重的問題：聖子和聖父是什麼關係。起初大家商談甚歡，但等到要制定一份信仰聲明時，雙方都拒絕妥協。眼看著，會議就要不歡而散。

爭議的癥結在於，信仰聲明草稿上用以形容基督和上帝關係的希臘文單字是*homoiusios*（「本質相似」）。這當然是阿里烏派的立場，因為它主張三位一體中的這兩「位」只是相似而非對等。其他主教則堅決反對。眼看阿里烏派明顯為少數，君士坦丁轉而反對他們，建議把*homoiusios*改為*homousios*（「本質相同」）。阿里烏派對此固然不高興，但既然皇帝就在一旁，他們也不敢表現出不滿，所以立場開始鬆動。當君士坦丁承諾，他們可以把上帝和基督的對等解釋為「神聖和神祕」意義下的對等後，阿里烏派主教總算有台階可下。因為這表示他們可以用他們喜歡的任何方式詮釋「對等」的意義，不用在自己的信眾面前自打嘴巴。大公會議作成譴責阿里烏和焚毀其著作的決定。基督徒的合一就此恢復。

在君士坦丁監督下制定的《尼西亞信經》不僅是一篇信仰聲明，後來還成了何謂基督徒的官方定義，界定了正教會（東正教）和公教會（天主教）的基本信條。時至今日，新教、東正教和天主教的教堂還會念誦《尼西亞信經》，讓人隱隱遙想起基督教統一的時代。在原羅馬帝國東部（拜占庭帝國的所在地），世俗領袖和宗教領袖的關係將始終以尼西亞會議的決議為依歸，即認定在宗教事務上，只有全體主教有權作決定，皇帝的唯一角色只是決定的執行者。君士坦丁是教會的劍，負責斬除異端，並維護教會的合一。他的後繼者將設法操縱教會，但教會不歸皇帝管的基本原保持不變。皇帝的職責是傾聽教會的聲音，而那些聲音則由全體主教決定。

將神學與軍事上的敵人都征服於腳下之後，君士坦丁決定修建一座規模能與自己功績匹配的紀念碑。先前，他已把羅馬翻新過（這次翻新工程的畫龍點睛之作是一座巨大的會堂和一尊他自己的四十英尺高座像），這次他決定要增建幾座教堂，並把拉特蘭丘（Lateran Hill）的一座宮殿捐給教宗充當座堂。然而，他還是尖銳地意識到，這座城市有太多異教的烙印，再多的基督教門面仍無法將其完全遮蓋。此外，羅馬已不再是整個帝國圍繞旋轉的中心。

羅馬因為離邊區極遠，老早就不是帝國的實質首都。第三世紀的一票短命皇帝只會偶爾來這裡走走，戴克里先的朝廷也不是設在這裡：為了軍事效率，他總是把朝廷帶在身邊，宣稱帝國首都並非任何特定城市，而是皇帝駐蹕的任何所在。這不是驚人之語，只是大聲說出一個讓人感到不自在的既定事實。大部分的時候，戴克里先都待在東部的尼科美底亞（Nicomedia），只踏足過「永恆之城」一次，而他的政治改革也讓羅馬城淪為只有象徵意義的偏遠地區。

君士坦丁決定給漂流的帝國重新扎根，因而開始尋找一個新起點。日後他將宣稱（他老是這樣宣稱），是一個天上的聲音將他引導到古城拜占庭。但即便沒有聖言指引，他的選擇一樣是個理所當然的選擇。拜占庭這個有近千年歷史的希臘殖民地地理位置絕佳，剛好就位在帝國西境和東境的正中央。它還擁有優異的深水港，可以控制黑海和地中海之間利潤豐厚的貿易路線（這條商路從極北帶來琥珀和木材，從東方帶來油、穀物和香料）。拜占庭三面環水，天然防禦優勢非常明顯（這使的附近另一個殖民地的創建者被譏為有眼無珠）。不過，對君士坦丁來說，最重要的是拜占庭的山坡曾目睹他對李錫尼的戰勝——那是他一生中的最高成就。[5]要打造一個宏偉的新都，沒有其他地點比拜占庭更能匹配他的偉大。

在一群老跟著當權者屁股後面的朝臣尾隨下，君士坦丁登上拜占庭的一座丘陵，俯瞰那即將被他轉化為世界首都的希臘殖民地。它不會只是另一座帝國城市，還會是基督在人間政府的首都，以及基督教世界的心臟。為了比附著名的羅馬七丘，他也選定一個有七座山丘的地點作為新都的範圍。於此沒有任何異教印記玷汙的地點，他將打造出一個以基督教為軸心的「新羅馬」。

他希望新都在自己有生之年落成，這並非只是自大心理使然。羅馬城固然不是在一天內建成，但君士坦丁擁有的資源卻是羅慕路斯（Romulus）[6]所望塵莫及。這位皇帝不只是文明世界的主人，還有著改天變地的決心。工匠和建材自帝國的四面八方湧入，新都給人的感覺就像是在一夜之間建成。它那些一度為野草覆蓋的斜坡如今遍佈著浴池、柱廊、大學和廣場，甚至還有一棟美侖美奐的宮殿和一座大賽馬車場。想持續接近權力核心的元老院議員們紛紛東來，皇帝也為他們蓋了一棟豪華宏偉的新元老院。君士坦丁堡是一座新的城市，還沒被有錢人和貴族壟斷，因此充滿社會流動的機會。政府除了撥出基金照顧蜂擁而至博斯普魯斯海峽的窮人外，還為超過二十萬人數的市民提供足夠的免費穀物。用水由公共蓄水池提供，並有眾多港灣可以捕撈新鮮的魚類，而寬闊的大道縱橫交錯，每個廣場都妝點著自帝國各地精挑細選出的雕塑品。

新都城散發的活力具體可觸。但無論這個「新羅馬」多麼嶄新，它一生下來便是個老頭。各種著名古物雲集君士坦丁堡，其中特別著名的一件是從德爾斐（Delphi）遷至的著名蛇柱（為希臘人在西元前四七九年為慶祝打敗波斯人所造）。大賽馬車場內，屹立著來自埃及卡納克（Karnak）的方尖碑，各廣場上，各種著名人物的雕像琳琅滿目——從亞歷山大大帝到羅穆盧斯和瑞摩斯（Remus）兄弟一應俱全。它們帶給城市一種重力感，讓它和古代有所連結，因此獲得了（君士坦丁希冀的）無比崇高威望。新首都的建成速度快得令整個世界屏息：僅僅六年的施工，城市的基本規模便大致完備，完全可以舉行獻城典禮。

皇帝除了為市民提供免費麵包之外，也沒忘記確保他們有馬戲可看。[7]官方指派的承辦單位負責籌劃各種大型公眾娛樂活動（例如豪華的戰車賽車），還會發放衣物和金錢給觀眾當禮物。[8]這些娛樂活動不一而足，且一次比一次更讓人目瞪口呆。最常見的表演包括：騰躍過野生動物的背部、高空踩鋼絲、熊與熊互鬥、全身彩繪的演員表演啞劇和俚俗歌曲的演唱等。元老院議員和其他顯貴都坐在視野最好的大理石貴賓席上，但表演結束後，他們和社會其他階層觀眾一樣都到新落成的豪華浴池洗澡。最有錢的市民當然擁有私人浴池——他們的豪宅自首都的主要通衢梅塞大道（Mese）的兩旁向四處蔓延。不過，即使是這些富豪，一樣會為君士坦丁堡金碧輝煌的公共建築震懾。

這座即將成為帝國的城市在三三〇年五月十一日舉行了獻城典禮。雖然君士坦丁將它命名為「新羅馬」，但市民總是稱之為君士坦丁堡，以此尊榮建城者。[9]典禮的奢華程度只有一個世界的主人有能力負擔，高潮是一場異教徒與基督徒共同參與的古怪儀式。基督教的大保護者在一群教士和占星師的陪同下，走到大廣場中央的一根巨柱前方。巨柱頂端則矗立著取自阿波羅神廟的黃金像，其五官被重新雕琢為君士坦丁的五官，頭上則戴著象徵七圈光暈的冠冕（材料據說包含把耶穌釘在十字架上的釘子），神情自信地望向旭日，彷彿準備好迎向光輝燦爛的未來。皇帝於柱基主持隆重儀式，把城獻給上帝，並在御用占星師選定的吉時將帝國找到的、最神聖的聖物埋於柱下。這些聖物雜七雜八，既有雅典娜的聖衣，也有諾亞造方舟所用的斧頭，和耶穌餵飽五千人時用過的籮筐。[10]君士坦丁顯然認為，兩面下注為確保自己靈魂得救的萬全之策。[11]

皇帝在剩下的統治期間，努力地維持政治和宗教的和諧。在他的牢牢掌控下，帝國回復了一定程度的繁榮，但他的冷酷無情有時幾近狂暴。例如，君士坦丁因為惱火長子克里斯普斯（Crispus）太受歡迎，便指控他試圖勾引繼母福斯塔（Fausta），且不給他辯白的機會便直接處死。然後，他又決定殺掉福斯塔，把她燙死在浴缸中。為了將帝國收攏在他的統治下，他的雙手沾滿了太多鮮血，所以容不下任何可能會威脅他權勢的人——特別是家人。

不過在處理教會的事情上，他的果斷作風卻完全不見蹤影。他對神學爭論毫無興趣，一心只想將全體基督徒一統於他的手中，而這種心態又讓他養成了一個惱人的壞習慣：不斷地見風轉舵，見哪一派基督徒得勢就支持它。

基督教碰到的主要問題是，一個宗教會議（哪怕是威名赫赫的尼西亞會議）即便能對教義達成共識，它仍無法改變構成教會之那些普通男女信眾心中的想法。阿里烏固然已被譴責為異端，但這不會減低他的講道魅力，而他也繼續在整個帝國東部受到熱烈支持，因而不斷地有信徒改皈阿里烏派。朝廷固然已經撤下了阿里烏的主教之職，以熱烈捍衛主流教義的亞他那修（Athanasius）取而代之，但埃及會眾還是更喜歡聽阿里烏講道。如果君士坦丁堅持站在由他自己促成的尼西亞會議的決議那一邊，事情就會很好解決，一旦遭到皇帝的打壓，阿里烏異端一定很快便會不成氣候。問題是，君士坦丁認為輿論已經偏向阿里烏這邊，所以他自己也趕緊見風轉舵，改為譴責亞他那修。後來，當這名遭到譴責的主教跑到君士坦丁堡訴冤時，皇帝被他的伶牙俐齒打動了，因而再次改為譴責阿里烏。到了這時候，亞歷山卓（Alexandria）[12]的居民想必已經暈頭轉向，搞不清楚阿里烏和亞他那修兩人誰才是他們的主教。

讓事情雪上加霜的是，阿里烏不理會自己遭到罷黜的事實另組教會，並吸引到多得讓朝廷尷尬的亞歷山卓人來皈。起初，君士坦丁想用徵重稅的方法令他們就範，因而宣布任何自稱阿里烏派的信徒者都適用高很多的稅率。但這招效果有限，且用不著多久，朝廷中的阿里烏派代言人便成功地說服立場搖擺不定的皇帝換邊站。亞他那修遭到罷黜和放逐。多虧君士坦丁的反反覆覆，局面陷入了無可救藥的混亂之中，且沒有因為阿里烏（死狀淒慘）[13]的死而結束，反而日趨惡化。

君士坦丁沒有耐心處理亂如麻的宗教問題，且不久後，他便再次希望沐浴於軍事勝利的榮耀之中。在他年輕時，基督徒曾因受到李錫尼的威脅而集結在他的旗幟之下，所以他心想，說不定另一次大捷可以讓教會回歸正軌。他在尋找一個合適的征伐目標時，相中了波斯這個羅馬最喜愛的敵人。波斯國王沙普爾二世（Shapur II）才剛入侵亞美尼亞，若能征服並歸化拜火的波斯人，將會為皇帝的聲望大大加分。

這兩個帝國的關係已差得不能再差，而沙普爾二世對此則要負相當大的一份責任。一位羅馬皇帝的染色人皮如今還掛在一間波斯寺廟裡，而被俘虜的羅馬軍旗也仍裝飾著波斯的城牆。洗雪這些恥辱此其時矣。君士坦丁徵集大軍，於三三七年復活節翌日誓師，但他才走到以他母親命名的海倫娜波利斯（Helenopolis，今赫塞克）就病倒了，洗過附近溫泉的泉水後病情仍未能改善。當大軍來到達尼科美底亞的郊外時，他知道自己大限將至。

這位總是對宗教事務小心翼翼且遲遲不肯受洗的皇帝，想拖到最後一分鐘才為之，好讓一輩子的罪孽歷經一次洗清，便能立刻帶著無罪之身進入天國。現在，意識到自己只剩最後一口氣，他脫下皇帝衣冠，換上新皈依的基督徒所穿的白袍，準備受洗。但即便到了這個時點，他仍拿不定主意讓正統派還是阿里烏派教士為他施洗，猶豫了好一陣子之後，才趕忙把達尼科美底亞的阿里烏派主教優西比烏斯（Eusebius）找來主禮。幾天後的五月二十二日，第一個基督徒皇帝駕崩。

即使已然身死，他還是成功地突顯出自己的重要性。雖然一直自稱「眾使徒的同儕」，但他私底下毫無疑問地自認位高眾聖徒一等。把這點表現得最明顯的莫過於他的死後安排。傳統上，羅馬人採取火葬，但他遺命要葬在聖使徒教堂內的一具華美石棺內。石棺四周，另有十二具圍成一圈的空石棺，代表耶穌的十二門徒。這無疑是自比基督，也是把自己殘忍狡詐的一生包裝為身負神聖使命。雖然謀殺了妻子和長子，他後來還是被封聖——對一個死後被異教徒奉為神明且由異端主教施洗的人來說，這是個令人嘆為觀止的成就。

撇去他性格中那些讓人不快的部分，歷史上沒幾個統治者能對歷史產生如此重大的影響。他讓一個四分五裂的帝國和一個四分五裂的宗教重新恢復成井井有條。他對基督教的有限理解固然導致它更嚴重的內部分歧，但他皈信此宗教之舉卻引發了一場文化大地震，啟動了一次鋪天蓋地和永久的社會轉化。在帝國西部，他制定農民和手工業者的世襲制度，為中世紀歐洲的封建制度打下了基礎；在帝國東部，他自稱信仰的宗教也將在接下來的一千年成為維繫帝國的力量。隨著時序推移，他打造的新都將茁壯為基督教世界的大碉堡，保護低度發展的歐洲免於遭到無數來自亞洲的入侵者攻擊。

君士坦丁駕崩之時，開展於戴克里先的帝國轉化工程已經完全開花結果。舊的羅馬帝國開始消逝。雖然建於博斯普魯斯海峽邊的新都採取拉丁模式，其官僚體系也保留濃厚的羅馬色彩，但它們既已被移植到東部的海岸，便不可能維持不變。拜占庭即將被環繞四周的希臘與基督教文化牢牢抓住。

THE PAGAN COUNTERSTROKE

第三章 異教的反擊

CHAPTER 3

告訴國王，光明居所已經倒塌，會說話的水泉已乾涸和死亡。沒有一個屋頂或一片遮蔽物是留給神明。他手中的先知月桂花不再綻放。

——賴特（Wilmer C. Wright），《尤利安》（*Julian*）第三卷

雖然帝國可能已經發生了徹底的變化，但它的人民卻渾然不覺。在君士坦丁統治的初期，他們以羅馬人自居，而最終，當君士坦丁堡於一千一百二十三年後倒下時，他們繼續這樣自居。在三三七年五月二十二日的晚上，他們只意識到君士坦丁的三十一年統治結束了。他是繼奧古斯都之後在位最久的皇帝，也引入了一些鋪天蓋地的變革。於其統治下，基督教在爭取帝國靈魂一事上，首次給了異教一記重擊，但雙方的爭戰仍離結束尚遠。

雖然君士坦丁以捍衛基督教著稱，但他留下來的世界卻談不上是一個基督教世界。嚴格來說，異教仍然是羅馬的官方宗教，神廟也繼續由政府預算維持營運。君士坦丁只是讓基督教合法化而已；但從一開始，這個信仰很明顯地便是未來的潮流。帝國裡的許多人，對這種奇怪新信仰的勢力坐大心生畏懼，作家和歷史學家一律哀嘆傳統價值觀的衰微。他們說，老神明照顧了羅馬帝國一千年，拋棄他們就是自招災禍。神廟繼續香火鼎盛，許多人都來祈求諸神降下救星，解救被基督教削弱的帝國。他們的所求獲得了垂聽：君士坦丁駕崩僅僅二十四年後，這樣的救星便出現了。

歷史開了很多玩笑，其中之一便是最後一位異教徒羅馬皇帝，偏偏出自於帝國第一個基督徒王朝。毫不奇怪地，君士坦丁生前很少去想該讓誰繼位的問題。本著一貫只關心自己的作風，他臨死前詳細

交代了葬禮該如何舉辦，卻沒交代繼位人選。他有三個兒子尚在人世，每個都平庸得要命，名字都是「君士坦丁」的變體。因為他們都認定自己必然當上皇帝，最後只好以一個笨拙的辦法解決：把帝國一分為三。三兄弟中最能幹的一個——君士坦提烏斯二世——為防還有其他人爭產，殺盡任何身上流著父親血液的人，只留下堂弟尤利安（Julian）一個不殺，他才五歲，怎麼看都不像是個威脅。

這場屠殺確實讓兄弟三人不用擔心權力會進一步縮水，但他們自己卻幾乎馬上打起來，因為帝國版圖雖大，卻仍容不下三個巨大膨脹的自我同時存在。他們出生豪華宮殿，自小被一大群宮娥、師傅和逢迎拍馬的朝臣簇擁，沒有多少機會培養手足之情，互看不順眼的情況在所難免。三分天下不到三年，三兄弟中年紀最長的一個便入侵最年幼者的領土。帝國再次翻騰，陷入內戰。

當君士坦丁的三個兒子忙著互相殘殺時，他們的堂弟尤利安——後世所稱的「背教者」尤利安——在居家軟禁狀態下度過了童年，期間他讀了大量古希臘和古羅馬的經典著作。他生性沉靜，一派學者氣質，樂於過著舒適的放逐生活，毫無興趣於兇險萬分的朝廷打滾。他在年滿十九歲之後，獲准到海外遊學。接下來四年，他從帕迦馬（Pergamum）到以弗所（Ephesus），在每個地方聆聽著名哲學家講課，沉醉於正快速消失的古典世界魅力之中。等他去到知名的雅典學院時，已私下拋棄基督教，改皈一種名為新柏拉圖主義的異教。他小心翼翼地隱藏這個祕密，向他那些憂心忡忡的老師保證，自己的信仰熱情一如往昔。

尤利安的遊學之旅結束得很突然。當時，君士坦提烏斯二世已經撂倒兩個弟弟，卻發現羅馬帝國有太多敵人，並非他一個人對付得來。當他權力尚未穩固之時，家人親戚對他來說，是個必須盡快消滅的威脅，但如今的情況已大不相同：他的龍椅已經坐穩，龐大的國事卻把他壓得透不過氣來。他想找人分擔重擔，而最值得信任的人看來是血親。另外，此時蠻族正橫掃高盧，必須有人前去征討，但他卻分身乏術，必須留下來防守波斯人無時無刻的威脅。因當初把消滅親戚的任務執行得太過徹底，君士坦提烏斯二世此時尷尬地發現，自己已經不剩半個血親。好不容易想起還有尤利安這麼個堂弟後他心想，尤利安說不定在廣泛遊學期間，已學會寬恕他人的美德，於是便將他召至米蘭見駕。

如果可以選擇，尤利安寧願繼續過讀書做學問的平靜生活，但皇帝的傳召豈能置之不理。所以在參觀過古城特洛伊城的遺址後，他便帶著誠惶誠恐之心謁見堂兄（他知道，皇帝上次召見一個親戚，是為了處死對方）。不過，這次君士坦提烏斯二世不只沒有為難他，還封他為「凱撒」，派他到高盧恢復萊茵河邊境的秩序。這是個艱鉅的任務，但撥給他的只有三百六十人，且這些人（據尤利安的形容）「只懂得怎樣祈禱」，不懂得怎樣作戰。[1]

尤利安是個不起眼的指揮官。他看起來有點笨手笨腳，一輩子沒率領過任何人，又一直是朝廷取笑的對象。帝國西部處於一種連君士坦提烏斯二世之類的作戰老手都心驚膽戰的混亂狀態，大有可能需要好些年方能撥亂反正。沒有人對尤利安這個正經八百和內向新「凱撒」抱著太大的信心。

尤利安穿上不舒服的鎧甲並收起書本，在三五五年十二月一日踏上了征途。出乎所有人意料之外地，他在作戰中證明了自己是位傑出的將軍。經過五年征戰，他平定高盧省，解放了兩萬名哥德人戰俘並驅逐蠻族，甚至四次越過萊茵河，在阿勒曼尼人（Alamanni）自己的領土上打敗了他們。他把遭俘虜的日耳曼人國王鎖上鎖鏈，派人押送到君士坦丁堡，自己則到巴黎過冬去。

他的這種赫赫戰功為君士坦提烏斯二世最不樂見。曾幾何時，他還是個笨手笨腳的學子，文靜而毫無威脅性，現在卻突然變成能幹的將軍和行政長官，深受軍隊和國人愛戴。他固然毫無不忠的跡象，但君士坦提烏斯二世見過太多壓低鋒芒、靜待發難時機的大位覬覦者，因此知道越早處理這個新冒出的威脅越好。他寫信給尤利安，佯稱朝廷需要錢財和軍隊對波斯人作戰，要他對高盧開徵重稅，並抽調走他一半的兵力。

三五九年冬天，尤利安讀過皇帝的信函後，又是害怕又是懷疑。很多投入他麾下的將士當初都以尤利安承諾，不會把他們派到東部作戰為條件。因為不想行軍到千里外接受另一個人的指揮，並讓留在高盧的家人暴露於蠻族的攻擊威脅下，他們群情激憤，一場奇怪的兵變於焉爆發。夜間，他們包圍尤利安的宮殿，高呼他為皇帝，勸他違逆君士坦提烏斯二世的命令。[2]在看過將士出示一件宣稱為宙斯降下的祥瑞後，尤利安終於答應。他仿效日耳曼人的習俗，將士合併盾牌把他高高舉起，聲嘶力竭地高聲喝彩。羅馬世界再次分裂為兩大陣營。

但此次世界不會分裂太久。尤利安既已造反，便不再偽裝自己是名基督徒：他傳檄希臘和義大利的每個大城市，宣布準備復興異教。尤利安背教的驚人消息傳遍了整個帝國西境，但就是沒有傳到大數（Tarsus）——當時君士坦提烏斯二世就駐蹕在大數，且已病入膏肓。因為不知道堂弟造反和改教的事，他指定尤利安為繼承人，又因為自知不起而屏退御醫。幾天後，四十歲的皇帝駕崩了，羅馬帝國的轡繩隨之再次落在一個異教徒手中。

尤利安是在亞得里亞海海岸得知堂兄去世的消息。他快馬加鞭地趕赴首都，速度之快，以致盛傳他駕駛的是一輛有翅的戰車。十二月十一日，首都居民以如雷的喝彩聲歡迎本地出生的首位皇帝進城。市民們幾乎全都蜂湧至街上為新皇帝喝彩。當時一位目擊者形容，尤利安「就像從天而降」[3]。元老院議員也趕來祝賀，輸誠效忠。大多數人以前未見過這位年輕的皇帝，只聽過有關他神勇戰績的傳言。看見他昂首闊步地穿過城市的模樣讓人感到凱撒已經復生，要回來帶領帝國進入一個嶄新的黃金時代。

但新皇帝看到的一切卻沒那麼美好。在那個陽光燦爛的十二月天，尤利安舉目所見，只是烏煙瘴氣、墮落和衰頹。君士坦丁的兒子看來已經把各種貪汙腐化和人慾橫流縱放了出來。現在，官位都可以黃金買賣，就連軍隊也是體質羸弱且紀律渙散。君士坦丁堡閃閃發光的門面背後藏汙納垢，在上位者關心的僅是擺闊而非治理。

對尤利安這樣一位真正的反動主義者來說，要察覺帝國的病灶並不困難。[4]當年，奧古斯都只穿簡單的長袍，也謙稱自己是「第一公民」，反觀現在的皇帝都身著寶石鑲嵌的絲綢長袍，讓自己為太監與香燭繚繞的煙霧所簇擁，遠離人民。從前的皇帝都把時間用在和將領開會，商議如何征服世界，現在的皇帝卻把時間花在會見廚師，規劃越來越講究的美味佳餚。最糟糕的是，他們已經拋棄古羅馬的兩大武德（榮譽感和責任心），採納了基督教的娘娘腔理想（寬恕和溫柔）。這也難怪，皇帝和軍隊都日愈軟弱無力。尤利安一入大皇宮，就大刀闊斧地著手改革，解雇了幾百名寵壞前任皇帝的理髮師、廚師、侍從和宮娥。

但這些宮廷亂象還只是帝國頑疾的外顯病徵。在尤利安看來，真正的病根是基督教。他不打算迫害基督徒，因為這種方法在過去已被證明不管用。內部紛爭業已折騰了基督教宗教數十年，現在尤利安唯一要做的，就只是鼓勵這種爭吵，讓基督教自我毀滅。所以他頒布寬容詔書，歡迎所有被放逐的基督徒回家，並坐看阿里烏派和尼西亞派系狗咬狗。他深信異教是更卓越的宗教，只要人民有得選擇，假以時日一定會回歸異教。他解禁異教的活動，又馬不停蹄地前往各地的神廟上香獻祭。他獻祭如此之多，以致在一旁看得失笑的人民戲稱為「屠夫」。

但他一切的努力純屬徒勞。異教已是強弩之末，在它從前信徒的頭腦裡只剩模模糊糊的記憶，再多的國家扶植都無法讓它由衰轉盛。不耐煩的尤利安決定增加壓力，宣布異教徒比基督徒有優先出任公職的資格。這招不管用之後，他又以近乎明示的方法暗示，對基督徒施暴將不會被起訴。在幾位主教被暴民私刑處死後，皇帝升級了打壓行動，禁止基督徒於帝國的學校任教。

這段時期，大多數最好的哲學家和教師都是基督徒，所以當他們的任教權遭到剝奪，拜占庭的每個階級都受到嚴重打擊。就連尤利安的朋友都認為他此舉已然太超過，而為他作傳和愛說他好話的阿米亞努斯·馬爾塞利努斯（AmmianusMarcellinus）也稱之為「一項嚴苛措施，宜於被埋葬在永恆的沉默中。」[5]但他的所有嚴厲措施、勤於獻祭或撰寫斥責信勸喻人民回歸異教的做法則一概不管用。他需要別的招數。

有鑑於君士坦丁透過贏得米爾維安橋之戰才讓羅馬帝國皈依基督教，尤利安認為他也可能靠著一場大捷為異教扭轉局面。一個現成的討伐目標是波斯，因它位於入寇帝國東部的邊境城市。[6]攻打波斯人的計畫已耽擱太久。這是君士坦提烏斯二世生前便有的計畫，想藉著擊敗波斯人為自己的統治錦上添花。現在，尤利安準備要完成他的未竟之業了——但不是為了維護基督教，而是為了摧毀它。

三六二年春天，尤利安前往繁華大都會安提阿（Antioch）籌劃戰爭事宜。他受到市民盛大歡迎。但見慣朝廷豪華排場的安提阿人很快就對皇帝的樸素無華感到失望。雪上加霜的是，他老發表演說，斥責他們不肯回歸異教。他的人氣直線下降，人人對他都一肚子牢騷。尤利安不為所動，繼續想辦法復興異教。他派使者前往德爾斐求取神諭。德爾斐是羅馬世界最著名的神諭中心，一千多年來，它的女祭司都在咀嚼過月桂葉和吸入某種煙霧後為阿波羅傳達信息。但古代世界已經消失，而尤利安求得的神諭也是歷史上記載的最後一個：「告訴國王，光明居所已經倒塌[7]，會說話的水泉已乾涸和死亡。沒有一個屋頂或一片遮蔽物是留給神明。他手中的先知月桂花不再綻放。」[8]對尤利安想重新異教化羅馬帝國的企圖來說，這番話是恰如其分的墓誌銘。

但固執的皇帝不肯放棄。即使異教注定無法復興，他仍決定非粉碎基督教不可。有鑑於基督曾經預言，直到末世來臨前[9]，猶太人的聖殿將不會獲得重建，尤利安決定要證明耶穌是個假先知，於是下令重建聖殿。重建工程開始得很快，但一場大地震把地基震碎（根據基督教的資料來源，發生大地震的同時還出現了一個「大火球」），讓嚇破膽的監工者被迫放棄計畫。皇帝的心情越來越壞，安提阿的緊繃氣氛也日益升高，接近爆發邊緣。還有一件事讓情況變得更糟糕：尤利安參拜城內著名的阿波羅神廟時，得知廟內葬著一名基督教殉教者，大為反感的他下令馬上把屍體挖出來移走。憤怒的騷亂隨即席捲全城，直到一批煽動者被拘捕和處決才恢復秩序。數星期後，一名異教徒在阿波羅神廟留下的香燭傾倒卻無人及時發現，引發一場大火，導致整座神廟付諸一炬。

尤利安認定大火是基督徒所為，於是關閉了他們的大教堂並沒收教堂的金銀器皿，以支付入伍新兵的軍餉。此舉把整座城市推向了造反邊緣，而尤利安甚至失去其異教徒子民的支持。人們在街頭公開嘲笑他的鬍子[10]和他的反基督教措施，雙方每天都更接近攤牌邊緣。終於，三六三年三月，尤利安的大軍集結完成，讓人人鬆一口氣的是，大軍在他一聲令下後向東挺進。

征伐波斯的戰役幾乎打從開始就注定是悲劇。這原是一場沒必要開打的仗，但心高氣傲的年輕皇帝卻為了振興自己的信仰而不惜一切代價開戰，最後也落得慘澹收場。種種跡象已經顯示有什麼不對勁，但尤利安堅持推進。波斯人採取避戰策略，儘量不與比它龐大的拜占庭軍隊正面交鋒，並以引河水淹沒路徑的方法拖慢敵軍的行軍速度。所以等尤利安抵達波斯首都泰西封（Ctesiphon）城下時，時序已為酷暑。尤利安的高盧人將士不適應炎熱的天氣，想攻破泰西封的高聳城牆又不能在一時三刻間做到。大軍遭太陽曝曬，且不斷被小型攻擊騷擾，總之是苦不堪言。直到傳言有一支波斯大軍已經逼近，尤利安才不情不願地答應退兵。

帝國的軍隊有十天的時間都在跌跌撞撞地撤退，途中一再遭遇小規模的偷襲，而且敵人也越來越大膽。然後，六月二十六日上午，波斯人突然發起大規模攻勢。尤利安本著他一貫的勇猛，盔甲沒有全然繫好便跑出帳篷，衝進密林展開廝殺。混戰中，他被一根長矛刺中身側。他的手下衝上前去，抬起倒地的皇帝。大量鮮血隨著被拔出的矛頭湧出。他被抬回帳篷，以酒消毒傷口，但矛尖已經刺穿肝臟，尤利安自知必死。此時，帳篷外的戰鬥聲已經消退，他也閉上眼睛，不再掙扎。據說，他臨終前在傷口揩了一把血撒向太陽，喃喃說了一句：「*Vicisti Galilaee*（加利利人[11]，你贏了。）」

這話比垂死皇帝心裡的想法還要有智慧。它既可表示，舊的宗教已經解體，只是供文化菁英把玩的骨董。它缺乏觸動人心的應許與基督教爭取群眾的心魂，花多眼亂的神祇和儀式則確保了其信徒無法聯合一致。這是個尤利安即使沒有出師未捷身先死，也一樣改變不了的事實：他從年輕時愛上的舊世界已無可挽回地一去不返。浪漫得無可救藥同時又固執得像頭騾，這位皇帝愚蠢地把精力和想像力揮霍於試圖復興一種已然一蹶不振的宗教，渾然不知帝國的未來一千年將由另一種宗教所界定。羅馬城和它的多神教歲月已經走入了歷史，以致尤利安的異教徒子民也對他不停獻祭的行為大感不解。他們之中的一名在聽聞皇帝的死訊後只冷淡地表示：「大概他還是死了好，不然他從東方回來後，牛隻很快就會缺市了。」[12]

夠諷刺的是，他的遺體被運回大數（使徒保羅的誕生之地），並在那裡下葬。君士坦丁一脈隨著他的逝去而絕嗣；自此，奧林匹亞山的諸神也僅存於皇宮的馬賽克壁畫中，供無聊的皇帝解悶而已。

不過，古典世界的龐大著作卻沒有跟著消失。它們在羅馬文化扎下的根太深，和任何思想學派都有牽連，沒辦法說丟就丟。未來固然屬於基督教，但沒有任何自認為羅馬人的人會完全拒絕古典世界。拜占庭早期的教會父老（church fathers）[13]不同於帝國西部的同胞，他們了解異教徒哲學[14]包含的寶貴洞見，反對棄之如敝屣，並主張以正確的態度謹慎閱讀，把其中的珍珠和宗教的糟粕分離開來。[15]拜占庭的大學（從位於君士坦丁堡的那些到著名的雅典學院）將全程於帝國的歷史中保存並鑽研古典作品。就連君士坦丁堡的牧首學院（Patriarchal Academy）一樣都設有研究古代文學、哲學和科學文獻的課程。帝國在這方面，東、西兩部呈現尖銳對比，因為在西部一波波蠻族的入侵將粉碎文明，斬斷其與古典時代的聯繫。無論在思想或力量哪方面，未來都屬於帝國的東部。自此而下，世界將出拜占庭統治。

BARBARIANS AND CHRISTIANS

第四章 蠻族與基督徒

CHAPTER 4

綜觀羅馬帝國在第四世紀晚期面臨的所有問題中，以蠻族的威脅最為嚴重。早在奧古斯都的時代，羅馬軍隊就學會對住在陰暗日耳曼森林或冰封萊茵河一帶的居民格外警惕。近三百年間，蠻族都留在帝國邊界的另一頭，只偶爾發動小規模寇邊行動。不過，到了「背教者」尤利安駕崩之時，這種情形已開始大有改變。這是因為日耳曼部落受到可怕的東方新力量——匈奴人的驅趕，大舉越過防守薄弱的邊界，進入拜占庭的領土。不過，這次他們是以移民而非侵略者的身分進入帝國，想得到土地而非黃金。這些新移民不願意被同化，因此引發了羅馬世界內的身份認同危機，讓帝國緊繃到極點。這種壓力將重新定義何謂羅馬人，並幾乎拉倒了古典世界。

羅馬的天才發明之一，是它對公民權概念的構想。要知道，在古代世界，一個人很難拿得到自己誕生地以外城邦的公民權。以西元前五世紀的希臘為例，不管它的成就多麼耀眼，骨子裡始終是個由眾多城邦拼湊而成的集合體，而每個城邦只賦予誕生於本城邦的人公民權：一個雅典人不可能變成斯巴達人，反之亦然。因為把自己牢牢關在城牆的後面，這些城邦無法注入新血，以致經過幾個輝煌世代之後，光澤就完全褪色。反觀羅馬人卻把公民權的概念擴大至超越單一城邦的狹小範圍，於其軍團所過之處大量發放公民權。正因為如此，雅典不管曾經多麼傲視同群，始終都只能是一個城市，羅馬卻能囊括世界。

然而，不管羅馬人多有包容力，他們就是看不起住在邊界僅僅過去一點的民族。因為羅馬軌道以外的人沒有羅馬公民權，即使他們文化成再怎麼高，也只會被歸類為不文明的蠻族。當然羅馬也有很多聰明人知道，羅馬人自己的祖先也一度被別人看成和萊茵河另一邊的部落一樣野蠻。但近來湧入的新移民情況卻有所不同。前此，帝國一直能把新的民族融入其不斷擴大的身體，並常因此而獲得壯大。但時代已經改變。帝國現在落入了守勢，越境而來的日耳曼人想要的不是羅馬的文化，而是土地。他們不願被同化，繼續使用自己的語言並維持自身的文化習尚。這些流入的新血不再是力量的泉源。很多羅馬人看著一些歷時千年的傳統逐漸消失，都感到憂心忡忡，他們把湧入的陌生人視為可能傾覆帝國的可怕威脅。

即使在最昇平的時代，帝國也很難吸收數目如此龐大的新移民，更何況這段時期坐上龍椅的，盡是些目光短淺的皇帝。自尤利安駕崩後，皇帝的素質一個不如一個。他的繼任者僅在位八個月，便因為在帳篷裡用火盆取暖而窒息身亡。帝位落在一對粗野的兄弟身上之後，兩人把帝國一分為二。哥哥瓦倫提尼安（Valentinian）成功維持帝國西部領土的完整十一年，也成功約束住性格急躁的弟弟瓦倫斯（Valens）。但他卻管不住自己的脾氣，動輒大發雷霆，最後在一次大發雷霆時因動脈瘤破裂一命嗚呼。他十六歲的兒子格拉提安（Gratian）繼承皇位，但因為年紀太輕而沒什麼主見，讓瓦倫斯成為帝國政策的實際操縱者。

就在這個羅馬明顯缺乏優秀政治家的當下，西哥德人（Visigoths）和東哥德人（Ostrogoths）上書要求准許他們遷入羅馬領土。他們已經拋棄了日耳曼和斯堪地納維亞的冰封土地，正在尋找新家園，而帝國東部最不缺的就是肥沃的土地。他們承諾以部隊交換土地，皇帝義不容辭地點頭同意，批准二十萬哥德人越境進入帝國，定居色雷斯（Thrace）[1]。

瓦倫斯的如意算盤是，此舉既可用日耳曼人補強兵員不足的帝國軍隊，又可讓一些荒廢的土地得以開發。但這個計畫從一開始就注定失敗。東部政府根本處理不來這樣龐大的流入人口，而瓦倫斯甚至懶得嘗試應付。答應提供給哥德人的食物要不是運抵時已經腐爛，就是品質太差，導致不堪入口。當地的商人則盡情敲詐飢餓的哥德人，一些地方行政長官甚至綁架他們，把他們賣為奴隸。哥德人忍無可忍，最後揭竿而起。

最該為這件事情負責的瓦倫斯相約侄兒格拉提安一同出兵平亂。三七八年八月，四萬大軍沿著厄納齊瓦大道（Via Egnatia）前進，要給叛亂者一個教訓。當大軍逼近阿德里安堡（Adrianople）附近的哥德人紮營處時，瓦倫斯得到一個錯誤情報，說哥德人只有一萬人馬。他見獵心喜，未確認情報真偽就立即下令進攻。因為想趕在侄兒部隊到達前獨攬戰功，他把謹慎拋諸腦後。但這是個災難性錯誤。那天天氣熱得反常，羅馬人被曬得焦乾，又因長時間行軍而體力耗盡，完全沒有作戰的本錢。東哥德人則無情橫掃羅馬人的軍隊，輕易衝破他們的隊列，切斷他們一切逃生的希望。直到大屠殺結束時，瓦倫斯、他三分之二的軍隊和羅馬的不敗神話全被踩在哥德人沾滿鮮血的鐵蹄下。

這是羅馬帝國四個世紀以來遇到最嚴重的軍事災難，並為在邊界每個蠢蠢欲動的蠻族打開了入侵的大門。東部的政府一蹶不振，軍隊潰亡且皇帝身死。接下來，哥德人在帝國西境到處肆虐，攻擊每座大城市，甚至威脅到君士坦丁堡本身。每當哥德人的大軍逼近哪裡，嚇壞的農民們就會成群逃走，並從附近的山丘上眼睜睜地看著野蠻人摧毀他們的家園，把他們畢生心血付諸一炬。城市居民則躲在城牆後面，祈求救星的到來，但朝廷在瓦倫斯死後無所作為。如果救星不出，強大的羅馬帝國看來便注定要在壓力下瓦解。

但絕望的處境正是一個把平凡人推向偉大的機會。就在帝國最需要救星的時刻，一名退役將軍及時趕到，在傾倒之時力挽狂瀾。這位狄奧多西（Theodosius）雖然年僅三十出頭，卻接受過最優秀的軍事訓練。他出生於西班牙的一個軍人世家，年輕時便敉平過不列顛的叛亂，又曾在多瑙河下游作戰過。阿德里安堡災難發生時，帝國找不到比狄奧多西更優秀的將領了。西羅馬皇帝格拉提安封他為共治皇帝，責成他恢復帝國東部的秩序。

這幾乎是不可能的任務，也不只一個人勸過狄奧多西別自找麻煩，但這個困難任務反而激發出他的新的活力與熱忱。他為了彌補損失的兩萬老兵，開始大規模徵兵，逼迫每個手腳健全的男人入伍，連那些自殘肢體以逃避兵役的人也不放過。但這招還湊不足兵員，狄奧多西不得不仿效一個危險的先例：招哥德人的叛徒入伍，以蠻族部隊充實自己的實力。這招險招奏效了：三八二年，經過漫長而艱苦的戰鬥後，狄奧多西終於逼哥德人簽下和平條約。條約確認了先前的安排，允許哥德人以貢獻兩萬人馬給帝國軍隊來換取在羅馬土地上的定居權。讓一個主權民族定居於帝國境內，固然不無潛在危險，但狄奧多西仍為自己的決定感到得意，因為此舉一舉兩得，既阻止了東羅馬的崩潰，又解決了軍隊的人力荒。就像預期的那樣，少數人反對這種把軍隊「蠻族化」的做法，擔心一支有強烈日耳曼成分的軍隊將帶來比它解決的威脅更大的威脅。但這些憂慮很容易在政治現實當前被忽略不顧。畢竟，移民一直是帝國新生力量的來源，而且幾位帝國最偉大的皇帝何嘗不是來自非洲和不列顛這些異族地區？即使狄奧多西自己的家鄉（西班牙）也一度被視為蠻夷之地，但它現在的羅馬成色，卻是不亞於奧古斯都時代的義大利。

然而，這樣的說法不過是羅馬人的自我安慰，因為蠻族沒有理由要成為羅馬人，也永遠不會成為羅馬人。加入帝國軍隊的哥德人均由哥德人的將領指揮，也繼續說哥德語並維持自己的風俗習慣。他們沒有理由融入，也沒有融入，始終是帝國境內的半自治群體。在不到一代人的時間之內，他們將完全主宰政府，並把歐洲推向「黑暗時代」的可怕混亂。雖然狄奧多西本人無從得知，但實際上，他等於是簽署了西羅馬帝國的死刑執行令。

蠻族並不是把古典時代的帝國轉化為中世紀歐洲的唯一因素。三八二年，除了是羅馬人與哥德人簽訂條約的一年，也是基督教取得最後勝利的開端。事情源於一場可怕的疾病。有一次，狄奧多西到帖撒羅尼迦（Thessalonica）巡視時突然感染重病，他的臣下都以為他必死無疑。就像所有基督徒皇帝那樣，他一直拖延不受洗，想到生命最後一刻才為之，好讓一生的罪孽得以一次清除，以完全清白之身接受上帝的審判。這次，垂死的皇帝知道不能再等，便召來了當地的主教為他施洗。讓他的隨侍大吃一驚的是，皇帝隨後竟然完全康復了，返回君士坦丁堡時，他已經完全變了一個人。未受洗前，他因為仗著洗禮可以清除他的一切罪孽而可以不按良知行事。但現在的情況卻大相逕庭。既已身為完全的基督徒，他不能再濫殺無辜或坐視異端撕裂教會。如今，恢復屬世和屬靈的秩序同是他的神聖職責。忽略兩者之一，都會讓他的靈魂有不能得救之虞。

自君士坦丁以降，幾乎每個羅馬皇帝都支持阿里烏異端（尤利安也是如此，但他別有用心），正是這種偏袒，讓基督教的分裂持續擴大。狄奧多西決心一次改變這種態勢。為此，他於君士坦丁堡召開大公會議，譴責阿里烏派。經過一番商議後，全體主教同意為《尼西亞信經》背書，授權狄奧多西制裁阿里烏異端。這位皇帝以自君士坦丁以來前所未見的堅定性採取行動。阿里烏派被迫交出他們的教會，而因為沒了朝廷的支持，他們的會眾也很快作鳥獸散。帝國境內，只有哥德人依然堅信阿里烏派。他們很快就會主宰帝國西部，只不過在那之後，他們並未認真扭轉其基督徒子民皈依阿里烏派。經過六十年的嚴重內鬨，阿里烏派引起的爭端終於成為過去。

狄奧多西在恢復教會的統一後，很快就出手對付異教的餘燼。雖然異教在整個帝國有悠久的歷史，但對大多數羅馬人民來說，異教早已僅是一些傳統習俗的集合體，不再具有深刻的宗教意涵。然而，神廟的開支卻繼續由政府負擔，而在皇帝最火爆的顧問米蘭主教安布羅斯（Ambrose）看來，這是身為基督徒的羅馬皇帝最丟臉的事。

這並非安布羅斯首次試圖藉著朝廷之力，剷除異教的最後殘餘。幾年前，他成功地讓皇帝格拉提安相信，身為一位基督徒皇帝並掛著「最高祭司」（*Pontifex Maximus*）的頭銜是件丟臉的事。[2]格拉提安覺得有理，匆匆跑到元老院宣佈放棄這個頭銜。但可惜的是，格拉提安不久後被殺了，一票元老院議員為了復興異教，將一名異教徒拱上了皇帝寶座。狄奧多西迅速推翻被擁立的新君，將帝國東、西兩邊一統於自己之下。這個插曲讓安布羅斯深信，異教是一股危險的力量，有必要大力剷除。有段時間，個性頗為溫和的狄奧多西沒理會他那些慷慨激昂的講道內容，但基督教和異教的正面相撞已不可避免。

正面相撞的導火線起於狄奧多西的一位將領在帖撒羅尼迦一次起義中遭暴民私刑處死。怒不可遏的皇帝為了報復，將七千名市民集中於賽馬車場加以屠殺。安布羅斯聽到這個消息後備感痛心，他入宮告訴狄奧多西，無論受到什麼挑釁，任何一位基督徒皇帝都不應濫殺無辜。狄奧多西並未理會他，認為自己既是皇帝，做什麼都有理。安布羅斯則以拒絕皇帝在作出懺悔前領聖餐和進入教堂作為回應。幾個月不能領聖餐讓狄奧多西覺得自己靈魂的安危受到威脅，只好屈服。他披上麻布，頭上撒灰，公開道歉並表示願意順服安布羅斯。不同於擁有絕對權威的異教徒皇帝戴克里先，看來有些界線是基督徒皇帝所不得踰越。在拜占庭教會與國家的這次大對決中，教會勝利了。[3]

狄奧多西在受過這次管教後，便對異教採取更為強硬的路線。他下令停辦為榮耀諸神而舉行了上千年的奧運會，並取締德爾斐神諭。在羅馬城，維斯塔神廟（Temple of Vesta）的永恆之火被澆熄了，維斯塔貞女團也被解散。這個行動激起市民的憤怒，聲稱皇帝必將遭到天譴。不過，在大多數情況下，打壓異教的行動極少引起抗議。這是因為異教在第四世紀大部分時間實際上已奄奄一息。[4]對它的致命一擊是在三九一年：狄奧多西在這年明令，基督教是羅馬帝國唯一的合法宗教。

不論歷史學家賦予這道命令多大的重要性，它都不是什麼驚人之舉。狄奧多西這麼做，不過是在為一件始於米爾維安橋之戰的工程收尾。在當時，基督教和羅馬人的生活已經緊密交纏在一起，當一名基督徒和當一位羅馬人基本上是同一回事。基督教神學家在吸納了古典時代的思想傳統後加以改編，使其為己所用。正因為如此，克萊門（Clement of Alexandria）才會說：教會是聖經信仰和希臘哲學兩條大河的匯流，而德爾圖良亦稱「塞內卡常在我們中間」[5]。

就連教會儀式和宮廷儀式也開始互為鏡像。神職人員和朝廷大臣均穿著華麗的服飾，並有巡遊隊伍和詩班合唱為前導，而不管宮廷或教堂，都是香燭繚繞。宮廷有它的皇帝，教會有它的的主教，雙方都威儀棣棣令人尊敬。這種一致性讓人寬心，證明了人間遵行著天國的秩序。就連帝國的宣傳品也採取同一基調。例如，在大賽馬車場，狄奧多西樹立起一座方尖碑，其基部的雕刻雖然描繪皇帝為臣下所環繞的模樣，但怎麼看，都像是基督和門徒在一起的畫面。它讓每位人民（從最博學者到目不識丁的人）都可以一眼就看出，他們的帝國為天國於塵世的反照。

毫無疑問地，羅馬人認為自己的帝國受到上蒼的眷顧。就連經濟也持續改善了近一個世紀。相對穩定的政治環境讓人們得以再次累積財富。交易商再次可於陸上商路通行無阻，船舶也可再次放心地航行於地中海的水域。農民可以把農產品帶到大城市，恢復活力的市場也等著向他們購買。儘管帝國此時的繁榮程度仍不及它最鼎盛的年代，但它的公民仍能夢想，黃金時代將有可能再次復返。

只不過，地平線上並非晴空一片。政府大部分的稅收都來自貴族，而他們已經被榨乾得差不多了。他們之中很多人為了卸下重擔而出家為僧，要不就是跑到埃及或小亞細亞的沙漠過隱修生活。政府的對策則是向窮人和勞動階級收取更重的稅金。每個皇帝都提高稅收，想盡辦法把農民綁死在土地上，聲稱唯有這樣做才能讓社會順利運作。但這種政策的結果是，很多人都陷入赤貧之中。帝國西部在這種苛索中受創尤鉅，使它相較於本來就比較富有的東部更是形同兩個不同的世界。這讓一些有先見之明的人不得不擔心，未來羅馬和君士坦丁堡會不會因為差距太大，而再也無法彌合？

A DREADFUL RUMOR FROM THE WEST

第五章 西方傳來可怕的噩耗

CHAPTER 5

精明幹練的狄奧多西控制得了帝國內部的日耳曼成分，但他的後繼者卻無此能耐，以致政府的每個層次，幾乎無不落入蠻族人的控制之中。就連羅馬軍團亦變得面目全非：原以步兵為主的軍團變成以蠻族人的騎兵為主，原來整齊劃一的行伍也變成由穿著不同形式的盔甲及著說不同語言的將士所構成。名義上皇帝仍是帝國東西兩邊的最高主宰，實權卻掌握在控制軍隊的人手上。君士坦丁堡前後出過一批目光如豆的蠻族人權臣，他們把皇帝當成傀儡擺佈，一心只想維護自身的權位，因此經常白白錯過復興帝國的機會。但有一半汪爾達人（Vandal）血統的傑出將軍斯提里科（Stilicho）卻不是這樣的權臣。不過，當時在位的昏庸皇帝霍諾留（Honorius）卻對他又懼又恨，對湧入邊境的蠻族置若罔聞，同時認定他才是帝國更大的敵人。

其實斯提里科的存在對帝國西部來說反而是一件幸運的事，因為它現在得為生死而戰鬥。四〇六年冬天，是人們記憶中最冷的冬天，整條萊茵河直到羅馬以北都徹底凍結了。日耳曼蠻族因貪圖地中海地區的溫暖和財富，大舉湧過了防務漏洞百出的邊界，沒多久就席捲高盧，向西班牙挺進。斯提里科從北非趕赴萊茵河，敉平叛亂並擊退入侵者，然後兩次馳援帝國東部，趕走哥德人。如果帝國東、西兩邊能擱置分歧，聯手對抗共同敵人，本來的確有可能將「黑暗時代」的到來推遲數百年，只可惜帝國東邊因無謂的爭吵而內耗著，且害怕權大勢大的斯提里科更甚於蠻族的威脅。正因為東、西羅馬的彼此猜疑如此之甚，以至於後來西哥德人的新國王阿拉里克（Alaric）在統一各部之後入侵帝國東部時，君士坦丁堡方面竟慫恿他改為入侵義大利。

斯提里科有足夠的本領為西羅馬擋住哥德人，只可惜將才洋溢的他卻政治頭腦不怎麼靈光。多年來他忙著南征北討，渾然不知拉文納朝廷的猜忌與羅馬的惡毒陰謀。他以為自己為國家的貢獻足以證明他的一片赤誠。不過，元老院（由一群出身顯赫但沒有多少實權的議員組成）卻極為忌恨斯提里科，他們不認為這位有一半蠻族血統的新貴有資格在他們之上發號司令。自斯提里科銷毀了《西比拉預言書》（*Sibylline Books*）之後[1]，以異教徒為主的元老院更對他恨之入骨。所以當他向元老院要求以四千磅黃金向西哥德人求和時，他們的怒氣瞬間爆發了。

斯提里科會決定以收買而非戰爭來解決阿拉里克的威脅並不令人意外。這位將軍多年來，為了保持帝國西邊領土的完整而疲於奔命，他的軍隊軍餉偏低且精疲力竭，不可能同時處處兼顧。在軍隊已經發揮到極限的情況下，以金錢安撫西哥德人是唯一的明智之策，但這對於那些安全待在羅馬的元老院議員卻認為這是自招不必要的恥辱。[2]在高張的氣氛下，他們很容易說服昏庸的霍諾留皇帝，讓他相信斯提里科已出賣了帝國的榮耀與威望，必須處死。禁衛軍迅速出動，當場殺死了正在做禮拜的斯提里科，不讓他的部隊來得及營救。大惑不解的將軍死到臨頭都還不知道發生了什麼事。

元老院並沒能回味其這個惡毒的勝利太久。隨著西羅馬的大捍衛者消失，再也沒人能為義大利抵擋可怕的哥德人。阿拉里克的大軍在幾個月內就翻越了阿爾卑斯山，兵臨帝國的首都城下。羅馬市民拒絕相信自己的眼睛，也繼續深信羅馬是攻不破的這個神話，揚言他們不惜戰至最後一人，也不讓任何一個蠻族士兵踏入羅馬城門。阿拉里克聽了只是哈哈大笑，喃喃自語道：「乾草越厚，刈起來越容易。」他派兵攻城，然後在四一〇年的八月下旬，不可思議的事情發生了：八百年來，羅馬城第一次被攻破。

看著西哥德人漫過羅馬七丘時，元老院後悔莫及。蠻族洗劫了這個「永恆之城」三天後，甚至挖開奧古斯都的陵墓，對墓主挫骨揚灰。西哥德人洗劫被攻陷的城市是平常之事，這次也沒有特別野蠻，但事情卻像衝擊波那樣迅速傳遍帝國的每個角落。聖傑羅姆（Saint Jerome）在伯利恆聽到消息後，如此描寫人人心中感受到的超現實驚恐：「西方傳來了可怕的噩耗……我的喉攏咽住了，說不出話來……曾經佔領整個世界的城市如今被人佔領。」[3]

當西羅馬人目睹羅馬這個號稱不可侵犯的城市成為蠻族的俎上肉，他們對帝國代表神聖秩序的觀點完全粉碎了。這是東、西羅馬的世界觀首次出現大裂縫。安全待在君士坦丁堡的東羅馬人最終將從創傷中平復，再次相信他們的帝國是普遍和神聖的，但在西羅馬，這樣的信仰已不再可能存在。事實證明羅馬只是血肉之軀，沒有政府或國家可以自稱為天命所歸。基督徒不是公民，這個世界也不是他們的家，只是他們朝聖之旅的中途站，而任何帝國（不管是以羅馬或君士坦丁堡為首都）都瞬間即逝。這種世界觀的分歧最初顯得無甚重要，但它很快地就擴大為一道巨大的文化鴻溝，比任何蠻族軍隊都更有力地將古老的帝國撕為兩半。

如果說羅馬人還有什麼值得慶祝的話，那就是阿拉里克未能得意太久：他攻陷羅馬幾個月後在一場高燒中一命嗚呼。[4]不過他已重挫帝國的聲譽，讓所有的人覺得帝國在蠻族席捲下，沒有一座城市是安全的。東部的皇帝狄奧多西二世因過於警覺而在君士坦丁堡建築起巨大的新城牆。新城牆高十二公尺，厚度近五公尺，足以抵禦接下來一千年的所有入侵者。雖然羅馬遭洗劫一事為羅馬人的心靈帶來深深創傷，但因此造就了古代乃至中世紀最令人嘆為觀止的防禦工事。東羅馬帝國在接下來的漫長歲月裡極少有太平日子，但至少首都的安全得到了保障。

帝國的西部未能享有這樣的奢侈。霍諾留在哥德人逼近前逃離羅馬城，有鑑於羅馬的脆弱，他遷都至較容易防守的拉文納。但即使有了一個新首都，西部的皇帝仍無法挽回帝國的頹勢，只能眼睜睜地看著各個行省一一淪陷。這時，高盧已被西哥德人和法蘭克人佔領，西班牙則爆發叛亂，撒克遜人（Saxons）大舉入侵不列顛。焦慮的不列顛人寫信向霍諾留求援，但他們得到的答覆卻清楚顯示，西部的帝國已自顧不暇。「自求多福。」這是皇帝的回覆。[5]他幾乎只能這樣說。帝國軍隊全線敗退，根本無暇顧及鞭長莫及的不列顛。此後，不列顛人只好靠自己的力量抵抗撒克遜人——他們撐了很長一段時間，但終歸徒勞。[6]這時西羅馬仍然控有北非，但到了四二三年，霍諾留因肺水腫失去性命時，北非部分的領土已落入汪達爾人之手。

雖然東部的政府竭盡所能幫助這個垂死的夥伴，但它也得應付自己可怕的新敵人：來自中亞大草原的匈奴部落。匈奴人粗野且毫無軍紀，在帝國東部橫衝直撞，所過之處片瓦不留，血跡斑斑。相較於其他蠻族，他們是徹頭徹尾的野蠻人：穿田鼠皮縫製的長袍，從不洗澡或更換衣服，直接睡在馬背上，而且生吃所有的東西。在帝國人民眼中，這群作戰時高聲尖叫的野人是老天派來的可怕懲罰，所以他們的恐怖領袖阿提拉（Attila）也被歐洲各地稱為「上帝之鞭」。

他擊敗了所有來勢洶洶的帝國軍隊，並洗劫了黑海到普羅龐戚斯的每座大城，逼得君士坦丁堡不得不忍辱求生，答應讓他隨意越過邊界。在東部政府承諾每年付他兩千磅黃金之後，阿提拉似乎很樂意離開，讓帝國恢復太平。但幾個月後，整個羅馬世界傳遍了這個可怕的消息：匈奴人再次出擊。但這次是羅馬人咎由自取：皇帝的姊姊奧諾莉亞（Honoria）因為不願意被迫嫁給一個討人厭的元老院議員，而愚蠢地寫信——並附上一枚戒指——向阿提拉求助。不管此舉是不是求婚，大汗自己都這樣解釋。他告訴嚇慌了的皇帝，他只是「來拿他有權得到的東西。」

阿提拉的人馬在穿越高盧後，把帝國軍隊打得落花流水。[7]帝國的古都在劫難逃，坐以待斃的羅馬市民只能祈禱出現神蹟——阿提拉因為某個理由而轉身離開。由於皇帝已經離開羅馬，又沒有其他世俗領袖接替他的位置，所以越來越多世俗事務落到了教宗肩上，讓他成為城中唯一握有實權者。當阿提拉抵達羅馬城外時，並沒有雄壯威武的軍隊保護城市，只有教宗利奧（Leo）獨自徒步出城會面，與他在塵土飛揚的軍營中展開談判——他唯一的本錢是隨機應變的能力。

他們的談話沒有留下紀錄，但不管利奧說了些什麼，他都成功說服阿提拉掉頭離開義大利，放過羅馬。[8]臨走前，大汗將一名年幼的女子納為姬妾，當晚大肆飲酒狂歡。不過，第二天早上他卻遲遲沒有現身，當屬下破門進入他的寢室時，發現他已經死去。原來前天晚上「上帝之鞭」的一根血管破裂了，流出大量鼻血，而一命嗚呼。他被葬在三口棺材（一金、一銀和一鐵）之中。出殯時，他的部下向天悲鳴，撕裂自己的衣服並劃傷自己的臉孔，向這位曾經讓許多國王和皇帝折腰的人物致哀。此刻，遠在君士坦丁堡的東部皇帝夢見一根折斷的弓，得知阿提拉已死。因此，帝國可以再次呼吸了。

THE FALL
OF
ROME

第六章 羅馬陷落

CHAPTER 6

阿提拉這位大敵之死，讓羅馬世界欣喜若狂，但帝國的危機並未因此緩解。瓦倫斯為蠻族打開邊界的大門，狄奧多西讓他們留了下來，如今狄奧多西的兩個兒子都成了蠻族權臣擺佈的傀儡皇帝。目前看來，蠻族權臣能以躲在幕後統治而感到滿足，但他們會樂於維持多久，誰也說不上來。如果皇帝不趕緊擺脫桎梏，帝國勢必從內部瓦解，分裂為多個蠻族小王國。

西部的皇帝瓦倫提尼安三世率先這樣嘗試。匈奴人的離開讓他興奮得沖昏了頭，貿然決定刺殺蠻族權臣弗拉維烏斯．埃提烏斯（Flavius Aetius）。他親自下手，並天真地以為只要刺出這麼一劍，便能回復自由之身。但蠻族的枷鎖可沒這麼容易甩掉。一個人的死並不會削弱蠻族的勢力，而瓦倫提尼安三世事後也沒有任何爭取民心的舉措。翌年年初，埃提烏斯的兩個手下氣沖沖地在光天化日下將皇帝砍倒在地，而他的侍衛只是冷眼旁觀。

皇帝之死讓羅馬陷入混亂，他的遺孀則不知所措地犯下可怕的錯誤：向汪達爾人求助。這是一個汪達爾人非常樂意接受的請求，所以馬上俯衝而至，要求打開城門。這是羅馬四十年來第三次被圍。教宗利奧只好再次出面求情，但他這次的本錢比上次更少。汪達爾人因身為阿里烏派基督徒，完全不想聽利奧說話，但歷經漫長的談判後答應不傷害人命。他們在羅馬洗劫了兩星期，按部就班撬下了一切有價值的東西（包括神廟屋頂上的銅塊）[1]，直到什麼都不剩才滿載而歸，臨走時還把皇后和幾名公主帶回北非的首都迦太基。[2]

雖然羅馬不是首次遭到洗劫，此次引發的震撼也不像第一次那樣大，不過它卻讓東部朝廷相信，他們必須趕緊除掉他們的蠻族權臣。當時，在君士坦丁堡大權在握的將領是薩爾馬提亞人（Sarmatian）

阿斯帕爾（Aspar）。[3]

阿斯帕爾因身為阿里烏派信徒，不太好自己稱帝，所以找來名叫利奧（Leo）的乖乖牌充當代理人，自己則在龍椅之後指揮一切。[4]

利奧是傀儡皇帝的最佳人選。他有點「老」（五十六歲），聽話又毫無突出之處，只有兩個女兒沒有兒子（換言之，沒有繼承人）。他在位的日子應該不多，所以應該能當好阿斯帕爾的傳聲筒。這位蠻族人將軍人脈廣闊，在朝為官多年，聲譽很高，更重要的是，他控制著一半以上的軍隊。即使利奧有心，也幾乎不可能爭取到比皇帝虛銜更多的東西，所以不可能對阿斯帕爾構成威脅。

阿斯帕爾以為自己算無遺策，卻沒有意識到自己犯了一個嚴重的錯誤。事實上，利奧不只有能力，也有心獨當一面，他不打算長期當個虛位元首。新皇帝不急著除掉阿斯帕爾。即使可能，但暗殺這個權臣仍要冒著極大的風險，而且除掉他之後，一定會有另一個權臣填補他的位置。利奧需要的是永久的解決方案，因此他必須切斷阿斯帕爾的真正權力來源：軍隊。

利奧在物色可以制衡阿斯帕爾軍權的人選時，找到一位名叫塔拉斯科蒂薩（Tarasicodissa）的絕佳人選。塔拉斯科蒂薩是小亞細亞南部剽悍山民伊蘇里亞人（Isaurian）的領袖，因為他不是君士坦丁堡本地人，若要晉升得靠皇帝提拔。塔拉斯科蒂薩在利奧的密令之下，帶著一小批人馬，在君士坦丁堡找到了阿斯帕爾兒子叛國的證據，讓皇帝逮到可以公開指責這位權臣的機會。利奧則把自己的女兒賞給塔拉斯科蒂薩，並封他一個和阿斯帕爾平起平坐的職位，又賜他芝諾（Zeno）這個更體面的希臘化名字，以作為回報。於是，平步青雲的塔拉斯科蒂薩很快就成了君士坦丁堡上流社會的寵兒。

阿斯帕爾受到羞辱並落入守勢，利奧得以暫時主導帝政。因為知道帝國西半部處於崩潰邊緣，他制定了一項雄心勃勃的計劃，打算透過征服北非的汪達爾王國，幫助帝國西邊再起。讓汪達爾人佔領的北非省份重回西羅馬的懷抱，將大幅恢復它的償付能力和威望，更重要的是，可以懲罰汪達爾人洗劫羅馬之罪。額外好處當然也包括提高利奧本人的權力和威望。利奧為此不惜掏空東羅馬的國庫，撥出十三萬磅黃金，建立了一支坐擁一千艘戰船和四十萬士兵的陸海軍。

雖然利奧發動了有史以來最大的入侵行動，但他卻挑選出史上數一數二的無能主帥。這個人名叫巴西利斯庫斯（Basiliscus），唯一當主帥的資格是他乃皇帝的大舅子。若換成其他的當主帥，汪達爾人必敗無疑，但在巴西利斯庫斯的率領下，帝國軍隊的壓倒性優勢只是讓一場潰敗變得更壯觀。在迦太基四十英里之外的灘頭登陸不到五天，巴西利斯庫斯便毀了自己的艦隊和泰半的軍隊。眼見大事不妙，他丟下剩下的軍隊，跑回君士坦丁堡。

回到首都後，他聰明地躲到聖索菲亞大教堂。但很快地就有一群憤怒的民眾包圍教堂，要求他的項上人頭。利奧也一肚子火，但維里娜皇后及時為這名兄長求情，所以利奧最後沒斬他的首，將他流放到色雷斯。巴西利斯庫斯的無能讓帝國東部陷入貧困，也滅了西部得救的最後希望。但他的惡搞並未到此為止：日後他將東山再起，讓帝國再度陷入惡夢。

這場軍事災難的唯一好處是，利奧得以完全擺脫蠻族權臣的掌控。由於阿斯帕爾是遠征行動名義上的負責人，他因此受到不公平的指責，聲譽一落千丈。利奧眼見機不可失，便將他誘騙至皇宮中，關起門來把他幹掉。[5]這是一個不太名譽的解決方法，但利奧至少從此恢復自由。芝諾現在是最有權力的將軍了，而他完全效忠皇帝。利奧在幾無勝算的情況下突破蠻族人對皇權的掣制，允為奇功。

但他沒能享受這個勝利太久。三年後，利奧在四七四年死於痢疾，皇位傳給女婿芝諾。新皇帝表現稱職，沒有讓自己的突然崛起顯得只是靠貴人相助。然而，他的族人同胞（其他伊蘇里亞人）卻大搖大擺、仗勢於君士坦丁堡，讓每個人神經緊張。這還不夠讓芝諾頭痛，他還有兇悍的親家要應付：利奧的家人從來無法對這麼個外省人能晉升那麼快感到釋懷，而利奧的太太維里娜（Verina）又特別對女兒委屈下嫁一名沒教養的粗魯伊蘇里亞人感到髮指。頭幾年，這位太后對女婿還能維持表面的客氣，但當芝諾的七歲兒子病逝後，她便不再掩飾自己對女婿的痛恨。終其餘生，維里娜都認為，痛失愛子的芝諾應該為兒子的死負責，她也用盡一切氣力拆他的台。

在芝諾的敵人中，危險性略遜於維里娜的是她的哥哥巴西利斯庫斯：他從不因自己的無能而慚愧，也一直忙著陰謀篡位。他的名譽固然因為遠征非洲的大敗而喪失泰半，但這並未影響他所認定皇位應該由他繼承之不可動搖的信念。他相信時間可以讓國人淡忘他的敗筆，而他和妹妹雖不特別親，卻非常願意和她聯手對付他們的共同敵人。這對兄妹設法拉攏到了一名心懷不滿的伊蘇里亞人將軍伊魯斯（Illus），三人共同制定出一個推翻芝諾的計畫。

等到一個芝諾忙著在大賽馬車場主持比賽的機會，維里娜派出一名使者告訴他，人民已在元老院支持下揭竿而起。芝諾成長於崇山峻嶺之中，未能完全適應首都的大都會生活。使者帶來的消息讓他以為自己真的是非常不得人心，而把場內觀眾的喝彩歡呼聲當成對他的噓聲。他沒去查證是否真的發生了民眾起義，便帶著寥寥可數的隨從和國庫僅剩的黃金返回家鄉伊蘇利亞。

君士坦丁堡現在屬於維里娜，她計畫立即讓情夫登基。但事實證明，要立一個新皇帝比推翻一個皇帝難得多。芝諾被廢時，軍隊固然沒有伸出過半根指頭幫助他，但他們現在也不樂見一個他們不認識的人當皇帝，更何況此人當皇帝的唯一資格只是和維里娜睡過。只有皇室成員有資格繼位，於是軍隊轉向支持一位這樣的現成人選：巴西利斯庫斯。就這樣，一個幾乎隻手毀了全部東部軍力，並以其災難性的非洲戰事讓西部陷入萬劫不復的人，在軍隊高呼萬歲下成為羅馬帝國的最高領袖。

這位新皇帝不旋踵就證明自己的治國才能與領軍才能旗鼓相當。他的第一道命令是殺盡君士坦丁堡所有的伊蘇里亞人，不理會伊蘇里亞人是支持他登基的一股重要力量。然後把矛頭轉向親妹妹，處決她的情夫後逼她歸隱。如此對付自己的同謀者後，巴西利斯庫斯派出一支軍隊去消滅芝諾，好讓自己的龍椅更加穩固。在選派大軍主帥時，他非常不智地選擇了伊魯斯，忘了自己最近才在首都對伊蘇里亞人大開殺戒。伊魯斯一到伊蘇里亞便馬上倒戈，力勸芝諾立刻返回君士坦丁堡奪回帝位。

這時，巴西利斯庫斯正忙著消滅自己在首都僅剩的支持力量。在私人宗教顧問「鼬鼠」提摩太（Timothy the Weasel）的慫恿下，他強迫教會接受基督不具人性的異端邪說[6]。牧首的回應是：為聖索菲亞大教堂的聖像披上黑布。惱火的皇帝宣布廢除君士坦丁堡牧首區。這個太過分的舉動引發了大規模的暴亂。一位名叫「柱頂修士但以理」（Daniel the Stylite）的聖人從他待了三十年的柱頂上爬下來，入宮指責皇帝的不是。[7]巴西利斯庫斯大驚，急忙收回成命，但他已盡失人心，無可挽回。

聽說芝諾帶著大軍逼近時，首都的氣氛緊繃到了極點。巴西利斯庫斯揚言戰到最後一兵一卒，但沒有人願意浪費時間為他作戰。元老院下令打開城門，市民湧上街頭，向威風凜凜的芝諾喝彩。巴西利斯庫斯帶著家人躲進聖索菲亞大教堂，在得到芝諾的允諾、不流他一滴血後由牧首帶出。芝諾沒有食言：他將巴西利斯庫斯流放到卡帕多西亞（Cappadocia），關在一個乾涸的蓄水池中，讓他活活餓死。

這時，距離芝諾被迫逃離君士坦丁堡的那個晚上不過兩年，這個世界卻發生了不可逆轉的變化：西羅馬帝國的最後餘燼終遭完全捻熄。一位名叫奧多亞克（Odoacer）的蠻族權臣玩膩了擺佈皇帝的遊戲，而決定親自走出幕前統治義大利。他帶著軍隊一路殺到拉文納，本來計畫幹掉十幾歲的皇帝羅慕路斯·奧古斯都路斯（Romulus Augustulus）[8]，但在最後一刻他決定饒少年皇帝一命，以放逐代替殺戮。四七六年九月四日，羅慕路斯·奧古斯都乖乖放下皇冠和權杖，到坎帕尼亞（Campania）與家人同住。雖然沒有人認為他是重要人物，也沒人把他的卒年記載下來，但他的遜位卻十足重要，標誌著西羅馬帝國的終結。

當時不可能有人意識到，此刻正是一個歷史的分水嶺。蠻族將領推翻皇帝是家常便飯，而對生活在前羅馬帝國大部分的人來說，九月五日上午和前一天上午毫無差別。公務機關和法院如常運作，商人和工匠也繼續幹活，不像出現了什麼歷史斷裂。而且與後來很多人所認定的不同，羅馬帝國也沒有在這一天滅亡。一個完全合法、操拉丁語的羅馬帝國皇帝仍然坐在君士坦丁堡的龍椅上，部分西羅馬軍隊也繼續存在（只是退入法蘭西南部以保存實力）。[9]唯一真正的變化是，這次奧多亞克沒有推出新的皇帝。他相信，他可以透過假意歸附拜占庭而獲得支持、親自統治，用不著假手一個傀儡。

他把西羅馬皇帝全套衣冠送到君士坦丁堡，同時附上一封祝賀芝諾復位的信函。信中他要求允許他奉東部皇帝的名義統治西部。芝諾當然不打算承認這個篡位者的合法性，但在自顧不暇的情況下也莫可奈何，所以對奧多亞克的要求採取迴避策略，讓對方暫時不敢直接稱王，並爭取時間在東羅馬重建秩序。

毫不令人意外地，他從巴西利斯庫斯接收了爛攤子。除了人心盡失，巴西利斯庫斯在位雖短短兩年，卻得罪了東哥德人，導致他們在巴爾幹四處肆虐。芝諾透過賄賂他們的國王狄奧多里克（Theodoric），而暫時解決了這個問題，但狄奧多里克在幫助芝諾平定幾場叛亂後厭倦了這種差事，重新幹起他最喜歡的掠奪勾當。對此，芝諾必須盡快找出對策；對帝國來說幸運的是，他想到了一個妙招。

奧多亞克將拜占庭的不表態視為一種默許，以為自己可以為所欲為，不必擔心受到懲罰，所以很快就丟下忠誠附庸的幌子，自立為「義大利王」。由於帝國的軍隊太弱，無法報復這個明顯的侮辱，但聰明的芝諾想出了一個可以同時解決帝國兩大頭痛的妙招。他寫信給狄奧多里克，邀他帶領全體族人（所有的男女老小）進入義大利，奉羅馬皇帝的名義進行統治。狄奧多里克忙不迭地答應，因為義大利的土地比巴爾幹肥沃得多，而且統治義大利又是得到皇帝認可，因此具有合法性。芝諾這招一舉兩得：不費一兵一卒就讓奧多亞克得到懲罰，更重要的是可以讓君士坦丁堡永遠擺脫哥德人的糾纏。

不到五年，狄奧多里克便打垮了奧多亞克，為義大利帶來人人歡迎的太平日子和一個格外有效率的政府。他統治了三十三年，雖然帝國政府對他沒有一絲控制力，但直到他生命終了，他所發行的錢幣上都只有東羅馬帝國皇帝的肖像。

芝諾沒能活到看見自己的計謀得勝。他的健康每下愈況，最後死於痢疾，但此時他的小兒子和唯一的繼承人已先他病逝。他在位時國家處於風雨飄搖，所以死後人民沒有太懷念他。其實他值得更多的愛戴。自從他在帝國最晦暗的日子扛起皇位的擔子，領導國家穿過一個又一個險灘，死時留下了一個比他繼位時還強大的帝國。由於他的頑強努力，帝國東部挺過了它首次的嚴峻考驗，也永遠甩掉蠻族的包袱。帝國的基礎也許已經動搖，但它撐了過來，準備好重振雄風。

帝國有待克服的難題顯然仍不少。多年的混亂波及社會幾乎所有的層面，商業被重稅壓得喘不過氣，國庫也仍未能從利奧的災難性非洲遠征恢復過來。芝諾的遺產是把帝國的基礎打造得更穩固；而帝國受惠於此，將在接下來的三十年歷經一次驚人的大復甦。在芝諾的治理下，貪汙腐化被剷除，徵稅變得更有效率，稅率也普遍下降。商業因少了沉重稅負而重新繁榮起來，大量財富湧入帝國的城市和市場。人口隨著經濟改善而增長，帝國開始以前所未有的規模繁榮起來。第五世紀曾有過的動盪開始如惡夢般消退，新一代的拜占庭人也開始取得權力的轡繩。自戴克里先以來，帝國第一次沒有嚴重的軍事或政治威脅。不論過去兩個世紀發生過多少動盪，它寸土未失。東羅馬帝國強大而安全，充滿自信，準備好迎接爆炸性的增長。而它唯一需要的是，一名敢於夢想的皇帝。

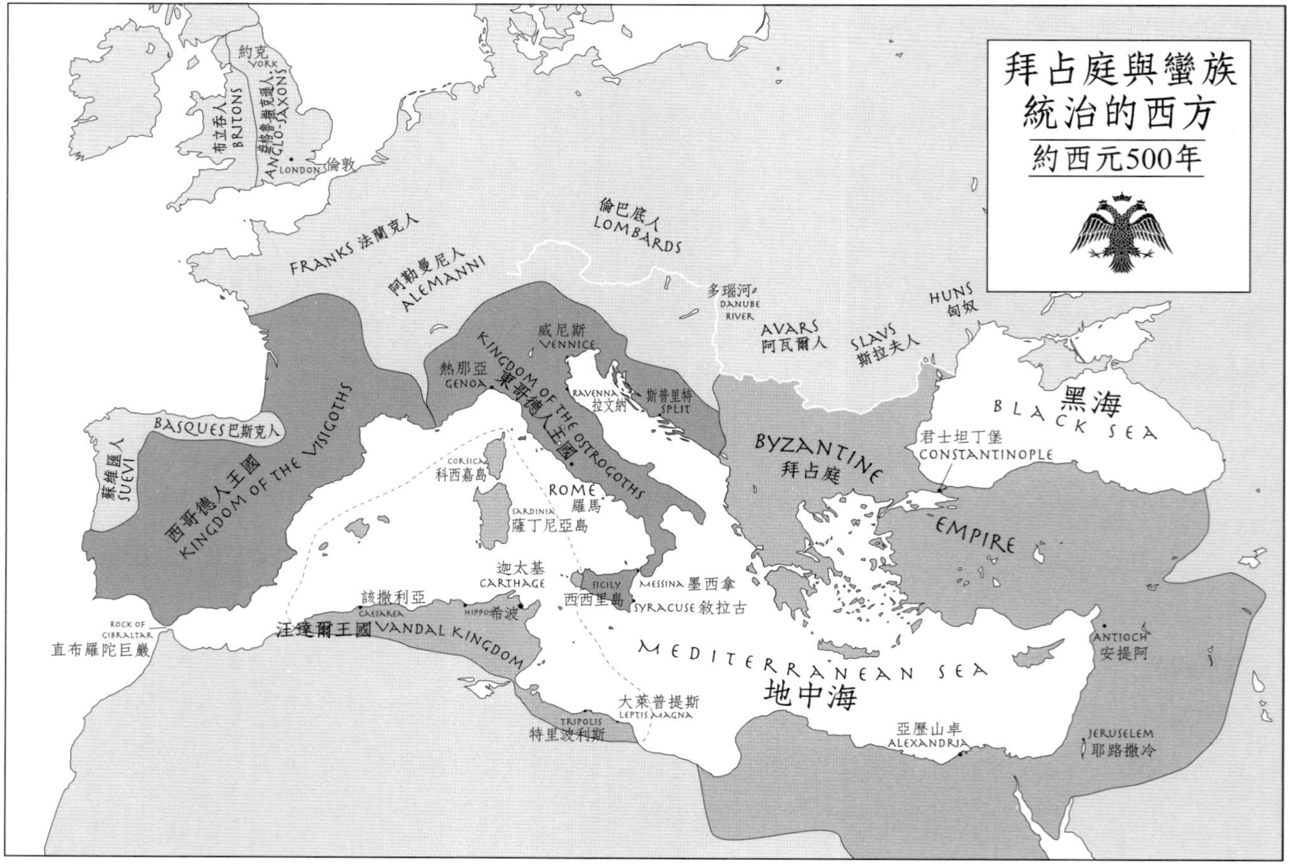

拜占庭與蠻族統治的西方
約西元500年
約克 YORK
布立吞人 BRITONS
盎格魯撒克遜人 ANGLO-SAXONS
LONDON 倫敦
FRANKS 法蘭克人
阿勒曼尼人 ALEMANNI
倫巴底人 LOMBARDS
多瑙河 DANUBE RIVER
AVARS 阿瓦爾人
SLAVS 斯拉夫人
HUNS 匈奴
BASQUES 巴斯克人
蘇維匯人 SUEVI
西哥德人王國 KINGDOM OF THE VISIGOTHS
熱那亞 GENOA
威尼斯 VENNICE
KINGDOM OF THE OSTROGOTHS 東哥德人王國
RAVENNA 拉文納
斯普里特 SPLIT
CORSICA 科西嘉島
SARDINIA 薩丁尼亞島
ROME 羅馬
黑海 BLACK SEA
君士坦丁堡 CONSTANTINOPLE
BYZANTINE 拜占庭
EMPIRE
迦太基 CARTHAGE
SICILY 西西里島
MESSINA 墨西拿
SYRACUSE 敘拉古
該撒利亞 CAESAREA
HIPPO 希波
ROCK OF GIBRALTAR 直布羅陀巨巖
汪達爾王國 VANDAL KINGDOM
MEDITERRANEAN SEA 地中海
大萊普提斯 LEPTIS MAGNA
TRIPOLIS 特里波利斯
亞歷山卓 ALEXANDRIA
ANTIOCH 安提阿
JERUSELEM 耶路撒冷

THE RISE OF PETER SABBATIUS

第七章 伯多祿・塞巴提烏斯的崛起

CHAPTER 7

五一八年，坐在君士坦丁堡龍椅上的是一位七十多歲的老人。雖然他不能算是把東羅馬帝國引入新航向的舵手，卻是六世紀羅馬世界充滿向上機會活生生的例子。這位皇帝名叫查士丁（Justin），出生於色雷斯一戶小農人家，少年時代都在看管父母買得起的幾頭綿羊。滿二十歲之後，他決定離開貧窮的家鄉，到君士坦丁堡尋找機會，全部行李不過是背囊裡的幾件衣服。他在首都投入軍旅，因為工作賣力又有能力，而一路晉升到禁衛軍司令。也就是說，他掌握了首都的主力部隊。當芝諾的繼位者亡故後，查士丁看出自己處於奪權最有利的位置。他在做出一些戰略部署並發給每位士兵一磅銀子以籠絡他們後，他被君士坦丁堡的市民愉快地高呼為「奧古斯都」。

乍看之下，他不是當皇帝的料。他教育程度偏低、年紀一大把，又沒有行政經驗，怎麼看都難擔起管理國家的重任。不過，他卻有一個重要的優勢：他的侄子伯多祿・塞巴提烏斯（Peter Sabbatius）智謀過人。

三十六年前，伯多祿誕生於芝諾王朝最後幾年的統治時期，長大後他離開塵土飛揚的家鄉馬其頓，前往君士坦丁堡投靠他正快速晉升的叔叔。查士丁看出這個孩子能力非凡，收他為養子，並提供他最好的教育，讓他能受到古典典籍和首都學術氛圍的洗禮。伯多祿感恩戴德，把名字改為查士丁尼以為圖報。此後，人們只會記得他這個新名字。

查士丁尼因為看出帝國變得多富有且多有實力，而決心採取更咄咄逼人的對外政策。他認為，帝國西部的蠻族王國招搖且獨立已久，是時候改變這種現象了。君士坦丁堡幾個前任皇帝都忙於鞏固政權，無暇顧及西羅馬的死活，但帝國已恢復穩定，力量節節上升，已有能力把那些備受蠻族國王壓迫的羅馬人同胞自水深火熱中解救出來，也沒有理由再讓蠻族把羅馬帝國的尊嚴踩在腳下。把帝國西境要回來的時間已告成熟。

查士丁尼偉大征服的前奏是和教廷重修舊好。主張基督只有神性的異端，讓羅馬和君士坦丁堡的關係變得有點緊張。[1]雖有不同的牧首和宗教會議出面譴責這種神學，但東部的教士和僧侶卻堅持己見，決心在宗教事務上保持獨立。教廷厭倦了沒有休止的神學爭論，切斷與君士坦丁堡的一切關係，並希望可以藉此迫使東部的弟兄自承錯誤。[2]查士丁尼不可能在一夜之間修復損傷，但卻有可能為恢復關係打下基礎。他起用了一批正統派的基督徒擔任大臣，又說服叔叔寫信給教廷，對教會的分裂深表遺憾，希望重修舊好。教廷欣慰於東部教會的迷途知返，馬上一口答應。

教宗與皇帝的關係升溫，讓西部各蠻族王國的國王大感緊張。義大利的狄奧多里克尤其如此，因為這位精明的哥德人國王深知，他能統治義大利，只是因為君士坦丁堡心有旁騖。他也知道，身為阿里烏派信徒，他的統治基礎薄弱。如果他的子民和君士坦丁堡言歸於好，他的王國注定完蛋，因為羅馬城不管變得多麼衰敗，羅馬市民對昔日的帝國榮光仍然念念不忘。狄奧多里克毫不懷疑，一旦帝國再次把注意力投向它的古都，羅馬市民一定會在東部大軍開抵時開城歡迎。

如果他在君士坦丁堡派有間諜，他們將告訴他一個令他安心的消息：帝國政策的領航者查士丁尼越來越把注意力放在戰車賽車的事情上。就像任何時代的任何羅馬城市一樣，君士坦丁堡的居民是狂熱的體育賽事迷（有時還是體育流氓），把自己支持隊伍的勝利看得比自己的命還重要。這些體育賽事迷分為兩大陣營「藍軍」和「綠軍」，主要由年輕人和下層階級構成。換言之，都是些沒有太多其他宣洩精力管道的人。他們在大賽馬車場內坐在不同區域，各自試圖以溫和的謾罵聲壓過敵對陣營的加油聲。大多數皇帝和皇族都謹慎採取中立立場，支持哪一邊視他們旁邊坐誰而定，唯獨查士丁尼本著不理會傳統的一貫作風，毫不掩飾自己是「藍軍」的熱情支持者。

觀看戰車賽車不只是一種娛樂，「藍軍」粉絲所構成的龐大網絡讓查士丁尼感知著這個城市的脈動，並及時發現一些可能出現的威脅。沒人不願意和皇位的當然繼承人分享情報，他們之中的一人，便是女舞者馬奇頓莉亞（Macedonia）。查士丁尼透過她，又認識了一個當過女演員的美豔女子狄奧朵拉（Theodora）。狄奧朵拉的父親是養熊人，她比查士丁尼年輕近二十歲，自小在舞台界長大。但在第六世紀，女演員和妓女是同一回事[3]，因而受到賤視，乃至於有條法律專門禁止元老院議員娶女演員為妻。所以對一位準備當皇帝的人來說，選擇女演員為配偶著實不太恰當。只不過查士丁尼一眼就愛上了狄奧朵拉。

儘管社會地位懸殊，事實卻證明他們非常登對。狄奧朵拉的精力和智慧都跟查士丁尼不相上下，兩人很快便形影不離。他的叔叔透過施加壓力，輕易藉著修改法律，克服了兩人結合的障礙。查士丁尼很快就娶了自己的新歡，並把他精明地令人生畏的頭腦轉回到對外政策上。

皇帝查士丁總是樂於對出色的侄兒言聽計從，所以拜占庭也開始以一種開闊的新眼界向外張望。那些在外國備受壓迫的異議分子突然發現，君士坦丁堡有可能是他們的潛在盟友，因而大喜過望，紛紛派出使者前來拜謁。拜占庭閃閃發光的實力和威望，讓一個個鄰居被吸引到它的軌道上，一場場的外交勝利也接踵而至。一些厭倦了波斯高壓統治的波斯附庸國開始想擺脫箝制，改為效忠君士坦丁堡，而無論波斯王如何憤怒地抗議都無濟於事。查士丁尼的雄心甚至延伸至阿拉伯半島的南端。在那裡，葉門的猶太人國王才剛把一批基督徒丟進一條溝裡放火燒死。查士丁尼答應伊索比亞的基督徒國王，提供船隻把他的軍隊運過紅海，對葉門展開報復。不到兩年，葉門國王便換成一名基督徒，而帝國也獲得了從紅海到印度的貿易路線。

這些成就大都以犧牲波斯的利益得來。為防止附庸國的數目進一步縮水，被惹惱的波斯國王派出一支軍隊進入今日的喬治亞。這種秀拳頭的措施激怒了查士丁尼，迫使他採取更直接的行動：他說服叔叔，出兵襲擊波斯控制的亞美尼亞。此次派出的不是大軍，卻因為由查士丁尼的一名貼身侍衛率領而異常精銳。當時，這位指揮官還沒沒無名，但不久後，他便會證明自己是帝國歷史上最優異的將領。他也像查士丁尼一樣出身低微，只不過有朝一日，所有的王國和國王都會因為聽到他的名字而顫抖：他是貝利撒留（Belisarius）。

五二六年年底，隨著東羅馬帝國和波斯兩個宿敵陷入戰爭，皇帝查士丁的健康每下愈況。元老院見狀，便奏請立查士丁尼為共治皇帝。他在五二七年四月一日照辦，加冕盛典盛大無比，更像一場超級豪華的派對。夏天結束前，皇帝死於作戰的舊傷復發，查士丁尼和狄奧朵拉夫妻因而成了羅馬帝國的唯一統治者。

NIKA !

第八章 尼卡！

CHAPTER 8

比新皇帝伉儷更不同於舊時代的帝王帝后應是鳳毛麟角了。他們都還年輕（皇帝四十多歲，皇后二十多歲），即使沒特別得人心，也給予人民吸一口新鮮空氣的感覺。他們的加冕典禮極盡鋪張奢華之能事，全非吝惜的阿納斯塔修斯（Anastasius）[1]在位時可見。有些人希望，這是輝煌新時代伊始的標誌。

查士丁尼與其他坐過龍椅的人不同。拜占庭的皇帝中，只有他夢想打造出擁有真正帝國規模的帝國，也只有他，絕不能忍受不包含羅馬在內的羅馬帝國版圖。自他年輕時起，便服膺一個古典的信念：天上只有一個上帝，人間只有一個帝國。他深信，身為唯一的基督徒皇帝，他的權力是絕對且無邊的，而他的職責是讓人間反映天國的秩序。這是上帝對他的神聖交託，所以帝國領土有一半落入信仰異端的蠻族手中，是一個他所不能坐視的侮辱。他必須讓它恢復完整，並於其上覆蓋宏偉的公共建築，好讓千秋萬代之後的人們能夠知道他的豐功偉業。

當然，這種龐大的企圖心需要銀兩為後盾，雖然前任兩位小器鬼皇帝留下了個快脹破的國庫，但查士丁尼業已證明，自己燒錢的速度超快。六年前，他為了慶祝自己出任執政官，花了三千七百磅黃金舉辦豪華的競技比賽，第二年又展開了一個野心宏大的建設計畫，要修築不少於八座的教堂。他為人有很多美德，但節制和儉樸明顯不是其中之二。

他種種計畫的財源當然只能靠稅收，而在這方面，他很幸運地，有位名叫「卡帕多西亞人」約翰（John the Cappadocian）的幹吏為他效勞。約翰鐵面無情，號稱可以從石頭榨出金錢來。他雖然沒受過多少教育又毫無魅力，但辦差能力卻是一等一：他簡化稅收制度、封閉逃稅漏洞，又以狗一樣的死纏爛打殺力攻擊腐敗。他最喜歡向有錢人開刀，因為這些人始終憑著特權和豁免權逃避應盡的義務，而約翰非常樂意狠狠修理他們。貴族高聲抗議，皇帝則不為所動。

查士丁尼身為新貴，對一向看輕他的世家大族素無好感，也懶得顧及他們的敏感心靈。在他看來，貴族是帝國的毒瘤，老為維護自身的地位而挑戰皇權和官僚體系。帝國處於破舊立新的時期，絕不能為過時落伍的陳舊思想拖累。查士丁尼欣賞有真才實學而非徒具虛名者，所以大量起用實幹的人進行大刀闊斧的改革，讓朝廷氣象為之一新。「卡帕多西亞人」約翰在改革官僚體系時表現出色，若說這種改革把貴族弄得哀哀叫，那他就更應該獲得嘉獎。

不管怎樣，皇帝這時已著手下一個計畫。他召見法學家特里波尼安（Tribonian），此人精通羅馬法，堪稱會走路的法律百科全書。這是一項了不起的才能，因為有近千年歷史的羅馬法，其實充斥著互相矛盾的判例、特別豁免和彼此衝突的解釋，且全都是不成文。查士丁尼本著一貫雄心勃勃的作風，決定改變這種局面，重新修訂羅馬法，移除所有矛盾和重複之處，編出帝國歷史上首部完整的成文法典。傑出的特里波尼安顯然是主持這項工作的不二人選，而他也以驚人的速度展開工作。他只花了短短十四個月，便出版了新的法典，這部法典從此成了帝國每個法庭的最高權威，至今仍是歐洲大部分法律體系的基礎。[2]從亞歷山卓到貝魯特都成立了法學院，而君士坦丁堡大學很快就孕育生出一批法律學者，他們將把新的羅馬法出口到整個地中海世界。

不過，這些金碧輝煌的成就需要付出代價。特里波尼安和約翰因主持改革而成了帝國最惹人厭的人，而特里波尼安出了名的貪腐（外加是個異教徒）更幫了倒忙。若皇帝能夠傾聽人民的聲音，一定會聽到隆隆砲聲。貴族傷痕累累的自我冀求報復，而飽受苛捐雜稅壓迫的一般百姓也開始覺得，換個皇帝大概會讓他們的生活好過得多。

查士丁尼因忙於對外事務，而忽略了國內正在形成的風暴。五二八年，與波斯的戰爭終於開打，此時他更忙著重組東部的軍隊。年邁的波斯國王派出大軍輾壓羅馬人，但貝利撒留憑藉卓越的軍事才能打敗了敵人，還佔領了部分亞美尼亞地區。這是羅馬人自有記憶以來，首次在波斯邊界取得明確的勝利，在在像是吹響了帝國復興的號角。

這場戰爭也間接導致汪達爾國王的垮台。多年來，他盡力以一種不卑不亢的態度面對拜占庭，但拜占庭最新的輝煌戰績讓他這種立場難以為繼，陷入了兩難：他一方面必須討好查士丁尼，以免帝國軍隊找上門；另一方面，如果他過於奴顏卑膝，又不可避免地遭國人唾罵。大多數汪達爾人害怕自己王國的獨立性不保，希望他們的領導人採取強硬立場，但國王偏偏選擇這個時候發行一系列有查士丁尼頭像的錢幣。這種討好東羅馬皇帝的舉措最終讓他付出慘痛的代價。國王的親戚蓋利摩（Gelimer）在被激怒的貴族撐腰下，輕易推翻了迦太基（Carthage）並取而代之。

從一開始，蓋利摩就表明他不會被君士坦丁堡任何恐嚇嚇倒。當查士丁尼寫信斥責他的篡位行為，蓋利摩回信要皇帝少管閒事，又提醒他，拜占庭上次征伐汪達爾人以慘敗收場。蓋利摩告訴臣民，不用擔心嚷嚷著要收復失地的拜占庭人，因為汪達爾人的軍隊已準備好為他們送葬。

查士丁尼對汪達爾王國的局勢變化微微感到失望，他原先確信不費一兵一卒，只要繼續施加政治壓力，北非自然會回歸羅馬的懷抱。但蓋利摩的好戰姿態也正合他意，為他提供了絕佳的入侵藉口。汪達爾人洗劫羅馬土地且不把君士坦丁堡當一回事的日子已經夠長。如今他們將發現，羞辱羅馬這匹狼會有什麼後果。

要征伐北非，查士丁尼只信得過一名指揮官，但貝利撒留此時正忙於在波斯邊境戰鬥。五三一年，他成功地擋住一支更大的波斯軍隊，且出於他一貫的好運氣，此一勝利對戰爭產生了決定性的作用。因為幾天後，喪氣的波斯國王突然駕崩，年輕卻精明的兒子庫斯勞（Chosroes）繼位。新國王急著騰出手腳鞏固權力，馬上表示願意和拜占庭簽訂「永久和平」條約[3]。查士丁尼最喜愛的將軍因此可以抽身，而皇帝收復北非的大計看似再無障礙。

當貝利撒留前腳才踏入君士坦丁堡，一場性質非常不同的戰爭便爆發了。當查士丁尼還在夢想獲得征服非洲的榮耀時，首都的緊張氣氛已急劇升高。人民對於不斷加重的稅負和日趨嚴重的貪腐本就多所不滿，這次更因為一件事情而達到沸騰：皇帝受不了「藍軍」和「綠軍」之間節節升高的暴力衝突，便開始打壓他們的氣燄。「藍軍」和「綠軍」的支持者大為光火，覺得政府老是以重稅剝削他們就算了，現在竟然還干預體育活動，真是是可忍孰不可忍。一月中旬，朝廷舉辦了一場額外的戰車賽車，原意是安撫大眾，但當查士丁尼坐上了他往常所坐的位子時，一切開始變調了。有人隱身於人群之中，大聲奚落皇帝，說查士丁尼的父親若從未出生將會更好。此話一出，所有觀眾齊聲附和，聲如雷鳴，讓整座大賽馬車場為之震動。查士丁尼勃然大怒，質問他們膽敢這樣說話是不是瘋了。這個責問讓群眾的情緒徹底爆發，紛紛衝出大賽馬車場到處搞破壞。

查士丁尼倉皇逃回大皇宮。幾小時後，保安隊控制了情勢。七名為首的鬧事者被捕，並判處死刑。

但大批群眾很快在刑場四周聚攏起來，弄得劊子手大為緊張，搞砸了絞死最後兩名死囚的事宜：第一次嘗試時絞索忽然斷掉，第二次嘗試時整個絞刑架竟垮了下來。這種大快人心的意外自然引來更多群眾，隨後，七名來自附近聖科農修道院的僧人趁群眾發出怒吼時救走了兩名死囚。

保安隊不願以武力強行進入一棟神聖建築，擔心會引起暴亂，所以改以包圍的方式讓兩名人犯餓死。若說此計畫的原意是想減低緊繃氣氛，但效果卻適得其反。一大群暴民迅速包圍保安隊，要求赦免兩名死囚（一位屬於「綠軍」，一位屬於「藍軍」）。在民眾眼中，包圍修道院的士兵恰為暴政的體現，是查士丁尼違背對人民的一切承諾的表現。他們認為，當初支持查士丁尼登基，是因為他暗示自己是「藍軍」的粉絲，是個可以了解他們思想與感受的人，也暗示過他會對人民寬和大度。可是現在他卻證明了，他比過去所有的皇帝都還刻薄，而他對手無寸鐵僧侶的重手鎮壓，更顯露出他是那種最惡劣的暴君。

查士丁尼試圖透過舉辦新的比賽來平息事態。然而，當大賽馬車場三天後重新開門，群眾的脾氣只有變得更壞而已。皇帝就坐後，觀眾的交頭接耳聲逐漸升高，最後匯聚成震耳欲聾的怒吼聲。平常「藍軍」和「綠軍」在為自己支持的賽車手加油時，都會高喊「尼卡！」（「征服！」），然後喊出他們最喜愛的賽車手名字。雙方總是盡量提高分貝，力求掩蓋敵方的聲音。但這一次，三萬觀眾卻眾口一聲地對著皇帝高喊「尼卡！」，且分貝一次比一次高，像是鬼哭神號，煞是嚇人。查士丁尼一度想裝出若無其事，以顯示他不怕威脅。但接連不斷的高呼聲引得地面震動，而群眾的怒氣看似具體可觸，隨時會把他淹沒。謹慎起見，他逃回皇宮深處，關上了所有門。

大賽馬車場的群眾隨後湧入各條街道，以各種方式發洩不滿的情緒。他們在發現皇宮牢不可破之後，改為衝進各座監獄，釋放裡面的人犯，好讓暴亂隊伍更加壯大。查士丁尼再次出動保安隊，但局勢已完全失控。一些女人從二樓窗戶向保安隊投擲屋瓦和陶器，暴民們在街頭設置街壘。一些流氓對商店縱火，不久，火勢便因起風而蔓延，燒毀了附近一家醫院，裡面所有病人全被燒死。如果貴族願意支持皇帝，秩序本來也許有望恢復。但他們認為查士丁尼是個自命不凡的新貴，而且痛恨約翰及特里波尼安制定的政策。在他們看來，正在發生的一切是查士丁尼自己造的孽，這也是他們把自己人推上皇位的絕佳機會。

世家大族不只提供暴民武器，還加入街頭的劫掠隊伍，坐視半座城市陷入火海。第二天，暴民重新聚集於大賽馬車場，要求罷黜特里波尼安及約翰。如驚弓之鳥的查士丁尼馬上答應。但此時暴亂已由貴族主導，除了皇帝遜位以外的任何讓步，都不會讓他們滿意。

儘管貴族和暴民都血脈賁張，但他們並不確定接下來該怎麼辦。他們有一半的人等著看查士丁尼自動遜位，另一半的人則想衝進皇宮，強迫他遜位。最後，一個元老院議員登高一呼，呼籲大夥立即採取暴力行動。他指出，如果這次給皇帝跑掉，他遲早會帶著一支軍隊回來，所以必須在他溜掉前先把他除掉。這個建議獲得採納，於是人群開始衝擊宮牆。

此時在宮裡，查士丁尼的一票顧問正盡力提高嗓門，好讓自己的進言不被外頭可怕的吵鬧聲淹沒。通往港口的道路還未被堵住，大部分的顧問正勸著六神無主的皇帝及時出逃。就在查士丁尼準備下令船隻整裝時，一直默不作聲的狄奧朵拉站了起來，說了大概是拜占庭歷史上最大義凜然的一席話：

「由一個女人來奉勸驚惶失措的男人保持勇敢也許不得體，但在這個極端危險的時刻，我只能憑良心說話。人誰無死，而一個皇帝又怎能讓自己成為逃犯？如果陛下但求身免，這毫無困難就可以做到。我們有錢，外面有大海，而我們又有船。不過請陛下先想一想，等您去到安全地點之後，會不會後悔當初沒有寧可選擇死亡？至於我，我會站在古老格言這邊：皇室的榮耀是最好的裹屍布。」[4]

隨著宮外的轟鳴聲逐漸沉寂，這番言論愈發震聾發聵。沒有人再有逃走的念頭：查士丁尼和一票顧問已被注入他們最需要的骨氣。如果他想要保住皇位，就必須反守為攻，但問題是，城中的部隊已被證明無法信任。其實還有其他選項。一大群斯堪的納維亞傭兵最近才來到君士坦丁堡，而且拜占庭歷史上最偉大的將軍貝利撒留眼下就在城裡，正等著被派往非洲遠征。

貝利撒留得旨後，很快就召集人馬，以不動聲色的方式展開行動，並迅速控制住局勢。大多數暴徒仍聚集在大賽馬車場，高呼要查士丁尼去死的口號，渾然不覺皇宮附近已經安靜下來，也沒想到所有人聚集在同一個地方十分不智。老太監身兼禁衛軍司令的納爾西斯（Narses）在貝利撒留的人馬衝進大賽馬車場並封閉所有的出入口。[5]眼見官兵突然掩至，暴民先是嚇一大跳，繼而轉為怒不可遏，失去理智地撲向全副武裝的官兵，以赤手空拳對抗刀劍和鎧甲。他們當然沒有一丁點兒取勝的機會。怒吼聲很快地被垂死之人的慘叫與哀號聲取代。當殺戮終於停下來，大賽馬車場已儼如停屍間，躺著三萬具屍體。「尼卡」暴亂結束了，而隨著得勝者開始在屍體身上搜索財物，一股詭異的寂靜降臨整個君士坦丁堡，只偶爾會傳來一、兩陣房屋燃燒後的倒塌聲。

暴亂搖醒了查士丁尼，雖然他很快就讓財政大臣和法律大臣官復原職，盯著他們，不讓他們對老百姓太過火。然而，他對貴族的態度卻完全是另一回事。他認為他們那傲慢、堅定的信念——只有貴族才有資格當皇帝——不可原諒，決定狠狠修理他們，讓他們永不翻身。十九個元老院議員遭處決，他們的豪宅被夷為平地，屍體丟入海中。逃過一死的貴族也沒幸運多少。「卡帕多西亞人」約翰對他們窮追猛打，毫不留情地挖掘他們的財富。此後，他們都要忙於自保，無暇再給查士丁尼製造麻煩。

這個對貴族的勝利標誌著東羅馬和西羅馬的另一道大裂痕，對此後幾百年的影響非常重大。在那些中央分權和更迭頻繁的西部王國，無人抵擋得了貴族的蠶食力量。不管單一的國王有多強大，只要一下台，一生積聚便會化為烏有，落入貴族的錢囊中。一如既往，卡在中間的總是窮人，他們受到封建領主的牢牢箝制，越來越被綁死在土地上。相較之下，君士坦丁堡的情況則截然不同。此地的老百姓主要受惠於抑制貴族的措施，他們獲得社經地位、向上流動的機會是前所未有，帝國因而憑添不少財富與繁榮。

不管君士坦丁堡的人民自知與否，他們都有足夠的理由感激查士丁尼，而騷亂過後，他們也發現了自己學到了另一個教訓。一位賢明的統治者固然會討好人民，但這並不表示他的皇位是人民的恩澤。皇帝顯然不像他們原以為的那樣，說立就立說廢就廢。大賽馬車場上屍骸枕籍，見證了試圖推翻皇帝有多危險。大賽馬車場將再關閉好幾年，讓學乖了的人民知所警惕。此後，曾經出現在這競技場上的憤怒，再也不會困擾查士丁尼的皇權。

OF BUILDINGS AND GENERALS

第九章 建築與將軍

CHAPTER 9

對拜占庭的黃金時代來說，「尼卡暴亂」怎麼看都不像是個好兆頭。整整三天，濃稠的煙霧籠罩滿目瘡痍的首都上空，街頭各處搖曳著小火。暴徒恣意破壞，所過之處，包括皇宮的主入口、元老院、公共浴池和許多屋舍，都燒成了灰燼。市中心焦黑一片，大火甚至波及聖索菲亞大教堂和鄰近的聖和平教堂（Hagia Irene）。不知情的人會以為君士坦丁堡歷經了蠻族的洗劫，而不會想到這籠罩在每條街上方的黑煙，竟是市民的傑作。然而，當查士丁尼從皇宮窗戶望向這片災情時，他看到的卻不是災難，而是天賜良機。暴民的破壞無意間為一個雄心勃勃的建設計畫開了大道，而這個建設計畫將首都乃至整個帝國，轉化為閃閃發光的文明中心。

帝國人民從未目睹規模那麼巨大的工程，以如此迅速的腳步展開。全國到處大興土木。皇帝的出生地陶雷修姆（Tauresium）原是灰土頭臉的小城，翻修後卻煥然一新，更名為查士丁尼安・普賴姆（Justiniana Prima）。醫院和浴池如雨後春筍出現，各地防禦工事得以加強，橫跨河流的大橋也一一落成，主要大道上也增設了許多驛站，供帝國的信差換馬。不過，最讓人印象深刻的建設，還是保留給了君士坦丁堡。一座氣派的新元老院在市中心廣場附近落成，用來取代被燒毀的建築。一根根奶油白的大理石列柱拔地而起，頂上是查士丁尼全副戎裝的騎馬像，有三個蠻族國王自柱下向皇帝俯首鞠躬。[1]巨柱西面是一個巨大的地下蓄水池，為城市裡的眾多噴泉與浴池供水，這也是市民飲用淡水的主要來源。君士坦丁堡裡許多新的建築閃耀著，但對皇帝來說，這一切都只是前奏曲。他即將開展的建築大計將把它們全部比下去。

在毀於暴亂的建築物中，聖索菲亞大教堂無疑是最重要的一棟。它最初是由君士坦提烏斯二世所建，用來存放聖餐禮的原始器皿，但一個多世紀後毀於暴動——該暴動是因為偉大改革者牧首聖約翰・克里索斯托（John Chrysostom）被流放至喬治亞而引發的。十一年後，狄奧多西二世予以重建，樣式一如舊貫（一種平平無奇的樣式）。所以當查士丁尼下令二度重建，大多數市民都預期，它將以那為人熟悉的模樣重現天際線。但查士丁尼其實另有打算。是時候按一個全新的規模重新打造這座大教堂，以讓它匹配皇帝心中的帝國願景。它在藝術和建築上都將是不折不扣的革命之作，好讓查士丁尼的偉大得以體現於大理石與磚塊之中。

在「尼卡暴動」過後僅一個月又幾天，那肩負著秀出帝國傲視群倫實力的工程便開始動工。查士丁尼挑了兩名建築師主事，他們的勝場不是豐富的實作經驗，而是天馬行空的想像力。皇帝責成他們創造一座無可比擬的建築物。為達成這項目標，規模龐大並不足夠，因為帝國境內的宏偉建築與紀念碑比比皆是。這座大教堂必須是獨樹一幟，如此才能一個黃金時代揭開序幕。查士丁尼沒有給費用的限制，卻為落成時間設下底線。他已五十多歲，不打算讓後繼者為工程收尾，把榮耀攬去。

兩位建築師沒有讓他失望。他們拒絕使用沿用三百年的會堂樣式，而且想出了一種大膽且創新的格局。[2]他們將一個世界最大的無支撐式圓形穹頂蓋在一座正方形的建築上面，並把穹頂的重量分散在一系列半圓頂和小圓頂上。帝國的珍寶每天從全國各地運至建築工地，包括埃及的黃金、以弗所的斑岩、希臘的粉白色大理石，以及敘利亞和北非的珍貴石材。就連舊首都也為新首都提供一個採石場：曾經挺立於羅馬太陽神神廟的立柱被拆了下來，並用以點綴興建中的大教堂。

這座新的大教堂以驚人的速度蓋起來。兩位建築師把一萬名工人分為兩隊，一隊在教堂南端施工，另一隊在北端施工。在皇帝的監督下（他每天都會親臨視察），兩隊建築人員互別苗頭，以狂熱的步伐把教堂蓋起來。所以，從放下第一塊奠基石到整座教堂落成，只用了五年十個月又四天——這種速度在任何時代都是了不起的成就，更遑論是沒有現代化機具的時代。[3]

查士丁尼第一次穿過皇帝和牧首專用的大雙扇門，走進聖索菲亞大教堂的巨大室內空間時，他備感震撼，感覺到它的許多優雅曲線和巨大圓拱都是天國在人間的真正再現。[4]巨穴似的內穹頂距離地面有近三十三公尺，覆蓋面積近一．六公頃，只妝點了簡單的十字架飾紋，表面完全鋪金。它看似懸浮於半空中，「只靠著一條黃金鍊條自天堂懸垂而下」。上層的廊道點綴著許多蠟燭和油燈，整個空間因而籠罩於一種神奇的光暈之中，也讓各種馬賽克壁畫鍍上了一片柔光。四壁聳立著五彩巨柱，柱頭雕刻著精細的渦卷紋，還有查士丁尼和狄奧朵拉兩人姓名首字母構成的複雜圖案。教堂前方是十五公尺高的巨大聖障[5]，上面掛著刻有聖母、基督和眾聖徒形象的銀盤。再過去是聖壇，其上擺放著許多無與倫比的聖物（包括把基督釘上十字架的鐵錘和釘子，嬰兒耶穌的裹身巾）。就連皇帝的專用門也使用全世界獨一無二的木材：諾亞方舟遺留下來的船身碎片。查士丁尼驚嘆於眼前所見，他不發一語靜靜品味，過了好一陣子才喃喃自語：「所羅門，我勝過了你。」

皇帝這樣形容並非自吹自擂，他也沒有忘記自己的偉大夢想：糾正羅馬城不在羅馬帝國版圖內的尷尬情況。「尼卡暴亂」結束後，國內恢復一定程度的太平，讓他得以專注於收復羅馬帝國丟失領土的大計。可預見的是，很多人勸他三思，認為這項計畫不可能成功。其中最主要的反對者是「卡帕多西亞人」約翰，他就像任何盡職的財長一樣，從財政的角度思考問題，認為皇帝的征服大計不切實際。他太記得巴西利斯庫斯遠征非洲的後果：帝國經濟因為此役而殘破了近六十年。他懇求查士丁尼，別把帝國的資源耗在不有必要的冒險上，最後說服皇帝大大降低遠征軍的規模。這個決定看來是兩面刃，一方面可以確保帝國即使遠征計畫失敗照樣能夠存活，另一方面也更容易招致失敗。但查士丁尼並不這樣看：他對他愛將的能力有百分百的信心。

五三三年夏末，貝利撒留帶著一萬八千人馬揚帆出航。對後世來說，更為重要的是，此行他還帶著私人祕書普羅科匹厄斯（Procopius）：而這位祕書將寫出戰爭的第一手報導。貝利撒留在西西里島進行補給時，得知自己此次又走了好運：汪達爾人的艦隊為平亂而前往撒丁尼亞（這場叛亂為查士丁尼暗中鼓勵）。貝利撒留見機不可失，便迅速行動。他在今日突尼斯的海岸登陸時，舉目不見任何一個汪達爾士兵。拿下汪達爾王國正是時機。

多年來，汪達爾國王強迫非洲土著改信阿里烏派，弄得天怒人怨。反覆歷經多次起義後，他們決定拆毀每座城池的城牆，讓他們的非洲子民無從反抗。因此，貝利撒留所到的每個非洲大城都毫無防禦能力，且當地人都十分歡迎他，視他為救星。

六十五年前，巴西利斯庫斯因猶豫不決，而讓汪達爾人把他的大軍殺得片甲不留。這一次，兵力只有他十分之一的貝利撒留卻直取迦太基（唯一還保留城牆的汪達爾人城市），目的是把蓋利摩引出來，以奇襲來把汪達爾人殺個措手不及。不過，當他的大軍推進至離迦太基僅十六公里時，斥侯卻回報，一支汪達爾大軍在前方精心設下了埋伏，而這位將步步為營奉為上策的主帥一定會暫停推進，觀察情勢變化後再作決定。但由於貝利撒留急著與蓋利摩交手，而選擇相信自己的直覺，下令繼續挺進。

蓋利摩麾下大部分的老兵都去了撒丁尼亞。他為了給軍隊湊足人數，不惜把毫無作戰經驗的菜鳥召募入伍。這是個重大的錯誤。此舉固然讓他的軍隊陣容龐大，但又龐大得不是一個人所能有效指揮。他被迫將一半的指揮權交給弟弟。不幸的是，這個弟弟既缺乏指揮經驗又完全沒有力量，貿然率領帝國軍隊的前鋒，卻落得全軍覆沒。蓋利摩試圖扭轉敗局，下令衝鋒，但他的部隊一看到拜占庭軍隊中有可怕的匈奴人坐鎮便嚇破了膽，急忙撤退，並因互相踐踏而死傷無數。雖然蓋利摩稍後把部隊重新集結起來，雖然他人數較多的兵馬開始逼得拜占庭人後退，但他卻在這時候發現了死去弟弟的屍體，而陷入無比的悲痛之中。他拒絕在給予弟弟適當安葬前有所行動，導致先機盡失。貝利撒留的人馬在喘過一口氣後重整旗鼓，發動進攻，汪達爾人於是潰不成軍。

通往迦太基的障礙至此廓清。威風凜凜的貝利撒留騎馬入城，接受市民夾道的喝彩與歡迎，他前往王宮時，剛好趕得上享用宮人為國王準備的盛宴。全城市民都上街歡迎他，並向他的坐騎撒鮮花並揮舞樹枝。有些人曾擔心，羅馬人上一次對迦太基的洗劫與破壞會歷史重演，[6]但貝利撒留事先叮嚀過部下不可造次。所以他帶來的不是佔領，而是解放。遭蠻族鐵蹄踩在腳下一個多世紀後，這個珍貴的省分終於重歸羅馬帝國的懷抱。帝國軍隊嚴守紀律，沒有強徵任何財物，飲食也都按公道的價格付費。

得勝的軍隊沒有久留。汪達爾的精銳部隊已自撒丁尼亞返航，而憤怒的蓋利摩此時正帶著剩下的另一個弟弟挺進迦太基，要奪回首都。透過切斷給這座城市供應淡水的輸水渠，汪達爾人迫使貝利撒留棄城，與敵軍正面對決。他選擇了一片雙方都佔不到優勢的廣闊平原，貝利撒留於是率領將士，投入這決定性的一戰。

雙方卯足了勁互相砍劈，在北非的炎炎烈日下揮汗如雨。起初勝負難分，後來人數上嚴重處於劣勢但訓練有素的拜占庭軍隊，逐漸逼得汪達爾人節節後退。蓋利摩一馬當先，試圖鼓舞士氣，但歷史卻在這時重演：他的弟弟在他的面前倒下。國王悲傷得幾乎癱瘓，於是下令暫停進攻，使得不知所措的部隊在拜占庭人的衝鋒下徹底崩潰。此時汪達爾人一心只想逃跑，很多人手腳並用在地上亂爬，想自塵土飛揚的非洲平原逃入遠處的山脈中。直到貝利撒留下令停止追擊為止，已有數以千計的汪達爾人在逃跑時被殺。蠻族的鮮血浸透了戰場的土地。

這場勝利徹底摧毀了汪達爾人，讓他們此後幾乎從歷史上消失。蓋利摩逃入山區繼續抵抗，過了冬天，他知道自己只是作困獸之鬥，於是決定投降。貝利撒留進入希波（Hippo）城裡，找到了蓋利摩的龐大國庫和汪達爾人當年從羅馬城洗劫而來的寶貝。接著，貝利撒留在短短幾個月內，接連攻克撒丁尼亞、科西嘉和直布羅陀，完成不世之功。他只花了一年多便消滅了汪達爾王國，而這等於是昭告世人：帝國要開始收回它的土地了。

貝利撒留僅留一個部下掃蕩剩餘的零星抵抗，便帶著豐富的戰利品和最顯赫的一批俘虜返回君士坦丁堡，受到皇帝的熱烈歡迎。查士丁尼樂歪了。在北非取得的驚人勝利讓他重新統一羅馬帝國的夢想顯得不再是癡人說夢，也證明了當初所有對他抱持懷疑的人都是錯的，也為帝國和皇帝增添了巨大的威望。為了表示他對貝利撒留的感謝並本著他典型的誇張作風，他宣布要為貝利撒留舉行「凱旋式」（triumph）。

在羅馬將領所能得到的榮譽中，沒有比「凱旋式」更高了，但自西元前十九年以後，就再也沒有皇室以外的人獲得過這樣的殊榮。然而，對歷史意識極深的查士丁尼來說，為貝利撒留舉行「凱旋式」，正好見證他的帝國和古代的帝國一脈相承。

儀式中，這位年輕的將軍把臉塗成了紅色，騎馬走過如癡如醉的群眾，進入大賽馬場之中，燦爛的陽光把他的盔甲照得閃閃發亮。按照傳統，一個奴隸會走到他身邊，幫他戴上一頂金色的花冠，並對他低語說：「記住，你只是個凡人。」[7]在他後方，在汪達爾王國飄揚旌旗下走著的，則是蓋利摩、他的家人和一些長得最好看的汪達爾勇士。接著是一台又一台看似沒有盡頭的輜重車，上面載著各式各樣的戰利品：純金王座、鑲滿珠寶的戰車、提圖斯（Titus）在西元七十一年從耶路撒冷奪得的銀蠋檯[8]，還有汪達爾人從羅馬劫來的各種奇珍異寶。這支陣容龐大的隊伍讓大賽馬場內的人看傻了眼，情不自禁地站了起來，就連坐在高處皇帝包廂內的查士丁尼和狄奧朵拉也是如此。當蓋利摩撕裂自己的王袍向皇帝下跪時，震耳欲聾的歡呼聲一波比一波高。匍匐在一度為自己權力象徵的財寶之間，這位失位的國王喃喃吟誦《傳道書》中的兩句經文：「虛空又虛空，凡事都是虛空。」[9]

不管貝利撒留多麼希望留在君士坦丁堡，享受他因北非戰役而獲得的榮耀，但皇帝對他另有安排。在查士丁尼本人看來，征服北非只是另一個象徵意義更重大的任務——征服義大利——的序幕，而且事不宜遲。於是下令艦隊立刻整裝待發，派遣貝利撒留攜七千五百人馬直取西西里，還派了另一位將軍率領主力取道達爾馬提亞，進入義大利北部。

這次入侵的時間點恰到好處。義大利的普通老百姓對哥德人印象不壞，但宗教因素讓他們不可能愛戴他們的統治民族。[10]教會早已成為羅馬文化和價值觀的載具，神職人員繼續穿著羅馬貴族的長袍（現在叫法衣），儘管他們的會眾已採納蠻族裝束，但是否奉教會為宗，則被視為一個人是否文明的標誌。不管哥德人多麼善待人民，但因信奉阿里烏異端而永遠不被人民完全接納。

摘取義大利的時機固然已經成熟，但貝利撒留得先征服西西里島。他以一貫的華麗風格席捲整座島嶼，只在巴勒莫遇到較有力的抵抗。不過他自有辦法：他讓船直接開到城牆前面，他的人馬一湧而上，躍過了城垛。聽說西西里突然陷落的消息讓東哥德人國王狄奧達哈德（Theodahad）聞之喪膽。所以，當一個拜占庭使者出現在他面前時，他馬上答應奉還義大利。一時之間，帝國古老的心臟地帶彷彿非洲那樣唾手可得。

本該如此，可惜（不只之於義大利的居民，也之於後來的西方歷史）另一位負責入侵達爾馬提亞的將軍偏偏在這個時候貽誤戰機，在一場不分勝負的交鋒中被殺。軍隊不能在沒有指揮官的情況下推進，所以退到一個過冬處，拒絕在得到進一步指示前向前推進。就在此時，狄奧達哈德看到拜占庭的威脅沒有想像中厲害，因而恢復了勇氣。他後悔自己當初輕易答應投降，於是把拜占庭的使者關進監獄，準備奮起抵抗，並以最快的速度組織了一支軍隊。拜占庭迅速取勝的機會就此一去不返，本來仍然照耀著古典世界餘暉的義大利也迅速墜入一場毀滅性戰爭的黑暗中。這個地區在未來幾百年間，始終是一片血跡斑斑的戰場。

拜占庭的攻勢陷入停頓，而人在西西里島的貝利撒留同樣碰到了狀況。就在他準備跨海進入義大利南部時，非洲爆發了全面的兵變。等到他敉平叛亂，已經過了幾個月，而當他回到西西里後，卻發現他的人馬已陷於叛亂邊緣。好不容易將他們都安撫下來，時序已進入秋天，已過了適合作戰的季節。

這種延誤令貝利撒留惱怒，翌年初當他率部渡過墨西拿海峽（Strait of Messina）時，他決心把損失的時間彌補回來。狄奧達哈德沒有費事建立一道道防線，所以南義大利的城市便以飛快的速度接二連三地落入貝利撒留的手中。每場勝利固然都打擊東哥德人的士氣，但它們也讓貝利撒留必須留下部分人馬駐防。當這位將軍進抵拿坡里時，他已經因為兵力太少，無法用強攻攻克這座看似堅不可摧的城市。不過，想要攻入一座城市，並非只有強攻一途，足智多謀的貝利撒留旋即想出了別的方法。

先前，他的一名手下爬上舊輸水渠，想了解其構造，卻無意中發現有一段管道無人防守，可以直通城市。可惜這段管道非常窄，容不下一個全副武裝的人通過。但貝利撒留知道如何解決這個問題。他派兵攻擊另一段城牆，用戰爭的喧囂聲蓋過工人擴大輸水渠管孔的施工聲。施工完成後，貝利撒留撤回攻城部隊，並在夜幕低垂之後派六百人穿過輸水管道、進入城中，展開全面進攻。城牆守衛很快就寡不敵眾，城門被打開了。不到幾小時，南義大利最重要的哥德人城市便告易主。

拿坡里的陷落引起哥德人的恐慌。他們殺死他們沒有骨氣的國王，放棄羅馬，逃到幾乎堅不可摧的拉文納另起爐灶。把精力旺盛的貴族維提格斯（Vitiges）選立為新王後，哥德人著手改善新首都的防務，只留四千人防守羅馬。要以四千人守住羅馬那些四處蜿蜒與部分毀損的城牆，是不可能的任務。貝利撒留幾星期後兵臨城下。

帝國軍隊的威名比軍隊還先抵達羅馬，所以當哥德人自城牆遠遠看見拜占庭人時，便深信留著抵抗只是送死。先前，教宗維里（Silverius）選擇打開城門，邀貝利撒留進城。這時哥德人想要的只是保存性命。當拜占庭軍隊穿過埃辛納里亞門進城時，哥德人駐軍正於城市另一端沿著古老的弗拉米尼安大道倉皇遁逃。

這是近六十年來，羅馬帝國第一次重新控制其古都。市民深感自豪，高聲呼喊：「凱撒的陵墓將不會再次被北方的蠻族踐踏！」[11]羅馬城的鑰匙連同一個被俘的哥德人酋長被送至君士坦丁堡，以象徵的方式在查士丁尼的御座前展示收復羅馬的無比輝煌。

這是成就不凡的一年，但貝利撒留知道戰爭並未結束。他靠著區區兵力征服西西里島、義大利南部和羅馬，成功更多時候是來自虛張聲勢。一等到維提格斯知道，讓人聞風喪膽的貝利撒留只靠五千兵馬據守羅馬時，他的全部勝果有可能化為烏有。當務之急便是趕緊修補城牆。

當拉文納的主人得知他的近半個王國被那麼少的兵力奪去，大怒之下在三個月內徵集了一支大軍，直撲羅馬城，而且幾乎一抵達就差點抓住貝利撒留，讓戰爭還沒有開打便可能隨時結束。原來，貝利撒留在米爾維安橋蓋了一座塔樓增強防禦工事，心想敵人不可能越過台伯河之雷池，便過橋察看敵人的部署。這時塔樓上的士兵遠遠看見哥德人殺了過來，便馬上遁逃，哥德人得以在毫無阻擋的情況下湧入大橋。貝利撒留發現自己突然被哥德人的先鋒包圍，前往弗拉米尼安門的去路也被切斷。他騎著一匹棗紅色的戰馬，十分搶眼，而羅馬逃兵又向哥德人指出他的位置，讓他的處境十分危急。但他奮勇殺敵，又不斷吶喊，為手下打氣，毫無怯意地拚命突圍。哥德人被他的氣勢嚇得怔住，於是貝利撒留與隨從趁隙火速撤回羅馬城內。

他滿臉混著鮮血、塵土和汗水，聲音因不斷吶喊而嘶啞，幾乎讓人認不出來。為此，他必須脫掉頭盔，以平息他已被殺的謠言。對部下說了一些激勵士氣的話後，這位筋疲力竭的將軍巡視每個駐防點，將他富有感染力的樂觀情緒灌注給部隊。直到他相信已經沒有什麼事，才讓妻子牽著他的手，帶他回住處補充亟需的睡眠。

此時，不知道自己差點就取勝的維提格斯，下令把通往羅馬的十條輸水渠切斷——過去一千年來，城市的公共噴泉、室內水管和水力磨坊都靠這些輸水渠供水。為了應急，貝利撒留把流經城中河流的水引至各磨坊，確保麵粉和麵包的供應無虞，然後準備好迎接下一輪襲擊。維提格斯下令構築巨大的攻城塔，幾星期後付諸行動。當哥德人同時攻擊兩段城牆時，形勢告急了。敵人一次次就要攻上城頭，而貝利撒留似乎總是能及時趕到，下令向城下射出火焰箭並推倒攻城梯，讓敵人無法越雷池半步。當這天結束時，超過三萬名哥德人陣亡了，一大堆攻城塔倒在地下，冒著濃煙。然而，當貝利撒留自城上俯瞰，卻看見敵人的大軍近乎完好無缺。他知道，下一次的攻城將更難對付，急忙上書給查士丁尼請求增援。

這不是他第一次要求增兵，也不是查士丁尼第一次不予理會。這是因為貝利撒留只靠不多的兵力便能讓非洲俯首，一次又一次地演出以寡敵眾的奇蹟，讓皇帝一再低估奪回義大利所需要的人力和物力。但這不是他不願意增兵的全部理由，還有一個更重要的原因——他的皇后心存疑慮，生怕事情另有文章。狄奧朵拉開始懷疑，貝利撒留不斷要兵要糧只是一種詭計。她深信，這位神勇的將軍單憑手上的兵力便足以征服哥德人，除非有非分之想，其實無需要更多部隊。雖然皇帝最終還是派出數千人馬增援，但狄奧朵拉始終不放心，認為需要盯緊這位將軍。

生力軍的加入，有助於貝利撒留扭轉敵眾我寡的形勢，讓他很快就認為可以轉守為攻。在中世紀的世界，圍城戰通常會讓圍攻的一方比被圍攻的一方吃更多苦頭。攻城者除了要忍受風吹日曬與食物短缺之苦，還要想盡辦法不讓不衛生的軍營環境爆發疾疫。維提格斯打的是一場必敗之仗，他自己也知道這一點。就連他扎營的地帶也已經糧食耗盡，變成不毛之地。為尋找食物，他派出的部隊必須越走越遠。這讓大營防務空虛，而敵人的每次成功突襲，都讓哥德人的意志更加消沉。

當他們聽說一支拜占庭的先遣隊已溜出羅馬，前往奪取小城里米尼（Rimini）時，哥德人更加亂了方寸，因為里米尼距拉文納只有五十三公里，失守的話後果將十分嚴重。戰爭一直僵持不下的情況，早已讓哥德王焦頭爛額，而他的新首都面臨威脅這點，終於成了壓垮駱駝的最後一根稻草。他詛咒老天給義大利帶來那麼要命的敵人後，便下令退兵。但貝利撒留沒讓哥德人全身而退。他就像神算一樣，算準了敵人會在什麼時刻撤退，於是下令軍隊從羅馬城傾巢而出，把東哥德人打得落花流水。

維提格斯好不容易突圍，回到拉文納。他唯一能夠自我安慰的是，自從漢尼拔在七百多年前翻越阿爾卑斯山之後，義大利還沒出現過貝利撒留這樣厲害的人物。這個拜占庭將軍以區區幾千兵力佔領了一個兵力數萬的王國，又在不到兩年內把這個王國的戰鬥力打成內傷。前後不到五年，他讓非洲和義大利臣服於拜占庭皇帝的意志之下。

若貝利撒留能得到一支更強大的軍隊和皇帝多一點的信任，我們不敢想像他能達到怎樣的成就。西班牙和高盧就在他伸手可及的範圍，說不定他甚至可以恢復整個帝國西部。如此一來，歐洲也會倖免於黑暗時代的蹂躪，至少不會受到後來那麼深重的破壞。

不幸的是，這種境界始終沒有實現。貝利撒留的赫赫戰功在狄奧朵拉心裡植下了嫉妒與不信任的種子，而這些種子行將開花，並結出極苦的果實。貝利撒留太年輕、太有才幹且太受歡迎了，以致不可能被信任。

查士丁尼在收到另一封要求增援的信之後，為貝利撒留派去七千人，但又命令老太監納爾西斯隨行，作為監視貝利撒留的眼線。納爾西斯年過六旬，是這份工作的最佳人選。他毫無疑問是朝廷最有權勢的人物，既曾幫助貝利撒留平定尼卡暴動，又因身為太監身分，不可能覬覦皇位，因此深受皇帝夫妻的信任。

增援部隊的抵達當然是一大喜訊，但查士丁尼沒有預見的是，老太監的出現讓貝利撒留的權威完全被削弱，也差點毀了戰爭的努力。那些巴望升官的將領很快看出納爾西斯是朝廷的寵兒，所以高級軍官之間，很快便分裂為忠於貝利撒留和忠於納爾西斯兩派。唯一的解決辦法是把本來就不多的兵力一分為二：讓納爾西斯帶著一半軍隊留下來牽制狄奧達哈德，貝利撒留帶另一半軍隊掃蕩義大利北部。

貝利撒留以其一貫的神速席捲義北，把一個個城池從哥德人的牛軛中解放出來。大多數的城池都主動開城投降，因為它們都巴望著趕走信奉異端的主子，重回帝國懷抱。貝利撒留樂於接納它們，卻因此碰到一個熟悉的難題：隨著攻克的城池越來越多，他也必須留下大量兵力駐守。到了米蘭大主教乞求他解放米蘭時，他能抽掉來執行這個任務的只有三百名兵力。他自己繼續推進，派一個下屬帶領接收米蘭——這時候，大主教正打開城門，率眾大殺哥德駐軍。

米蘭的陷落讓拜占庭人大樂，卻讓哥德國王大怒。米蘭是哥德人王國的冠上明珠，隨時可能成為義大利第二大城。一聽到米蘭易主的消息，他馬上派遣三萬大軍將它奪回。

貝利撒留得知米蘭被圍的消息後，便派出最親信的兩個將領前去解圍。然而就在這時，查士丁尼把大軍指揮權一分為二的後遺症也充分暴露。兩位奉命的將領大概是擔心自己的政治前程，拒絕在收到納爾西斯的副署命令前行動。就在他們如此拖延之際，米蘭已陷入彈盡糧絕，絕望的守軍只能以狗肉和老鼠肉果腹。最後因為不想餓死，他們放棄抵抗，向哥德人投降。他們的下場極為淒慘。哥德人為了殺雞儆猴，殺死城中所有的男人，並把婦女和兒童統統賣為奴隸，又放了一把火把全城夷為平地。

比這個義大利數一數二的美麗城市遭逢的可怕命運還更糟的是，事情本來可以避免。這時查士丁尼終於明白，削弱貝利撒留的權力是愚蠢之舉，於是火速召回納爾西斯。貝利撒留重新成為唯一的最高指揮官後，決心速戰速決。維提格斯的兵力仍佔優勢，但如今因震於貝利撒留的威名，而拒絕踏出拉文納半步。如果貝利撒留能一舉拿下拉文納，他將竟全功於一役。

維提格斯在聽聞拜占庭大軍衝著他的都城而來的消息後，便陷入了恐慌，因此幹了一件他以為能保住王位的事。幾個星期前，波斯國王庫斯勞威脅要攻擊拜占庭的側翼，如今維提格斯在無計可施下寫信給波斯國主，爭取這個帝國宿敵的援助。如果他能說服波斯人入侵東羅馬，查士丁尼勢必會急召貝利撒留回師，如此一來他就可以逃過一劫。雖然維提格斯的信使在抵達波斯大老遠前便被抓到並殺死，但哥德人這次卻走了運。經過八年的權力鬥爭後，此時庫斯勞已經坐穩王位，無須哥德人的慫恿也一樣會入侵拜占庭。他知道，拜占庭東方的守軍因為義大利的戰役而明顯變弱，且他相當肯定，只要沒有貝利撒留攪局，他便能輕易得勝。他當然曾經在和約上親筆簽字，保證與拜占庭保持「永久的和平」，但一張紙又豈能束縛得了他取得榮耀和進貢的決心？他派出突擊隊深入敘利亞後，便動員大軍，要盡量利用這個帝國心有旁騖的機會。

正如維提格斯所預期的，光是波斯揚言入侵，就足以嚇阻查士丁尼結束帝國在義大利的征討。誰都說不上來，要多久才能攻克拉文納，而在波斯人肆虐東方時，皇帝也負擔不起他最厲害的一名將軍被一個將敗敵人綁住的代價。唯一的解決辦法就是與維提格斯達成停火協議。所以他答應哥德人，只要繳出國庫一半的黃金，就讓他們繼續保有北至波河（Po River）的全部領土。

當看到查士丁尼的兩名使者帶來和約條款，貝利撒留為之傻眼。在他看來，維提格斯只剩半條命，而拉文納近於崩潰邊緣，此時不攻取更待何時。他憤怒地和兩位使者理論，但他們只是奉命傳旨，不可能自作主張。貝利撒留知道事情沒有轉圜餘地，只能向現實低頭，但他仍然拒絕在和約上簽字。他不希望自己的名字永遠和一個可恥的決定掛鉤。查士丁尼並未命令他簽字，所以他拒絕簽字，以表示不滿。

又一次，他出了名的好運氣挽救了局面。因為擔心和約是貝利撒留的詭計，哥德王退還和約，表示除非有貝利撒留簽名，否則他不考慮接受。貝利撒留狡猾地表示，除非皇帝命令，否則他也不會簽字。兩位使者只能再度長途跋涉，回君士坦丁堡請旨。打發掉他們之後，貝利撒留告訴哥德人，他不會做出任何讓步，維提格斯不能再心存僥倖。最後，無計可施的哥德王派遣使者趁夜色偷偷潛入拜占庭軍營，向貝利撒留表示，願意擁立他為西方羅馬帝國皇帝。貝利撒留若答應，拉文納將開城投降，所有哥德人將會臣服在他腳下。

貝利撒留看得出這個建議對他多麼有利。過去五年來大部分的時間裡，他都在義大利東征西討，獨當一面，現在若得到哥德人的支持，帝國東部和西部都不會有任何力量可以把他拉下馬。這是絕大部分人都無法抗拒的誘惑，只不過，貝利撒留的忠君之心從不動搖。他假裝接受維提格斯的提議，在五四〇年五月進入拉文納，接受哥德人的投降。擠滿街頭的哥德人歡聲雷動，不知道他們已經上當受騙。貝利撒留寫信向查士丁尼報告這個情況，指出戰爭已經結束，義大利重回羅馬帝國的懷抱。貝利撒留在兵不血刃取得勝利後，想必曾經想過，皇帝大概會再為他舉行一次「凱旋式」甚至更隆重的儀式，作為獎勵。在他的心中，他這次勝利和之前千百次勝利並無不同，殊不知他接受哥德人王冠之舉在朝廷看來，卻是不可饒恕的大罪，也喚醒了皇后悶燒於心中的所有恐懼。從此以後，不輕易原諒人的狄奧朵拉便視他為寇讎。

不過，當時貝利撒留，還未注意到這些陰影的存在。隔月，皇帝的使者氣喘吁吁地抵達，告訴他庫斯勞已經入侵，皇帝令他馬上返回君士坦丁堡。貝利撒留把哥德人的全部財寶和維提格斯一家人弄上船後，便班師回朝。直到船開出了港灣，哥德人才意識到自己被出賣了。

這時東部已陣腳大亂。庫斯勞直撲拜占庭世界第三大城安提阿，為接下來四個月的戰事佔下先機。被責成防禦敘利亞的皇親傑曼努斯（Germanus）原本計畫以重金向波斯人求和，但在談不攏後負氣離開安提阿，任其自生自滅。奉命防守的六千兵力自知受不住廣闊的城牆，明智地選擇在敵軍逼近時腳底抹油逃跑了，波斯人因此湧入了城市。

城破後，「藍軍」和「綠軍」在街頭拚死命作戰，期盼可以回天，但面對剽悍專業的波斯士兵，他們沒有一線生機。隨之而來的是一場大屠殺。波斯人到處縱火劫掠，撬走了一切有點價值之物。庫斯勞放火焚城，把剩下的所有市民抓起來，準備賣為奴隸。之後證明，這位波斯國王對拜占庭不堪一擊的估計完全精確，於是繼續快快樂樂地深入敘利亞。突然間情勢起了急劇的變化，庫斯勞叫住了部隊的腳步。一名使者上氣不接下氣地趕到，奉勸君主走為上策。「我遇到一位將軍，他舉世無雙。」他說。貝利撒留已經回到帝國東部。

將軍的抵達立即讓士氣大振。他得知庫斯勞出現在敘利亞的消息，但不打算嚴陣以待。既然波斯人入侵他的國家，他決定以牙還牙。沒有什麼比對波斯來一些小型洗劫和把波斯國王嚇得趕緊跑回家更能鼓舞人心了。所以，庫斯勞前腳才踏入帝國邊界，他就驚恐地聽說，貝利撒留正殺向波斯的首都泰西封。在在看來，一著妙招便足以將波斯人的侵略消弭於無形。

YERSINIA
PESTIS

第十章

耶爾辛氏鼠疫桿菌[1]

CHAPTER 10

庫斯勞急忙回防首都，然而拜占庭人始終沒有兵臨城下。事實證明五四一年是查士丁尼時代和拜占庭帝國的高點。在帝國西部，貝利撒留收復了非洲和義大利；在東部，他中斷了波斯人的攻勢，眼看就要征服他們的首都。自汪達爾人與哥德人取得的巨大財富，讓整個帝國又多了一大批金碧輝煌的建築。安提阿已重建起來，君士坦丁堡因建築奇蹟聖索菲亞大教堂的落成而更加耀目。哥德人選出一位名叫托提拉（Totila）的新國王，但是他們的王國卻處於崩潰邊緣，而在波斯人奔逃之後，看似已經沒有敵人可威脅拜占庭了。然而，就在貝利撒留開赴泰西封之際，那樣的敵人卻出現了。

地處尼羅河三角洲東部一角的港口城市培琉喜阿姆（Pelusium），見識過不少古代世界最了不起的侵略者，包括亞歷山大大帝和馬克．安東尼（Mark Antony）。奧古斯都大帝曾一度站在其城牆上，龐培大帝（Pompey the Great）則在它的城門被謀殺。不過，這座城市最讓人印象深刻的征服者卻是囓齒動物。到了查士丁尼時代，牠們在培琉喜阿姆安家落戶已有很長一段時間。西元前八世紀，亞述王辛那赫里布（Sennacherib）所率領的大軍因田鼠咬爛他們的弓弦和盾牌皮帶而不得不撤離。波斯國王岡比西斯二世（Cambyses II）顯然是因為這個前車之鑑，六世紀在出兵培琉喜阿姆前先派貓軍滅鼠，令其四散逃逸。然而，鼠輩不可能杜絕太久；牠們在五四〇年春天去而復返。

老鼠從下埃及的港口上船，把帶菌的跳蚤傳入培琉喜阿姆，鼠疫第一次在世界的舞台登場。十四世紀爆發的大鼠疫固然最為出名（也讓鼠疫有了「黑死病」這個可怕名字），但六世紀爆發的那次更為慘烈，我們對此印象不多，因為年代太久遠了。瘟疫如野火般蔓延到帝國的主要糧倉亞歷山卓，再從那裡延燒到帝國的其他地方。

被傳染的人最初不會有明顯的症狀，但它的擴散速度卻快得可怕。患者一覺醒來會覺得頭痛且微微衰弱。如果病毒轉移到肺部，所有的淋巴結都會疼痛腫脹，一個星期內就會要人命；如果病毒進入血液，患者的皮膚就會出現黑色斑塊，不到一天便會死亡。人們不知道，這種病來自何處及如何傳染，因此無從預防。它依附人體和船舶的移動，總是在人口最密集的地區肆虐，最嚴重的時候可以殺死一個地區四分之三的人口。

在君士坦丁堡，鼠疫橫行了四個月，每日造成的死亡人數高達嚇人的一萬人。這樣的死亡人數當然使墓地無法負荷，所以不得不把屍體丟入一些廢棄的城堡中，直到腐爛的屍體堆疊得高過外牆為止。人口驟減讓城市陷入停滯，日常生活的節奏無以為繼。貿易幾乎停止，農民拋棄田地，所剩無幾的工人設法逃離成為災區的城市。瘟疫最終消退了，饑荒與貧困便接踵而來。

起初鼠疫並未影響到貝利撒留，因為他遠在波斯邊界。雖然他不斷聽說鼠疫造成悲慘的狀況，但他除了盡快解決波斯人這個大患外，無法幫得上忙。不過，當他向東急行軍時，傳來了一個足以改變一切的消息：查士丁尼本人也病倒了。

拜占庭的軍隊陷入一片混亂。查士丁尼並未指定繼承人，狄奧朵拉多年來又一直在他耳邊說軍方的壞話。如果他現在一病不起，一票將領毫不懷疑皇后會不徵求他們的意見，逕自立一個繼承人。所以，他們私底下一致推舉貝利撒留為繼承人，發誓不接受狄奧朵拉擅自的決定。

身為一個無兒無女的皇后，狄奧朵拉深知自己的權力基礎有多薄弱。皇帝病倒後，她代為理政，讓她大為寬心的是，查士丁尼在幾個月後出人意表地顯示出康復的跡象。就在她權力重新穩固下來時，軍方的打算傳入她的耳中。狄奧朵拉對於他們膽敢不把自己放在眼裡感到憤怒，便立即貝利撒留召回首都。別人也許相信這位將軍一片赤誠，但她始終認定他是一條垂涎皇位的毒蛇。最新的陰謀足以印證她最陰暗的懷疑。

雖然憤怒，但狄奧朵拉知道自己不能做得太過分。皇帝和皇后因為引發民怨而被趕下台的事不是沒有先例，像她自己在尼卡暴亂期間就差點遭到放逐。貝利撒留不是別人——他那麼威名赫赫，把他關起來大有可能會自取滅亡。雖然狄奧朵拉巴不得把他處死，但最後決定只褫奪他的軍權、沒收他的財產並予以放逐。

查士丁尼恢復健康後發現他的帝國處於風雨飄搖之中。環地中海地區大約每四人就有一人死去。喪失掉那麼多兵源與納稅人，讓帝國資源受到重創。唯一值得慶幸的是，波斯人一樣被瘟疫害慘了。當初，庫斯勞眼見拜占庭遭瘟疫情摧殘，以為是天賜良機，便愉快地寇邊，但此舉卻讓波斯軍隊也染上了鼠疫——待他們回國後，又把鼠疫傳給其他人。

帝國西部的情況更糟糕。拜占庭少了貝利撒留，因而在義大利收復的失地以驚人的速度流失。諷刺的是，查士丁尼本人對此要負大半責任。當初，皇帝考慮到自己曾因貝利撒留軍權一把抓而提心弔膽，決定不讓義大利遠征軍有一個最高統帥，將軍權一分為五。這個愚蠢的決定讓拜占庭的人力資源分散了，因為五位將領幾乎從一開始就忙於內部爭執而非對外作戰。

雪上加霜的是，此時哥德人的國王托提拉偏偏是位卓越的統治者，也決心拯救自己的王國。他多次智取拜占庭軍隊，又揚言要將羅馬從沉重的稅賦與無休止的戰爭中解救出來。這招果然管用。當初把貝利撒留視為救星而歡迎他入城的羅馬市民，如今卻翹首期盼哥德人來解放他們。

不到一年，托提拉就收復了大部分的失地。幾名無計可施的拜占庭前線將領上書皇帝，指出義大利已無法防守。眼見當初為收復失地而付出的巨大努力就要付諸東流，查士丁尼幡然覺悟。他不理會妻子激烈的反對，再次召喚貝利撒留。

這位大將著實不該蒙受這樣的恥辱，然而因狄奧朵拉從中作梗，查士丁尼從未完全信任自己這名老朋友，所以這一次還是只撥給他區區四千人馬。貝利撒留抵達義大利後，發現情況非常無望：士兵士氣低落，將領無能，而當地人心向托提拉，並公然敵視朝廷。要對哥德人展開反攻是不可能的，即使只想守住那些還在帝國手中的城池，也一樣需要奇蹟。

雖然後來貝利撒留守住義大利中部，但看來新的災難天天都在發生。蠻族對帝國邊界的攻擊益發頻繁，那些沒有抽調到邊界的部隊更樂於投奔托提拉而非與之戰鬥。自瘟疫爆發後，他們就從未按時領到軍餉，哥德人的征服看似已成定局。因為人員大量流失，又擔心保不住羅馬，貝利撒留上書皇帝，說明自己的困境，懇請增援：「駐紮這裡的將士……不滿、恐懼和沮喪。只要一聽到敵人的聲音，他們就會丟盔棄甲……如果光靠貝利撒留一人便可取得勝利，那麼陛下的安排堪稱完美……但如果陛下想要征服，就必須做更多的事。」[2]在這份無比坦承的奏摺的後面，貝利撒留又指出，只有把他的舊部派來，情況方可望轉危為安。

他的請求從一開始就注定無望。首先，負責送信的使者到達首都後沒有直接進宮，而是決定先玩樂。直到追求到一個女人並結婚後，他才入宮面聖，完成任務。第二個障礙更是要命：狄奧朵拉完全不想讓貝利撒留和他的舊部會合，而且朝廷根本沒錢裝備新的部隊。後來皇帝雖然還是勉強湊出一些人馬給貝利撒留，但一如往常，他們人數又少又來得太遲。

由於得不到君士坦丁堡的實質援助，又不可能招募到足夠的兵力擊敗哥德人，戰事陷入令人鬱悶的膠著狀態。羅馬城在雙方的拉鋸戰中，成了殘破的廢墟，十室九空。[3] 五四八年，貝利撒留在完全無計可施之下，遣妻子安東尼娜（Antonina）到君士坦丁堡乞援。這時瘟疫已近尾聲，帝國全境普遍出現復甦跡象，說不定朝廷可以撥出錢糧和兵力。另外，安東尼娜也不是普通使者，她和狄奧朵拉是密友，因此可望繞過各種繁文縟節，直接見到皇后。不過，當安東尼娜抵達首都時卻發現，城裡到處掛著黑布，查士丁尼痛不欲生。狄奧朵拉已經死了。

尼卡暴動期間，皇后曾經是朝廷的壁壘，但在當上帝國實質的統治者之後，她卻成了朝廷的惡夢。她深信貝利撒留就像她本人一樣有著強烈的政治野心，老是向丈夫中傷一個本來可為他實現征服夢想的人。更糟的是，在查士丁尼臥病之際，她私自下令恢復基督一性論（Monophysitism）[4] 的合法性，讓一場本來已近於消失的宗教大爭執死灰復燃。這個行為比任何蠻族軍隊帶來更大的破壞，因為它嚴重斲傷敘利亞和埃及大部分人口對朝廷的忠誠。一個世紀之後，敘利亞人和埃及人將會歡迎拜占庭的一個新敵人，視之為將他們救出朝廷宗教壓迫的解放者，很大一部分的東方地區自此將永遠逸出拜占庭的軌道。

五四九年，仍深陷失去愛妻之痛的查士丁尼召回了貝利撒留。當他見到這位疲憊的將軍時，像擁抱親兄弟那樣擁抱他，賜給他一座華美的宮殿，甚至為他豎立銅像，加以尊榮。貝利撒留不習慣這類讚美，很快就悄然引退，閉門謝客。然而，帝國之內沒有人比他更配得上這些榮耀。若沒有他，查士丁尼的再征服大業將無法想像，而未來的拜占庭（一個縮小了的帝國）也不會有任何辦法對抗接下來幾世紀的動盪。

當貝利撒留無所作為地待在君士坦丁堡之時，托提拉包圍了羅馬。那些領不到軍餉又士氣低落的守軍已吃膩了馬肉，在經過短暫抵抗後便打開城門投降——這是羅馬城在戰爭開始以來的第四次易手。古都的失陷讓查士丁尼終於醒悟，知道要征服義大利，指揮權必須統一。於是他召來老太監納爾西斯，交給他一支重兵，委以收復義大利的任務。

讓納爾西斯掛帥似乎是個奇怪的選擇，因為這位老太監年逾七旬，也幾乎毫無軍事經驗：只有在尼卡暴動中協助屠殺三萬手無寸鐵的平民，也十二年前讓貝利撒留丟掉米蘭。但納爾西斯是通權達變之人，在險惡的朝廷內打滾二十年卻毫髮無傷。況且很少有人像他一樣人脈廣闊。皇帝自己也年近七旬，但精力不減當年，所以他認為年齡不是一個問題。

納爾西斯得到了貝利撒留沒能求得的裝備，準備去取得一個原應屬於貝利撒留的勝利。此次艦隊的規模接近上次的十倍，而且帶著義大利拜占庭駐軍的所有欠餉。納爾西斯到義大利之後大手筆送禮，很多勢力便投入其麾下。

就在最後一艘運兵船開出帝國港口後，兩名使者來到君士坦丁堡，為皇帝帶來振奮的消息：西哥德人統治的西班牙局勢混亂，羅馬人起義推翻異教國王。一位名叫阿塔納吉爾德（Athanagild）的出色領袖揭竿而起。叛軍已佔領哥多華（Córdoba），現在想向皇帝求助，奪取塞維亞（Seville）。

若換成其他皇帝，幾乎都不可能答應幫這個忙。朝廷的人力物力瀕臨枯竭，大部分軍隊陷於義大利的泥淖裡，最不應該做的就是千里迢迢把兵力投送到一個難以補給的地方。但查士丁尼抗拒不了這個機會的誘惑，馬上答應了。西班牙是最後一個以基督徒和羅馬人為大宗的蠻族王國（國王是阿里烏派信徒），所以皇帝認為，拜占庭很容易就可以正信捍衛者的姿態將他們集結起來，反對其信奉異端的主子，並在西班牙南部建立起征服整個伊比利亞半島的橋頭堡。

那些當初嫌納爾西斯當主帥太老的人這次更傻眼了，因為查士丁尼相中的西班牙遠征軍主帥是年近九十的老將軍利貝里烏斯（Liberius）。利貝里烏斯雖年老，但是位沙場老將，實為遠征軍主帥的最佳人選。雖然利貝里烏斯只有幾百兵馬，老謀深算的他卻很快就在西班牙站穩腳跟，協助阿塔納吉爾德攻陷塞維亞。不過，阿塔納吉爾德隨即自立為王，並要求拜占庭人離開，但被拒絕了。利貝里烏斯透過一連串傑出的游擊戰，成功聳恿羅馬化的民眾反對他們的阿里烏派主子，為帝國收復了整個西班牙南部。

就在利貝里烏斯進攻西班牙的同一個月，納爾西斯也開始向羅馬挺進。托提拉聽說帝國軍隊由一名宦官指揮後大樂，便任由同為蠻族的法蘭克人湧入義大利北部，希望由他們來消滅討厭鬼。不過哥德人很快就發現，納爾西斯的身體固然老邁，腦袋卻精得很：他始終貼著海岸進軍，不費吹灰之力就躲過法蘭克人的攻擊。

在古羅馬小城布斯塔・加洛魯姆（BustaGallorum）附近，納爾西斯和托提拉狹路相逢。哥德人的軍隊歷經血腥戰鬥後被徹底擊潰，托提拉也戰死了。殘破不堪的羅馬城開城投降。於是納爾西斯派遣快馬將城門的鑰匙（連同托提拉綴滿珠寶的王冠、金色鎧甲和染血的長袍）送到君士坦丁堡，作為勝利的見證。

當得勝的納爾西斯傾全力驅逐義大利的哥德人殘部時，查士丁尼正準備征服整個西班牙，但瘟疫的復發導致他的計劃泡湯。此次疫情肆虐了六個月，讓原本空虛的帝國更加見底。皇帝被迫放棄征服更多地方的夢想。彷彿要強調拜占庭處境之艱辛似地，同年又發生了一場大地震，震垮了聖索菲亞大教堂祭壇上方的半圓頂。由於朝廷的財政捉襟見肘，五年才能修復教堂——與當年整座教堂花六年建成相形之下，對拜占庭人來說，這五年的時間感覺上像是一輩子。

如今，朝廷能找到的錢只夠花在防禦用途上。由於根本找不到人填補死於戰爭或瘟疫者所留下的兵員空缺，查士丁尼只能大量裁軍，更多時候則仰賴黃金而非刀劍來擺平眾多敵人。從他登基開始，軍隊人數便超過五十萬人，如今卻銳減至僅十五萬。由於這些年來拜占庭的邊界長度幾近倍增，編制縮小的軍隊不可能有效維護邊境的安寧。五五九年，皇帝終於玩火自焚：一群匈奴人越過形同虛空的邊界，快速逼近離君士坦丁堡僅五十公里的地方。

首都城牆厚實，安全可保無虞。但對曾讓汪達爾人和哥德人俯首的皇帝來說，躲在城牆後面迴避一小股蠻族流寇仍屬奇恥大辱。無兵可用讓他一愁莫展，最後他才想到最後的辦法。就像從前許多次一樣，他立刻傳召貝利撒留，委託這位絕世將軍最後一個任務。

貝利撒留雖已十年沒上戰場，但他仍寶刀未老。只靠一支由保安隊、退伍軍人和志願者拼湊而成的幾百人雜牌軍便重創匈奴人，把他們趕回邊界之外。眼見自己的無敵將軍再次光芒四射，查士丁尼舊有的疑慮自狄奧朵拉死後再次復活。由於讓人不敢恭維的嫉妒心理，他突然解除貝利撒留的兵權親任主帥。才五十出頭的貝利撒留以優雅的風度接受這種對待，心甘情願地坐看一個應歸於他的功勞被另一個人佔去。查士丁尼的方法也許不那麼鼓舞人心，卻果然有效。他先以甘詞厚幣打動匈奴人退兵，然後又慫恿他們的敵對部落入侵他們的地盤。雖然這不是高尚的勝利，但仍有理由讓人稱慶：帝國終於重新天下太平了。

這種天下太平的局面一直維持到查士丁尼王朝終了。貝利撒留此後再也沒有被起用，但慶幸的是，他在有生之年目睹了自己的心血終於開花結果：隨著納爾西斯在維洛納（Verona）粉碎一支法蘭克人軍隊，漫長和血腥的義大利征伐圓滿落幕。這樣的結果想必讓他大感欣慰：因為最後勝利的果實雖由納爾西斯摘取，但大多數人都知道，勝利的種籽由貝利撒留親手植下的。這位將軍雖一再受到打壓，但他的忠貞不二從未動搖，寧可默默忍受冷落當個忠心的僕人，而不是去推翻一個他原可推翻的主子。[5] 查士丁尼只比他這位功勳卓著的臣下多活了八個月：五六五年十一月十四日，他以八十三高齡安逝於睡夢中。[6]

沒幾個皇帝曾為帝國的福祉如此賣力或獻身。事實上，查士丁尼在迷宮般的大皇宮廳室裡經常踱步至深夜，思考帝國的未來，而贏得了「不眠者」的外號。他三十八年的統治讓政府、法律和經濟大為改善，而他打在首都的烙印至今仍未完全消失。他開疆拓土，為帝國增加的領土只少於圖拉真與奧古斯都皇帝。他收復了羅馬帝國此前被侵佔的每片領土，讓地中海再次成為羅馬的內海。在他治下，從安提阿到羅馬的每一座大城市都被妝點得美輪美奐，而這片璀璨的頂峰莫過於聖索菲亞大教堂的金色圓頂。原來就是設計來睥睨時間長河的這座大教堂，至今仍是查士丁尼盛世最有力的見證，讓人得以一瞥拜占庭一千五百年歷史中最輝煌時代的容顏。

查士丁尼的人性弱點讓他未能信任他的偉大將軍，但這點只是拖延了他的成功步伐。他取得的勝利確實極其壯觀：列國因他的名字而顫抖，傲慢的國王與有敵意的將軍都臣伏於他的腳下。最終，毀掉他偉大夢想的不是他的野心過剩，而是染病的老鼠。

隨著時序推移，人們慢慢清楚地看出，與其說查士丁尼是一個新時代的肇始者，倒不如說他是舊時代最後的餘暉。此後，再也沒有同樣目光遠大的羅馬皇帝，也不再出現以拉丁語為母語的人君臨天下了。不管查士丁尼多麼精力旺盛與大膽進取，舊的羅馬帝國都一去不返了。鼠疫確保了這一點：它殺死了帝國四分之一的人口，讓查士丁尼收復舊河山的計畫無以為繼。新佔領的土地原本可讓帝國更富有且更安全，然而因為瘟疫肆虐，拜占庭缺乏人力和金錢固守這些領土。想靠縮水的資源來維持膨脹了的帝國，得同時有一個查士丁尼和一個貝利撒留坐鎮，只可惜這是拜占庭再也不會擁有的奢侈了。

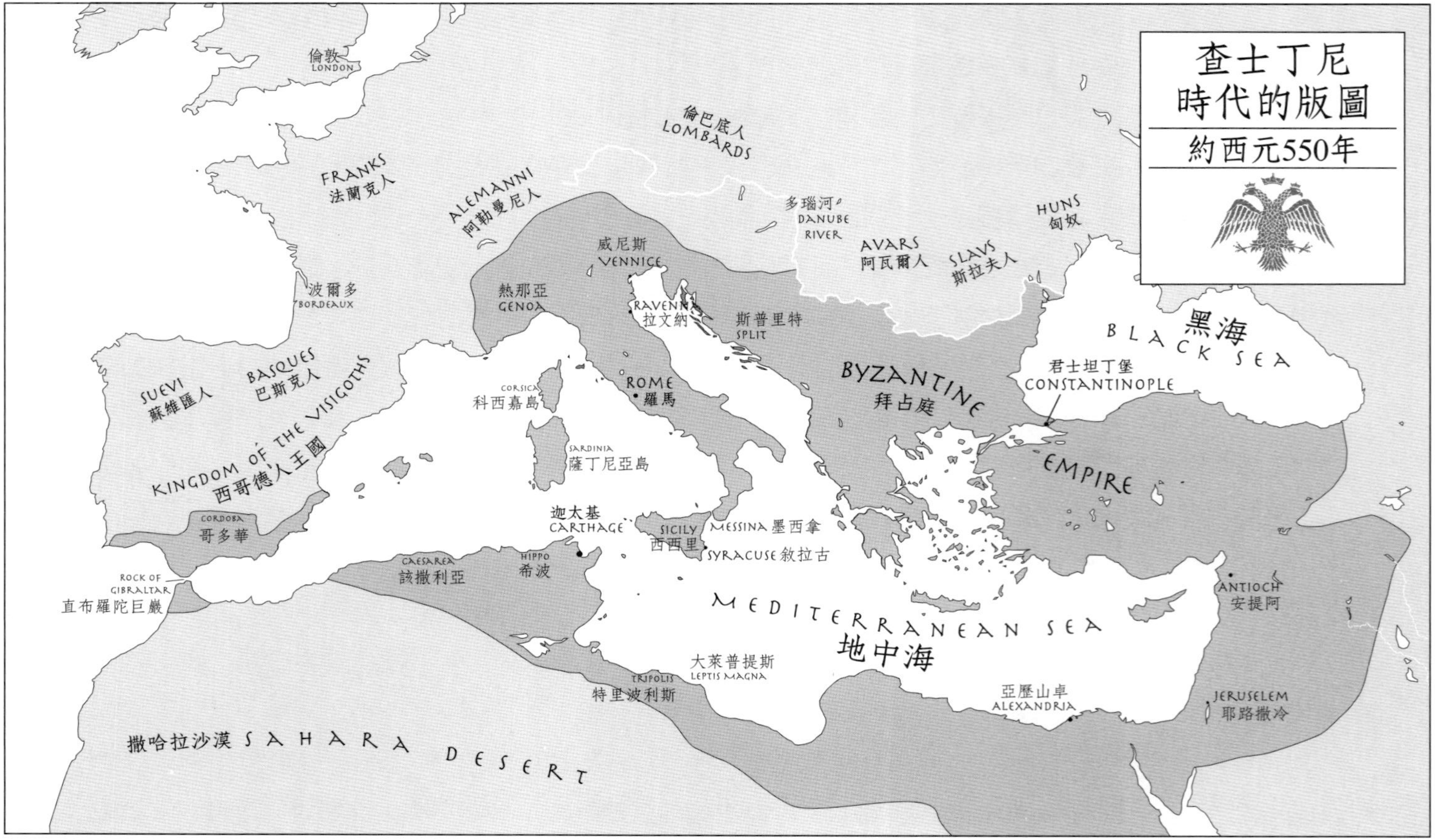

查士丁尼
時代的版圖
約西元550年
倫敦 LONDON
倫巴底人 LOMBARDS
FRANKS 法蘭克人
ALEMANNI 阿勒曼尼人
多瑙河 DANUBE RIVER
AVARS 阿瓦爾人
SLAVS 斯拉夫人
HUNS 匈奴
威尼斯 VENNICE
熱那亞 GENOA
RAVENNA 拉文納
斯普里特 SPLIT
波爾多 BORDEAUX
BASQUES 巴斯克人
SUEVI 蘇維匯人
KINGDOM OF THE VISIGOTHS 西哥德人王國
CORSICA 科西嘉島
ROME 羅馬
SARDINIA 薩丁尼亞島
BYZANTINE 拜占庭
EMPIRE
黑海 BLACK SEA
君士坦丁堡 CONSTANTINOPLE
CORDOBA 哥多華
迦太基 CARTHAGE
SICILY 西西里
MESSINA 墨西拿
SYRACUSE 敘拉古
ROCK OF GIBRALTAR 直布羅陀巨巖
CAESAREA 該撒利亞
HIPPO 希波
MEDITERRANEAN SEA 地中海
ANTIOCH 安提阿
大萊普提斯 LEPTIS MAGNA
TRIPOLIS 特里波利斯
亞歷山卓 ALEXANDRIA
JERUSELEM 耶路撒冷
撒哈拉沙漠 SAHARA DESERT

A PERSIAN FIRE

第十一章 波斯戰火

CHAPTER 11

查士丁尼的統治外表上光芒萬丈，卻少有人哀悼它的逝去。聚集在街上的民眾默默看著出殯隊伍通過，更多的是指責他應該為苛捐雜稅和肆虐的瘟疫負責。在聖使徒教堂出席喪禮、耍慣陰謀的貴族只覺得鬆了一口氣，因為不遺餘力打壓他們的人已經走了。主禮的教士也樂見這位皇帝駕鶴歸西，因為他那愛蹚渾水的老婆已把教會搞得烏煙瘴氣。甚至，為查士丁尼那巨大斑岩陵墓守陵的士兵，也無法對這位常拖欠軍餉的皇帝有多大好感。他們不能讓自己愛上這樣一位老是延誤軍隊工資的人。

儘管帝國面臨諸多問題，但大行皇帝把拜占庭打造為文明火炬的功績仍不可抹滅。聖索菲亞大教堂的建築奇蹟有賴數學的進步為基礎，而拜占庭未幾就誕生出一個多所建樹的繁榮數學學派。帝國境內兩性都有權接受小學教育，拜查士丁尼的穩定統治之賜，幾乎在所有的社會階層都沒有文盲。延續亞里士多德和柏拉圖開創於一千多年前的傳統，帝國境內大學林立，公共和私人圖書館同時致力於整理彙編古代大科學家的作品。

受蠻族統治的西部舊省份則與此相反，它們迅速墜入黑暗時代的野蠻與混亂，城市的先進生活成為褪色的回憶。但求溫飽變得極其困難，因此教育成為人們負擔不起的奢侈品，目不識丁的人急劇增加——若不是因為教會的存在，識字的人甚至可能完全消失。教會仍然重視寫字的能力，而地處偏遠的修道院也成功地把學問的火種保存了下來。但在整個西方，貿易活動瀕臨中止，城市規模銳減，一度輝煌的公共建築年久失修，搖搖欲墜。

然而，帝國的東部仍是蓬勃的商業樞紐，無與倫比的羅馬道路系統把每個富裕的城鎮連接成為巨大的貿易網絡。取道縱橫交錯的繁忙道路或熙攘往來的海港，商人從遠東攜來香料和絲綢，或從極北帶來琥珀。市集上，工匠製作的精美琺瑯、金銀細絲飾品、珠寶和燈飾琳琅滿目。在小亞細亞和希臘海岸，技術工人把採集來的小貝殼研磨成奢侈的紫色染料，而一家國營絲綢生產工廠也在君士坦丁堡蓋了起來。[1]不論在大城市或小城市，專業工匠都有自己的行會，大學裡聚集著來自四面八方的學生，小販挨家挨戶地向不願上街人擠人的家庭主婦兜售貨品。

節慶和國定假日讓上層階級可以舉辦奢華的派對擺闊，較低下的階層也可以到葡萄酒店、餐館和小劇院放鬆。鄉村生活繼續以幾百年來一成不變的節奏運轉著。農民分散到郊區各處，在他們的葡萄園和花園耕種，村民則在公共作物農場工作。到了晚上，勞動階級從各自的行當回到家裡，與妻兒享用一頓內含麵包、蔬菜和穀物的晚餐——穀物通常用水煮，配著煎蛋捲和各種奶酪一起吃。較富裕的人家則可以吃到野兔肉、鳥肉、鹹豬肉、香腸甚至羊肉。甜點有葡萄葉包裹的肉桂、葡萄乾釀、充滿堅果和蜂蜜或果醬餡糕點。不同於喜歡在麵包塗上厚厚一層動物脂肪的蠻族，拜占庭人習慣在食物上蘸橄欖油。最富有的人還會吃到鮮魚和水果，也喝得到各種葡萄酒。就像當時人愛說的，想判斷一個人的身價，請看他們的飯菜。

但在六世紀接近尾聲時，地平線出現了令人不安的烏雲。隨著戰爭和叛亂轉趨頻繁，貿易開始被打亂，由商人、實業家和小地主構成的中產階級逐漸萎縮。因為自然災害和路過的部隊搶奪農作物，農人的生活日益艱難，常被迫借貸他們還不起的錢。越來越多窮人為了逃債而逃離土地，留下來的窮人則被迫賣身為農奴來還債。陸續消失的小農場被貴族大地主狼噉鯨吞。隨著稅基縮小及有權勢的大地主獲得諸多豁免，中央政府被迫採取越來越嚴厲的措施，以確保庫房充盈，但高壓手段只是讓稅收越來越少。因為國庫長期空虛，查士丁尼之後的皇帝根本無力救濟百姓，也對民怨充耳不聞。

帝國財富衰減後，藝術和科學（兩者都是在查士丁尼王朝達到高峰）的成長也逐漸放緩。朝廷既無時間也無財力興建豪華建築，或資助學問研究：現在所有資源必須用在維持生存這個最基本的需求。但連生活品質也持續下降。查士丁尼收復舊河山的戰爭以巧妙的外交手腕為輔助，但在他之後幾個自負的後繼者卻把戰爭視為第一選項而非最後手段。他們認為威望可以無敵，迫不及待投入一些他們負擔不起後果的要命衝突。對在郊區貧困度日的農民來說，踐踏他們田地的軍隊是否身穿拜占庭軍服已無差別，因為結果都一樣：他們的收成被強奪，田裡的農作物遭洗劫，家畜也被帶走。他們對住在遙遠君士坦丁堡的統治者殊少忠愛之心，隨時準備好支持會保證帶給他們較好生活的大位角逐者。叛亂成為家常便飯，而在位的皇帝也發現，他們不可能在這麼龐雜的國家穩住人人的忠誠。

查士丁尼曾經自豪地指出，他的帝國從大西洋一直延伸到黑海。只不過，這個膨大的帝國在他駕崩後迅速崩解。拜占庭的領土本來就是個大雜燴，而查士丁尼為它增加的領土讓它變得更為龐雜。北非、義大利和西班牙這幾個地區彼此沒有多少路徑相通，它們和帝國其他部分的連通性又更小了。在瘟疫、蠻族入侵和宗教紛爭的壓力下，龐大的羅馬世界開始裂痕斑斑，它的邊緣以君士坦丁堡為中心，陸續斷離出去。

要讓笨重的國家維持完整，須有高瞻遠矚的領導者，但第五世紀晚期的在位的皇帝偏偏都是短視之人，既無查士丁尼的智謀也沒他的實力，完全無法複製先皇巧妙周旋於眾多敵人之間的方程式。雪上加霜的是，他們缺乏查士丁尼的魄力，不會為了推行一些必要的政策而不惜得罪民眾，反而為了討好民眾而壓下一些必要的政策。這些短視的做法讓帝國在不到一代人的時間便瀕臨崩潰。短視近利所可能帶來的危險，沒有什麼歷史先例比這個時期的拜占庭更有說服力。

直到第六世紀結束時，當初花費許多鮮血和財富收復的舊河山卻遭棄如敝屣，帝國軍隊開始全線撤退。[2]在君士坦丁堡，一個半瘋顛的篡位者福卡斯（Phocas）以完全非法的手段攫取了皇位，也在斯拉夫人的入侵洪流中失去了巴爾幹。被推到耐力極限的軍隊士氣低落且軍紀散漫，不願為毫不令人尊敬和腐敗的政府作戰。任何從帝國稅吏指縫間流掉的財富，最後必然落入蠻族大軍的口袋。難民擠滿城市，貿易陷入停滯，一度肥沃的田園長滿雜草。此時的帝國已是強弩之末，猶如一只破船骸，昔日的榮光徒留一道影子。

帝國還未失去的唯一非核心領土，幾乎只剩富庶的北非海岸了。在那裡溫暖的陽光下，商人可以繼續在未被騷擾的水域間航行，農人也可繼續安心地耕種肥沃的麥田。由於北非遠離徹底摧毀帝國繁榮的反覆叛亂與長期的政治不安，因此君士坦丁堡有些人將它視為帝國起死回生的唯一憑藉。元老院對於嗜血的皇帝反感，便偷偷寫信給北非總督，敦促他帶兵到首都，解救帝國於倒懸。

人在迦太基的北非總督讀信後怦然心動。但他過慣了安逸的生活，而且覺得自己太老，不適合奔波勞碌，於是派兒子席哈克略（Heraclius）代勞，替他率領非洲艦隊奪取皇位。

年輕的席哈克略知道他必須火速行動，因為每過一天，帝國就更接近毀滅邊緣：波斯國王庫斯勞二世利用皇帝忙著以血腥手段整肅異己之便，已趁機入侵。士氣低落的帝國軍隊並未認真抗敵，所以波斯人迅速佔領美索不達米亞和亞美尼亞，接著又把兵鋒指向帝國的心臟地帶埃及。用不著多久，他便會兵臨君士坦丁堡城下。偏偏在這個恐慌蔓延的時刻，鼠疫去而復返，世界末日看似已近在眉睫。

席哈克略的華麗旗艦趕在波斯人到達前開進了首都港口。仗著有這支艦隊撐腰，一群暴民攻入皇宮殺死了福卡斯，把他殘缺不全的屍體拖去遊街示眾。席哈克略在被洗劫過的皇宮小心翼翼地前進，心裡盤點著殘破的帝國還剩哪些部分。拜占庭已經失去將近一半的領土，剩下的部分也是低落的士氣與貧窮。不過它的根基仍然穩固。想到這裡，席哈克略有了一個腹案。他很肯定，原來的帝國已經一去不返，所以他的任務是創造一個新的帝國——一個有未來可言的帝國。他的這個決定讓拜占庭永遠改形換貌。

在六一〇年十月一個大晴天，群眾擠滿在皇宮外面，等著一睹新皇帝的龍顏，不太知道該對他抱持怎樣的期待。就像神話裡的雅典娜，他是憑空迸出來的（根據神話，雅典娜從父親宙斯的頭上迸出來，一出生就是個大人，而且全副戎裝）。他無疑散發著成功者的氛圍，而且體格強壯地讓人動容。他才三十六歲，一頭濃密金髮，身著錚亮耀眼的鎧甲，讓他怎麼看都像個皇帝，猶如阿基里斯（Achilles）[3]轉世。這位新皇帝精力充沛又勤奮，而且還有一種罕見的能力：即使在最絕望的情況下，一樣能振奮人心。他也全心全意地投入拯救帝國的任務。

他所面臨的挑戰極大。一度驍勇的帝國軍隊如今在敵人面前顯得不堪一擊，而希臘已經在斯拉夫人的大舉入侵下淪陷。難民湧入君士坦丁堡，而他們沒多久也帶來了可怕得難以理解的消息。起初人們都抱著不相信的態度口耳相傳，它很快它就像野火般不脛而走：耶路撒冷已經淪陷，「真十字架」落入了泰西封的拜火教徒手中。[4]耶路撒冷的所有男性居民全被殺害，所有婦女和兒童都被賣為奴隸。

這是帝國自羅馬城被西哥德人洗劫後蒙受過的最大災難。全能上帝顯然已收回祂的眷顧，任由異教徒劫掠基督教世界最神聖的城市，以懲罰拜占庭的狂妄自大。波斯軍隊所過之處，一切抵抗土崩瓦解，嚇壞了的民眾只能四處奔逃。由於沒有人攔得住他，波斯國王喜孜孜地把矛頭轉向埃及，在六一九年洗劫該省，讓帝國失去主要的糧倉。歷時六世紀有免費麵包可吃的日子過去了。從現在起，君士坦丁堡的市民只能靠著色雷斯供應小麥，且必須掏錢購買。末日明顯指日可待。有鑑於可怕的波斯人已經打到家門口，席哈克略明智地決定放棄君士坦丁堡，把首都搬到自己的家鄉城市，位於北非的迦太基。至少他是這樣宣佈的。不過當驚恐的市民乞求他留下時，他同意了，條件是他們發誓願意作出任何他所要求的犧牲。

看來，席哈克略從過去五十年的歷史學到了很好的教訓。他固然靠一時的民意支持上台，但不打算在任何人指點的情況下當這個皇帝。帝國處境危殆，他知道前路漫長艱困。他沒什麼軍事經驗，沒有能征慣戰的部將，沒有訓練有素的部隊，更重要的是他沒有錢。帝國已經破產，連已打過折的軍餉都付不出來，更遑論花大錢請僱傭兵。如果拜占庭想要有復興的機會，他非弄到錢不可。有鑑於此，他向教會伸手要錢。

理論上，牧首和皇帝是上帝意志的兩臂，分別是祂在地上的王國裡，屬靈和屬世的領袖。但兩者的關係卻常因為想蠶食對方的權力而略微敵對。皇帝的所作所為是基於政治現實的考量，所以希望眾主教在必要時能夠配合，但教會總是防著皇帝，煞費苦心地讓他記住自己的職權。皇帝的角色是執行而非制定教會的政策，而牧首也不容朝廷對教會的會議有干預的餘地。這種互相提防、雙方保持警戒的角色分際固然必要，但有時也會讓教會和國家無法衷心合作。

不過，當席哈克略會見了牧首塞爾吉烏斯（Sergius），並說明當前情況有多危急，牧首馬上答應把教會的全部財富移交給國家。讓這個決定顯得更了不起的是，席哈克略乃是干犯過幾條十誡的罪人，其中之一是娶了自己的外甥女瑪蒂娜（Martina）為妻。但識大體的牧首懂得輕重緩急的道理，對皇帝的罪孽睜一隻眼閉一隻眼，答應慷慨解囊，暫時解決帝國財務的燃眉之急。

這種合作在原帝國的西部不可能出現，因為那裡已經沒有皇帝，只剩下教宗，讓屬靈與世俗權力的界線無可救藥地搞混。教宗被迫同時戴上皇冠和三重冕，並登上政治的舞台，帶領教會直接與國家競爭。歐洲的國王極力抗拒教宗干涉他們的國家事務，教會則不斷設法擴大影響力。雙方的鬥爭將成為西方歷史的決定性張力，也使得東部（它的牧首始終只是宗教領袖）在西部人眼中顯得不可思議的陌生。

教會與國家的合作固然讓皇帝變有錢，但東羅馬帝國受苦受難的人民卻沒什麼好高興的。田地繼續遭到縱火，許多人繼續被殺害或淪為奴隸，也仍然沒有大軍自黃金門（golden gate）[5]開出，保衛陷入困境的人民。看來他們已被皇帝遺棄，只能自求多福，因此一面詛咒波斯人，一面想盡辦法活下去。

席哈克略其實並未忘記他們。他心裡早有計畫，只是不想魯莽行事。帝國的軍隊士氣低落，馬上派他們去打波斯人，無異於讓他們送死。謹慎重組這支軍隊有其必要，也只有完成這個階段性任務後，方能交給他們禦敵的任務。所以有十年之久，席哈克略堅決反對人民和政府中，鷹派提出的出兵請求，也面臨波斯人一次又一次地反覆試探。君士坦丁堡的城牆可保帝國的安全無虞。除非絕對準備就緒並保證他的安全，他拒絕在未絕對準備就緒前冒任何的險。

六二二年春天，準備工作終於完成。漫長的準備階段證明席哈克略確實能穩住人心，因為這段期間帝國雖然丟失了大量領土，卻從未出現罷免他的聲音，或有大位覬覦者起而作亂。首都雖仍隱隱瀰漫著不安的氣氛，但這位皇帝的自信從不動搖，也對全國上下起到了感染作用。他的軍隊出黃金門的那天，鎧甲明亮、朝氣勃勃，絕對服膺於皇帝的個人魅力之下。

拜占庭人的優勢是從未把制海權輸給波斯人，而席哈克略也把這個優勢盡其所用。大軍登陸伊蘇斯（Issus，亞歷山大大帝一千多年前在此地摧毀了一個早前的波斯帝國），發動了一次奇襲。這是孤注一擲。席哈克略知道，如果這一仗敗北，帝國就會完蛋，但他已經準備好押上一切，所以甚至帶著懷孕的妻子瑪蒂娜隨行。波斯人的主帥是他們最有名的將軍，埃及就是他所征服。不過，這次波斯人卻被沒有作戰經驗的席哈克略打得潰不成軍——根據一個資料來源形容，他們就像「喪家之犬」一般四散奔逃。帝國士氣大振，因為事實證明，波斯人並非不能戰勝。

大軍在卡帕多西亞過冬。這段時間，席哈克略以自己的精神鼓舞全軍上下，每日給士兵上操練課並灌注信心。他告訴將士，他們站在真理的這一邊。這些年來，拜火教徒焚毀他們的莊稼，殺死他們的兒女，奴役他們的妻子，而到了春天，他們將可報仇雪恨。冬天過後，大軍推進至今日的阿塞拜然（波斯拜火教的中心）。他們為了報復波斯人在耶路撒冷的所作所為，放了一把火燒毀火神廟，並在這個瑣羅亞斯德[6]的出生地盡情洗劫了一番。

波斯國王庫斯勞二世慌了手腳，但還是想出了新的對策。波斯帝國幅員龐大，如今席哈克略已深入其腹地，比曾經有過的任何羅馬主帥都推進得更遠。拜占庭軍隊人數不如波斯軍隊，離家又極遠，補給困難，所以庫斯勞二世認為這是他可以好好利用的優勢。他集結了一支五萬人大軍，交給將軍沙欣（Shahin）率領，命令他摧毀席哈克略，否則就提頭來見。因為深信拜占庭遠征軍會被牽制住，庫斯勞二世又聯絡蠻族阿瓦爾人（Avars），表示自己會支持他們攻打君士坦丁堡。

席哈克略如今面臨他皇帝生涯中最艱難的取捨。如果他匆匆回防首都，他將失去贏得戰爭的最好機會，導致他過去四年的所有努力付諸流水。另一方面，如果留下來，君士坦丁堡很有可能因為防禦力量薄弱而失守。他的解決辦法是把軍隊分為三路。一路緊急回師，保衛君士坦丁堡；一路交付弟弟西奧多（Theodore）統帥，迎戰沙欣；第三路（三支軍隊中人數最少的）留下來守住亞美尼亞和高加索山脈，並準備入侵防務空虛的波斯。

席哈克略對君士坦丁堡的防禦工事有極大信心，而為了給守軍打氣，他發出多如雪片的信件，指導他們防守上需要注意的每個細節。守軍知道皇帝沒有棄他們於不顧，城牆外雖聚集著八萬名可怕的蠻族軍隊，但仍士氣如虹。每個市民都欣然盡一份力，或幫忙守城，或幫忙把補給物資運到城牆。牧首每天都高舉聖母像[7]在城牆走一圈，而人們盛傳，蠻族一看到這聖像將為之喪膽。

這個城市一定是得到了神祐。蠻族軍隊的攻城器械日復一日猛烈攻城卻毫無作用，導致阿瓦爾人與波斯人產生了嫌隙。當消息傳來，說席哈克略的弟弟西奧多所率領的拜占庭軍隊已在一個漫天冰雹天，粉碎了沙欣的波斯軍隊後[8]，飽受挫折的阿瓦爾人便決定退兵。他們強大的攻城器械毫無作用，他們的波斯盟友被證明是廢物，他們每個巧妙的破城詭計都被識破。阿瓦爾人因此相信，君士坦丁堡受到神明的庇蔭。他們忿忿然拆卸了攻城器械後狼狽撤離，途中燒毀一些教堂洩憤。

波斯人擁有的一切優勢看似在同一時間崩潰。不過短短幾年前，他們才一度幾乎拿下君士坦丁堡，但現在他們的軍隊卻被擊破，必須全線撤退。最後，波斯人在古城尼尼微（Nineveh）的郊外，在絕望中發起最後一次進攻，希望可以阻遏席哈克略的攻勢。經過十一小時的血腥戰鬥後，波斯軍隊潰敗，主帥殞命。

帝國軍隊以大肆洗劫泰西封為遠征行動畫上休止符。但因為掠得的財寶實在太多，無法全部帶走，拜占庭軍隊把帶不走的部分付諸一炬。庫斯勞二世呼籲婦女和孩子為他起而戰鬥，但現在人人都指責他必須為這場災禍負責，沒有人願意挺身而出。[9]軍隊和人民同時發難，國王下場淒慘。他們把庫斯勞二世關進所謂的「黑暗塔」，僅給他剛好足以活命的食物和水，目的是不讓他死太快。把他折磨夠了之後，起事者把他拖出來，迫他親眼看著幾個兒子一一被處決。在最後一個兒子被殺後，他的性命被亂箭了結。

這場戰爭讓波斯一蹶不振。新選出的國王沙爾巴拉茲（Shahrbaraz）立即求和，答應放棄所有的征服土地，釋放所有的戰俘，並歸還「真十字架」。為表示絕對臣服，他甚至讓拜占庭的皇帝當他兒子的監護人。席哈克略一舉收回拜占庭帝國多年來被波斯奪去的土地。其與波斯人的漫長鬥爭至此結束，他們將永遠無力再為患拜占庭帝國。

元老院興高采烈地授與皇帝的「西庇阿」（Scipio）頭銜[10]，而當他班師回到首都後，發現全城人都湧出城接駕，手上揮舞著橄欖枝並高聲喝彩。眾人一面唱著讚美詩，一面引導皇帝入城。「真十字架」被高舉於入城隊伍的前列，隊伍中，還包括一隻君士坦丁堡市民第一次看見的動物：大象。他們一路走到聖索菲亞大教堂，然後目睹皇帝把「真十字架」豎立於祭壇上。離開首都六年的席哈克略如今集萬千光榮於一身。他讓帝國絕處逢生，把波斯打得抬不起頭來。「真十字架」被供奉起來，上帝的敵人在它面前狼狽逃竄。新的時代顯然已揭開序幕。

席哈克略恢復了帝國昔日的輝煌，讓它至少在表面上仍可見古典時代的外觀。當時，若一名希臘或義大利的旅人從直布羅陀海峽出發，通過北非和埃及前往美索不達米亞，會覺得一路上都十分自在舒適。帝國的不同地區當然有地區差異，但各個城市都非常羅馬化，語言是希臘語，文化是希臘化文化。大多數城鎮都是差不多的平面佈局，設有豪華的浴池供疲憊的旅人洗去撲撲灰塵，也都有輸水渠和圓形劇場來點綴地景。這時的生活也許仍有一點動盪和不確定，但基本上與羅馬人首次將他們的強大軍團和井然有序的建築帶到這地區時無甚差別。

不過，今昔之間仍存在著重要的差別。如今，即使是受過教育的圈子，仍沒幾個人能使用雙語。拉丁語總是被認為不適合用來討論複雜深奧的問題（特別是神學問題），所以在過去了的幾百年間便逐漸消失。現在，西部派駐東部的官員必須靠希臘語的語言手冊來幫助他們表情達意。文化都是單方向從東部流向西部，雖然東部還保存著維吉爾（Virgil）、賀拉斯（Horace）和西塞羅（Cicero）等人的拉丁語經典著作，但它們都沒有希臘文譯本，因此基本上不為人知。到了席哈克略時，已經沒有幾個人能讀懂以古奧拉丁語寫成的羅馬法條文了。皇帝本人則因為把一切重心放在軍事上，更是用不著拉丁文明的紋飾。希臘語被定為官方語言，甚至連皇帝的頭銜也作出相應的修改。從奧古斯都到席哈克略的每個皇帝都被稱為「大將軍凱撒」和「奧古斯都」，但此後，他們一律被稱作「巴西琉斯」（*Basileus*, 希臘語的「國王」）。[11]這與過去的決裂固然驚人，但只能算是姍姍來遲。至此，拜占庭帝國成為徹底的希臘帝國，而拉丁文將會在不到一代人的時間內變得完全沒有人使用。

六三〇年春天，席哈克略前往耶路撒冷朝聖，赤腳走到君士坦丁修建的聖墓教堂，把「真十字架」放回該處。他在民眾的歡呼聲中感到志得意滿，只不過他很快將會發現，他對波斯人的勝利也帶回來了那個熟悉的幽靈：宗教紛爭。敘利亞和埃及始終深信基督一性論，所以這兩個地方重回帝國的懷抱，亦意味著宗教爭論和宗教仇恨的再起。這種狀態大可能會成為下一個入侵者利用的弱點，但席哈克略亦莫可奈何，因為在宗教信仰上，連野蠻的波斯國王仍無法讓他所征服的子民就範。

帝國在對波斯的戰爭中受創不少，失去了二十萬以上的人命，而如今它又從內部被撕裂。雖然戰勝了，但繁榮的日子似乎已經不再。因為有太多城市遭洗劫，太多農田被焚毀，正常的生活節奏也難以恢復。如果太平日子能持續，假以時日，商人和工人未嘗不會各自回到自己的崗位，繁榮也得以恢復。但波斯和拜占庭之間的漫長戰爭讓雙方都元氣大傷。席哈克略固然獲得大勝，但卻付出帝國變得更為脆弱的代價，唯一可以稱慶的，只是波斯的情況更糟而已。不過，六二二年（席哈克略出征的那年），一個掠奪性比波斯大無數倍的新敵人已經誕生了。

THE HOUSE OF WAR

第十二章 戰爭之家

CHAPTER 12

我將以手中之劍洗雪恥辱。

——阿布・塔瑪姆（Abu Tammam，九世紀的阿拉伯詩人）

阿拉伯半島炎熱的沙漠似乎對拜占庭既無吸引力，也不會構成威脅。毫無理由認為它們有朝一日將成為威脅。生活在該地區的游牧部落彼此爭吵不休，怎麼看都不像會威脅到任何人，更遑論威脅到龐大的拜占庭帝國。不過，在六二二年，隨著一位名叫穆罕默德的人從麥加跑到麥地那，開始把內陸各部落融為一體之後，一股能量在阿拉伯半島湧動起來。穆罕默德將世界分為「伊斯蘭之家」（the House of Islam）和「戰爭之家」（the House of War）兩大部分，[1]主張阿拉伯人的責任是發動聖戰，以刀劍擴大「伊斯蘭之家」的範圍。不到五年，穆斯林軍隊宛如脫韁野馬，以驚人的速度從阿拉伯半島對外擴張。這個入侵時機對他們來說再好不過了。渴望攻城掠地的阿拉伯軍隊抵達後，發現區域內的兩大帝國都已筋疲力竭，接近崩潰邊緣。傷亡慘重的波斯人兵力寥寥無幾。波斯王伊嗣俟三世（Yazdegerd III）同時向拜占庭和中國求助，但兩國能提供的幫助少之又少。不到一年，他那人困馬乏的軍隊就被打敗，接下來十年，伊嗣俟三世到處流竄，最後被一名想奪取他錢包的波斯農民殺死。

穆罕默德在六三二年死於高燒，但這完全未減低穆斯林軍隊對土地的胃口。他們甚至不願停下腳步先消化掉被征服的波斯帝國。六三三年，他們越過守軍棄守的拜占庭邊境，發現有片現成的土地等著他們摘採。君士坦丁堡從未真正杜絕過基督一性論的異端，所以當穆斯林抵達敘利亞時，竟然受到當地居民熱烈的歡迎。對於被壓迫的基督一性論信徒來說，伊斯蘭教（因為是嚴格的一神教）非常容易理解，而且阿拉伯人和他們一樣同屬閃族（Semites）。因此，他們寧可被近親的阿拉伯人統治，也不願聽命於住在遙遠的君士坦丁堡並信奉異端的皇帝，而且出於人性，人們總是鄙夷異端多於外教。所以，市民在象徵性地抵抗之後，便坐視穆斯林軍隊湧入敘利亞，洗劫大馬士革並圍困耶路撒冷。

若換作從前，席哈克略一定會馳援巴勒斯坦，但此時的他已今非昔比。這位皇帝已染上將奪去性命的痼疾，一度挺拔的身材變得彎腰駝背，一頭金髮也只剩下稀疏的白髮。此時的他正如同他的帝國，身體和精神都接近崩潰邊緣。正因為他曾登上榮耀的高峰，如今眼睜睜看著畢生的努力付諸流水，他備感痛苦。

這位皇帝只對耶路撒冷做了一件事：毫不聲張地進入城中，把六年前放在聖墓教堂的「真十字架」帶回君士坦丁堡，然後讓聖城接受它不可避免的命運。當牧首執行交出城池的可憎任務時，席哈克略懷著悲傷的心情最後一次進入首都，深信上帝上帝已遺棄了他。君士坦丁堡的市民傾向同意這個觀點，也很快地指出原因。他們小聲說，帝國所有的厄運都源於席哈克略娶了自己的外甥女瑪蒂娜，犯了亂倫之罪。在她為丈夫生下的九個子女中，只有三個健康正常，其餘的不是畸形就是在襁褓中夭折。顯然上帝已撤回祂的眷顧，而從來不受歡迎的瑪蒂娜也成為全城市民的眼中釘。曾經搭救帝國的席哈克略在悲慘中度過餘生，遭所有曾為他高唱誦歌的朋友與朝臣拋棄。他在耶路撒冷陷落幾年後晏駕，遺體葬在聖使徒教堂內君士坦丁大帝的旁邊。

席哈克略一朝以一件悲劇作結，他的子民顯然沒有為他的死去悲傷。因為在他的統治下，帝國有大片領土落入一個令人困惑的新敵人手中——讓人更不能原諒的是，他甚至懶得抵抗。全帝國的人民對耶路撒冷的陷落感到震驚，他們全都期盼君士坦丁堡能有所作為，但只剩半條命的席哈克略只表現出悲痛的失敗主義者樣貌。

不論帝國在席哈克略死去時有多窮困，若沒有他，情況將會更糟十倍。當初要不是他趕到這裡推翻了福卡斯，帝國就會輕易成為波斯人的俎上肉，如此一來，當穆斯林如潮水般湧出阿拉伯時，歐洲也不會有任何屏障可以保護。事實上，席哈克略同時帶著一點查士丁尼的遠見與貝利撒留的將才，也因為如此，君士坦丁堡才能成為對抗伊斯蘭侵略的堡壘，讓穆斯林繞道北非，延遲了他們進入歐洲的時間。早年，他曾經創造過一場又一場輝煌的勝利，如果他在打敗庫斯勞二世及送「真十字架」回耶路撒冷之後去世，他的子民一定會認定他是拜占庭最偉大的皇帝之一，而對他長懷哀思。

他失去了中東，被認為是歷史上重大的轉折點。在長達一千年的時間裡，中東的文化深深地希臘化，由先是信奉異教，接著信奉基督教的羅馬帝國統治。中東地區對古典文化貢獻良多，出過一些古典世界最優秀的皇帝、神學家，聖徒和詩人。然而，這一切都在阿拉伯人入侵後徹底變色。在通行語言上，阿拉伯語取代了希臘語；在宗教上，伊斯蘭教也取代了基督教。中東的重心在被扳出地中海的軌道後，變成大馬士革（後來是巴格達），不再是羅馬或君士坦丁堡。一種延續了一千多年的生活方式戛然而止，此後中東的生活將變得截然不同。

繼席哈克略之後的五個皇帝，只有一位在登基時超過十六歲，且他們全都因為朝廷內，各派勢力的鬥爭而被斬斷手腳。每一回的權力鬥爭都讓他們的權威減少一些，也讓他們更沒有力量反擊。如果六三三年的拜占庭有比席哈克略強的在位者，後來的中東史必然截然不同。但席哈克略畢竟是個病人，而他的幾名後繼者都太年幼，無法牢牢掌握權力，因此也就無法有效抵抗穆斯林的推進。到了第七世紀中葉，能遏阻阿拉伯人的機會永遠失去了，他們的征服勢頭已勢不可擋。擔驚受怕的拜占庭市民每日舉著聖像在城牆上遊行，乞靈於神助，但穆斯林仍如潮水般滾滾而來，到處攻城掠地，每次都讓帝國深深被震撼。許多人把這種折騰看成上帝的審判，它帶來的情緒創傷似乎已經讓全國上下癱瘓。

笨重的帝國軍隊終於動員起來保衛綿長的邊界，但阿拉伯人銳不可當。此前，難以跨越的沙漠過去一直帶給拜占庭安全感，但如今卻成了帝國可怕的要害。阿拉伯人在看不出方向的沙漠中，靠著星星導航，宰殺他們的坐騎駱駝取得飲用水，出其不意地出現在帝國的邊界之內。如果遇到拜占庭軍隊有效攔截，阿拉伯人就會馬上退回茫茫的沙漠中，轉到別處發動攻擊。帝國軍隊只有一次大膽深入沙漠追擊。六三六年，一支帝國軍隊勇敢追擊穆斯林軍隊，卻在約旦河的一條支流上大敗。倖存者希望投降，下場卻是遭到屠殺。這是對整個地中海世界的一個警告：凡是敢於抵抗伊斯蘭刀劍的人都殺無赦。

東羅馬帝國被穆斯林攻擊的速度與兇悍程度嚇破了膽，於是幾近放棄抵抗。阿拉伯人在征服耶路撒冷八年後進入埃及。眼見穆斯林軍隊逼近，亞歷山卓（基督教會五大牧首區之一的首府）主動投降，而與君士坦丁堡持不同神學立場的埃及人很快就發現，他們的新主人比舊主人更難相處，然為時已晚。一場民眾起義趕走了穆斯林駐軍，但這支駐軍隨後又帶來一支大軍。他們在攻破城池後，把城牆夷為平地，並燒光圖書館裡的剩餘的藏書，[2]然後將都城遷至福斯塔特（Al-Fustat）——那是一個座落於金字塔俯視下的小村莊，日後更名為開羅。只有地中海的海水足以對習慣生活在沙漠中的阿拉伯人構成障礙，但他們很快就學會如何克服這個障礙了。事實上，航行海上與在沙漠中覓路並無多大不同，不到十年，阿拉伯人就建立起一支艦隊，把先前所向無敵的拜占庭海軍打得落花流水。

面對敵人無止境的進攻，君士坦丁堡的皇帝心慌了，他把朝廷搬到西西里島，任由帝國東邊其餘的部分自生自滅。這種毫不鼓舞人心的舉措讓大部分拜占庭人感到困惑又離心，幸而這時阿拉伯人因為內鬨[3]停止對外侵略，後來又把注意力放在征服阿富汗。不過，就在拜占庭皇帝放心搬回君士坦丁堡後，在內鬨中勝出的哈里發[4]揚言要消滅羅馬帝國，恢復征服行動。六六八年，阿拉伯軍隊攻破了前不久還是帝國首都的西西里城市敘拉古（Syracuse），又在翌年實際消滅了北非的拜占庭軍隊，讓這個省分門戶大開。

然而，這時阿拉伯人更感興趣的，莫過於給予帝國致命的一擊，而非繼續在荒涼的非洲海岸進一步征服，於是很快便將矛頭直接指向君士坦丁堡。它們把首都遷移至大馬士革，每年對「新羅馬」發動一次攻擊，測試它的防禦能力。君士坦丁堡的陸上城牆近乎是攻不破，但遇到海上攻擊則另當別論，因為當時把守其海港的，是意志消沉的帝國海軍。阿拉伯艦隊一次次展示自己的優越，後來甚至在拜占庭人的注視下拿下一個與君士坦丁堡隔海對望的島嶼，又在六七四年攻下了古代世界七大奇蹟之一所在地的羅德島（Rhodes）。[5]同年，使徒保羅的誕生地大都落入穆斯林手中，似乎進一步顯示上帝已經遺棄了拜占庭。

三支阿拉伯艦隊隨即聯合圍攻君士坦丁堡。就在千鈞一髮之際，老天從一個意想不到的角落送來了一名救星：敘利亞難民卡里尼庫斯（Callinicus）。他發明了一種名為「希臘火」（Greek fire）、威力強大的可燃液體武器：把一個布球浸泡在一種易燃液體中，點燃後以投擲器把火球投向敵艦。[6]這種火球極具殺傷力。水不只無法撲熄它，反而會助長火舌蔓延，將所到之處燒得一乾二淨。阿拉伯艦隊面對這種可怕的新武器毫無招架之力，放眼望去，金角灣（Golden Horn）[7]盡是熊熊燃燒的船艦。

君士坦丁堡雖然得救了，但帝國其餘的部分卻迅速瓦解。阿拉伯人的刀鋒轉而砍向非洲，他們在六九七年攻陷迦太基，以其作為攻擊義大利和撒丁尼亞的跳板。七一一年，穆斯林部隊完成在非洲的六百英里長征，一位名叫塔里克（Tariq）的獨眼將軍率師渡海而來，進入西班牙，在至今仍以他為名的巨巖下方登陸。[8]

阿拉伯帝國在獲得更多土地、資源和財富後，已準備好對君士坦丁堡展開致命的一擊。七一七年，也就是一支穆斯林軍隊奇襲法蘭西的同一年，一支由兩千隻船艦構成的大軍航向君士坦丁堡。但老天再次為首都降臨救星，這次的救星名叫康農（Konon），是一個敘利亞牧羊人。他在穆斯林入侵艦隊抵達前的一個月溜入城中，抓住時機以巧妙的手段奪取皇位，成為利奧三世。新皇帝的阿拉伯語和希臘語同樣流利，他有敏銳的頭腦及與阿拉伯人周旋一輩子的經驗。在人們記憶中最寒冷的一個冬日，利奧三世利用棋高一著的計謀和他的噴火海軍摧毀了穆斯林海軍，而穆斯林陸軍也因為太過嚴寒，有大量牲口與人員被凍死。殘餘的穆斯林部隊嚴重缺糧，不得不靠吃死去同袍的肉來維持生命（屍體因為土地封凍而無法下葬）。土地隨著春天到來而解凍，但這只會讓不衛生的軍營環境爆發疫情。後來，利奧三世說服一個保加爾人的部落攻擊孤立無援的穆斯林軍隊，穆斯林主帥知道不能心存僥倖，於是決定投降。對伊斯蘭教的勢力來說，整場戰爭是個不折不扣的災難。只有不到一半的入侵軍隊能逃回大馬士革，其壯大的艦隊最後也只有五艘船回到母港。[9]

THE IMAGE BREAKERS

第十三章 偶像破壞者

CHAPTER 13

利奧三世被譽為繼查士丁尼之後的另一位巨人，也是天降救星，但他的統治將突顯出阿拉伯的入侵對帝國造成的心理創傷有多深刻。拜占庭遭逢了極為可怕的損失。它在不到一個世紀以前仍是地中海的支配力量，版圖從西班牙延伸至黑海，也是基督教文化與文明的寶庫，兼具自豪與自信。人們視其為天國秩序在人間的反映，皇帝則是為上帝執行正義。然而，才一眨眼功夫，一切都改變了。一支讓人傻眼的敵人突然從沙漠的黃沙中殺出，以摧枯拉朽之勢攫取沿途的一切。帝國三分之二的領土和一半的人口在這陣狂潮中消失。阿拉伯入侵者掠奪剩餘的農村地區，城市變成只是個空殼子。所有的人都離開城市，躲到更易於防守的山區、海島或其他難以到達之處。歷經穆斯林的攻擊後，飽受蹂躪與貧窮的難民擠滿了君士坦丁堡的街頭，繁榮盛景一去不復返。曾經盛極一時的拜占庭帝國已縮小到只剩下小亞細亞，財力和人口都遠遜於毗鄰的哈里發帝國。

拜占庭世界留下深深的創傷。身為拜占庭皇帝，明明是上帝的左臂右膀，卻被假先知的軍隊[1]打得落花流水。短短八年之內，穆斯林征服了基督教會五大牧首區的其中三個（亞歷山卓、安提阿和耶路撒冷），任何禱告、聖像和刀劍都不能讓他們止步。一名狂妄的哈里發征服了基督教世界的第一聖城，並在城內建造了岩頂清真寺（the Dome of the Rock），以此誇耀伊斯蘭教已凌駕基督教的事實。他讓一批拜占庭工匠裝飾清真寺，又加入一篇銘文，宣稱耶穌只是一名先知，警告基督徒不得有異議。拜占庭的回應是在錢幣上鑄上基督肖像，部分目的是為了重獲上帝青睞，部分是為了令阿拉伯人感到不快（他們廣泛使用拜占庭錢幣）。不過，一切補救手段皆枉然，帝國軍隊還是逐一吃下敗仗。帝國皈依基督教的基礎是米爾維安橋大捷，而老是被打敗則足以動搖這個基礎。拜占庭人大惑不解，不明白上帝為何容許大災難降臨到他們身上。

在利奧三世看來，答案再簡單不過了。基督會收回保護之手，是因為不滿帝國人民那麼喜愛膜拜聖像。聖像的設立原是為了輔助信仰，但如今它們卻反客為主，讓正信與迷信的界線變得模糊不清。現在，聖像會在小孩受洗時代替教父與教母的位置，而且被認為有能力為信徒向上帝代禱。人們在街上動輒對著聖母像祈禱，祈求把他們從穆斯林手中解救出來，他們對聖像的熱情尊崇儼如舊日異教徒對偶像的膜拜。這種行為明顯觸犯了十誡的第二誡。《聖經》不是記載上帝曾因以色列人膜拜一隻金牛犢而勃然大怒，懲罰他們在曠野流浪了四十年嗎？如今，上帝顯然也因崇拜偶像之罪正狠狠地懲罰帝國。

利奧三世自認有責任終結這種明顯觸怒上帝的亂象，於是在七二五年於聖索菲亞大教堂登壇講道時，對膜拜聖像的行為砲聲隆隆。他指出，穆斯林就是因為嚴禁一切聖像才會連連戰勝，反觀拜占庭人卻遭異端撕裂，也因為向彩繪的木頭聖像禱告而惹惱上帝。很少聽眾對皇帝的話不以為然，認為帝國不是犯了什麼大錯而激怒上帝的人更是少之又少。不過，利奧不只是嘴巴說說而已，還準備坐而言、起而行。

大皇宮主的入口有座氣派的青銅結構體，為查士丁尼建於「尼卡暴動」之後。其中央穹頂內壁鑲有一系列謳歌查士丁尼與貝利撒留戰功的馬賽克畫，大門正上方則是一幅華美的基督聖像（基督四周還有其他人物，但都很渺小）。這幅聖像因面對著聖索菲亞大教堂，而且從中央大廣場的各個角落都看得到，所以是城市中最突出的聖像。畫中的基督舉起手來祝福所有人，像是要提醒君主，要以所有百姓的福祉為念。不過在利奧看來，它卻象徵著困擾帝國的所有弊病，於是下令予以銷毀。

皇帝在講道時雖獲得夠多聽眾的支持，但蓄意毀損基督肖像的行為仍然太過分。一群婦女眼見這一幕，又驚又怒，不惜殺死負責破壞聖像的士兵，[2]要不是宮中侍衛出動鎮壓，不然差點就要演變成全面性的暴動。但暴動還是席捲了農村，一名崛起於希臘的大位覬覦者則宣稱，他要把大不敬的皇帝拽下皇位，讓聖像再次得到它們應得的尊崇。

不過，利奧的赫赫戰功讓他獲得軍隊的擁戴，輕易就敉平叛亂。但他在西部卻沒這麼幸運。帝國西部的人民因得到拜占庭的屏障，不用面對阿拉伯人的威脅，所以對發生在東邊的聖像爭議大惑不解，而滿心驚恐。他們以他們的藝術傳統自豪，不明白利奧為何斷言，繪畫和雕塑是信仰的一種。教宗更是格外惱火，認為皇帝無權置喙教義的問題，因此對憤怒的義大利人表示支持。拉文納的帝國總督被殺死，整個半島紛紛宣佈脫離拜占庭獨立。要不是教宗出面制止，他們本來會另選一個皇帝。[3]

照常理來看，利奧眼見銷毀一幅聖像便掀起那麼大的風波，應該要收回成命。但他卻因為深信自己所為是正確的，而義無反顧。接下來他不只下詔譴責聖像崇拜，還下令立即銷毀所有的聖像和聖物。他為了樹立榜樣，還抄沒了整座城市的聖骨匣、祭壇布和教堂黃金掛畫並公開銷毀。當教宗寫信指責他不該過問教義之事，利奧馬上派遣兩艘兵艦前往逮捕他。所幸兩艘兵艦沉沒海上，而不致發生教會最德高望重的人物遭逮捕的尷尬場面，但隨著教宗展開報復，揚言革除任何搗毀聖像者的教籍，雙方的緊張關係隨之持續升高。

教宗的威脅在東部沒發生多大的作用，還是有成千上萬的聖像遭砸毀或撕裂。但是，每有一幅聖像被毀，似乎就有幾十幅被藏起來。家家戶戶幾乎都有自己的聖像，有些是簡單的木雕，有些是琺瑯畫或蝕刻畫，不是輕易可以割捨的。但利奧是凡事追求徹底的人，他派出士兵挨家挨戶搜查，沒收聖像並搗毀教堂的馬賽克壁畫。修道院（特別是城內勢力強大的聖約翰．斯圖狄奧修道院）試圖對抗聖旨，但徒勞無功。數以百計的僧侶帶著他們珍如拱璧的聖像逃到卡帕多西亞的荒野，住在以軟岩鑿出的祕密教堂中，等待著民意的風向改變，將野蠻的皇帝掃地出門。

但要讓民意達成這種結論並不容易。先前利奧曾把阿拉伯人驅離君士坦丁堡的城牆，又在七四〇年擊敗另一支穆斯林軍隊，在在顯示（利奧自己也是如此聲稱）上帝對他肅清拜偶像者的政策感到高興。這種論據在第二年變得有點失色，因為君士坦丁堡發生了一場大地震，地動天搖（地震在古代總被認為是不祥之兆）。但當時利奧已經病危，不久後便因水腫而逝，把問題留給兒子來傷腦筋。

他曾經拯救帝國於水火，也是半世紀以來第一個安然死在床上的皇帝，但他留下的卻是一個嚴重分裂的帝國。他釋放出的「偶像破壞者」將繼續肆虐大半個世紀，逼得基督教必須正視那始終被擱置於灰色地帶的問題：真敬拜和拜偶像的界線何在？凡人雕刻或繪畫的神像，真的是神的象徵嗎，還是說，它們只是對上帝的一種褻瀆？一時之間，西方藝術的命運懸於一線。

有些人把解決問題的希望寄託在利奧三世的兒子君士坦丁五世身上，但事實證明，他比乃父還要狂熱。從小浸淫於痛恨偶像的心態，他耳濡目染地成了拜占庭皇座上最雷厲風行的偶像破壞者。在他看來，教會因偶像崇拜而潰爛，所以要求全體神職人員發誓不膜拜聖像。因為堅信基督是唯一值得敬拜者，君士坦丁五世聽到「聖徒」或「聖物」之類的說法都會大發雷霆。他對那些抗拒發誓的僧侶恨之入骨，偶爾會下令在他們的鬍子塗上油脂，並以火點燃。當牧首表示反對這種苛刻的懲罰並拒絕發誓時，皇帝便下令施以鞭刑，再讓他坐在一匹癩皮驢上，繞行大賽馬車場示眾。他對勢力強大的修道院宣戰，並強迫僧尼結婚，沒收教會財產，還把寺院的房舍供給軍隊居住。

皇帝任用一批神學家來推廣自己的觀點，但他本身就受過高深教育的人，完全有能力為自己的主張辯護。他常指出，第四世紀的偉大聖徒「該撒利亞人」聖巴西流（Saint Basil of Caesarea）即曾譴責聖像崇拜，主張膜拜皇帝的肖像就像膜拜皇帝一樣要不得。[4]但君士坦丁五世認為引用古人之言作為論據還不夠，他還希望得到教會的背書。在這個問題上，教會意見分歧，不太可能支持皇帝的極端做法，但皇帝至少有一個辦法可以對教會施壓。他召開大公會議，只讓自己的支持者出席，不允許異議分子參加。會議上，毫不讓人意外地認可了皇帝的立場。聖像、聖物和對聖徒禱告一律被指為偶像崇拜，因此受到譴責。從此，即使是皇帝最野蠻的舉動仍可號稱教會同意，公開處決不服從者也變成家常便飯。凡拒絕搗毀聖像的人都會遭到毆打與摧殘，甚至在街上遭人擲石砸死，這些行為全都得到皇帝的默許和鼓勵。

君士坦丁五世之所以能為所欲為，是因他如其父一般戰功彪炳，民望居高不下。就連黑死病的捲土重來（是為第十四世紀之前君士坦丁堡最後一次出現黑死病），也未能撼動其軍事上的成功。君士坦丁五世以九場漂亮的勝仗瓦解了保加爾人（Bulgars），恢復對陷入貧困的巴爾幹半島的部分控制。另外，皇帝也利用穆斯林過度擴張和內部傾軋的機會，成功地將他們逐出小亞細亞，甚至恢復了部分對塞浦路斯的表面控制。[5]

這些出人意表的勝利固然大受歡迎，但即使是君士坦丁最強烈的支持者也同樣對其宗教政策所帶來的破壞深感不安。在熱愛聖像與想消滅聖像者之間，產生了難以彌補的巨大分歧。更糟的是，君士坦丁五世對聖像窮追猛打，導致帝國西部的人離心離德，而此時的拜占庭偏偏非常需要西部人的忠誠。教宗因遭到一位視他為異端的皇帝遺棄，只能眼睜睜地看著拉文納的帝國政府遭倫巴底人消滅。至此，拜占庭在西部的勢力範圍只剩下義大利的腳跟部位，但連此處看起來也不堪一擊。經過近八百年後，皇帝們終於被永遠逐出帝國古都，從此不會再有一個羅馬帝國的士兵踏足「永恆之城」。教宗在尋找一名可以為他對抗倫巴底人的保護者時，發現法蘭克人國王「矮子」丕平（Pépin the Short）是最佳人選。丕平受到召喚後，率領大軍進入義大利，打敗了倫巴底人，並控制住日後將成為「教宗國」（Papal States）的地區。[6]這種局勢的發展讓君士坦丁倍大為丟臉，但對帝國來說，最糟的還不是失去領土，而是在西部盡失人心。

君士坦丁五世雄才大略，要不是被宗教狂熱所攫住，未嘗不能帶領帝國走向中興。理論上，他身為君士坦丁大帝的繼承人，是基督教世界的塵世領導人，每個以前羅馬帝國的人民（包括那些落入蠻族王國統治的西部人）都應效忠他，承認他的權威。雖然他們迫於政治現實，不得不臣服於蠻族國王，但內心仍深信天國只有一個上帝、人間只有一位皇帝的原則。這點在那些落入穆斯林控制的人心中更是如此：他們大部分是基督徒，夢想有朝一日皇帝會將他們從枷鎖中解放出來。他們對君士坦丁堡如此忠誠，以至於阿拉伯人稱之為「皇帝的教會」，而且老擔心著隨時會爆發民眾起義。所以，只要出現一位強而有力的皇帝發動反擊，他們隨時樂於簞食壺漿，以迎王師。

但君士坦丁五世不僅沒抓住這個機會，還棄之如敝屣。他厲行的宗教迫害，讓小亞細亞以外更大的基督徒社群對他離心離德。[7]東部的基督徒對看似得了失心瘋的帝國感到反感，西部的基督徒也開始質疑皇帝的普世權威。雖然這時他們還不敢自認與君士坦丁堡平起平坐，但那樣的日子不遠矣。統一基督教世界的機會永遠溜走了。利奧三世父子在對聖像的慍怒中自毀精神長城，帝國的面貌從此永遠改變了。

THE CRUMBLING EMPIRE

第十四章 帝國崩解

CHAPTER 14

直到七七五年九月十四日君士坦丁五世逝世，拜占庭帝國似乎已精力耗盡。持續不斷的內外衝突，讓社會每個階層都付出慘痛的代價。在多方面的壓力下，事態開始變得不可收拾。沒有人再去記載歷史，從羅馬共和時代起被珍如拱璧的家族系譜已乏人更新，元老院也形同虛設。[1] 大多數的城市縮小至小城的規模，昔日宏偉的建築也淪為頹垣敗瓦。城市規劃不復存在，古典城市的寬闊林蔭道與豪華的公共建築，被扭曲的窄巷與匆促搭建的房屋所取代。即使有人費事修補城牆，但不會大老遠跑到荒廢已久的採石場尋找石頭，而是從現成的舊建築中取用。即使是較重要的城市，也一樣暮氣沉沉。例如，曾經是希臘最重要城市的雅典，只剩下幾千名居民在圍城的俯視下掙扎求生。君士坦丁堡的大賽馬車場、劇院和浴池雖仍存在，但輸水渠道嚴重失修已逾一個世紀。

拜占庭的海上貿易依然強勁，印度的香料和中國的絲綢仍可在首都的市場裡找到，但商人已不敢取道危險的陸地商路，大部分的內陸地區也倒退回以物易物的經濟模式。隨著城市人口銳減及敵人從四面八方湧入，社會變得日益軍事化。政府將國有土地移交給軍隊，以減少維持軍隊的經費，並讓軍人出任文職來提高效率。其結果是，軍事強人對政府的把持日甚一日，政局的動盪也日益嚴重。在席哈克略去世後的那個世紀，至少有八位皇帝由軍隊擁立，以致民政當局與軍事當局的界線越來越模糊。

如同其他許多事一樣，教育成了這個多事之秋的時代犧牲品。首都仍然設有中小學，人們仍然可能憑著高學歷被任用為文職與軍職人員。但大多數的人民在這個戰爭及動盪頻仍的世紀不可能有時間投入求學。識字的人日益減少，隨之而來的是公務人員品質的下降。面對無休止的軍事災難與社會混亂，哲學和文學被視為奢侈品，而乏人問津。教育的沒落讓拜占庭文化因此枯萎與死亡。每一代人所受的教育比上一代更少，也越來越少人懂得欣賞學問的內在價值，以致不久後學術全速崩壞。到了八世紀初，當局甚至不得不制定法律，禁止破壞或丟棄古代文獻。到了八世紀中葉，朝廷甚至抱怨，他們找不到能理解法律條文的官員。因為君士坦丁五世對修道院發起戰爭，並銷毀與他意見不合之人的作品，讓教育陷入了悲慘的境地。

大眾對這位皇帝的不滿在他逝世時達到巔峰。他的軍事功績讓他死後好一段日子仍受軍隊愛戴，但在大部分一般人民眼中，他只是個可惡的暴君，應該被人遺忘。他們稱他為「大便」。他在死去一個世紀後名聲降至新低，乃至有一群暴民撬開了他的石棺，將他的屍骨拿出來燒成灰，撒向大海。他的兒子利奧四世則溫和許多：雖然他也支持破壞聖像的做法，但盡量避免使用父親過激的方式。如果他活得長些，也許能緩解緊張的局勢，只可惜他在位僅五年，死後政治實權立即落入他那令人生畏的妻子手中。這女人在丈夫生前便非常霸道，從此更肆無忌憚。

當初，君士坦丁五世為了給兒子選媳婦，舉行了一場全帝國的選美比賽，最後由來自雅典的孤兒伊琳娜（Irene）雀屏中選。伊琳娜美貌驚人，但對皇帝打擊聖像的大業來說，卻是最不適當的人選。她在西部長大，是個熱情的聖像膜拜者，並私下把恢復聖像地位當作畢生的目標。她的丈夫試圖遏制她，將她打入冷宮，但他自己一個月後便駕崩了。伊琳娜開始散播謠言，說皇帝死於上帝的懲罰。無論君士坦丁堡的市民是否相信，但都不得不讓伊琳娜擔任她十歲兒子君士坦丁六世的攝政，在拜占庭漫長的歷史中，權力慾數一數二的統治者於焉上台。這位年輕的太后冷酷無情，決心無論付出多大代價，都要將權力一把抓。

接下來十一年，女皇以鐵腕展開統治，一一解除佔據重要崗位的破壞聖像派之職，並以自己人取而代之。問題是，帝國大部分最優秀的將士都是破壞聖像派，除去他們等於斬去了帝國軍隊的手臂。因此，當一支龐大的穆斯林軍隊在伊琳娜攝政第二年入侵時，士氣低落且積弱不振的帝國軍隊乾脆叛逃與投敵。伊琳娜被迫簽下屈辱且昂貴的和約，她的民望因此受到重創，也開始出現了要求她結束攝政的聲音。

然而，伊琳娜並沒有把軍事挫敗和民望低落當一回事，繼續專注於恢復聖像的崇高地位，並推行她的宗教計畫。前面三個皇帝無論如何權大勢大，卻始終無法得到教會充分的配合——君士坦丁五世雖搞過一個大公會議，但任何人都知道那是假的。有鑑於此，伊琳娜決心用全教會的力量推翻破壞聖像的政策，以眾口一詞的聲音永遠埋葬破壞聖像派。於是，她派出使者謁見亞歷山卓、安提阿、耶路撒冷和羅馬的牧首，邀請他們參加基督教會第八次，也是最後一次大公會議。

會議地點是在尼西亞的聖智教堂（四百六十二年前的大公會議也在尼西亞舉行），結論不言而喻：一致通過譴責破壞聖像的行為，並告誡信徒在敬拜聖像時須小心翼翼，不可偏離正信。整個帝國聽到這消息後都鬆了一口氣，以為漫長的惡夢終於結束。其實破壞聖像運動的勢頭多年來一直減弱，主要是靠著皇帝的宗教狂熱強推。所以當這個運動受到譴責時，沒有任何人為它挺身而出。

這個勝利原本可以為伊琳娜的攝政生涯畫上完美的句點，讓她願意還政於兒子。傳統上，攝政會在皇帝滿十六歲結束，更何況君士坦丁六世這時已經二十多歲了。但伊琳娜熱愛權力勝於一切，不打算就此把權力交還給她可憐兮兮的兒子。君士坦丁六世為人軟弱，易受人擺佈，伊琳娜若能控制自己的野心，表面上交出權力，一樣可以在幕後統治。但克制並非她的本性。她甚至從帝國發行的錢幣上取消兒子的肖像，兩面都改放她自己的臉。[2]如此羞辱皇帝還嫌不夠，她甚至頒佈一道聖旨，宣佈自己是資深皇帝，地位在君士坦丁六世之上。當多位將軍提出抗議，要求她把權力歸還皇帝時，伊琳娜憤而處死他們，又命令人把兒子毒打一頓後丟入地牢。

太后這種處理事情的方式敗筆得不能再敗筆，就連一個戰功彪炳的皇帝也不敢隨便得罪軍方。多虧她不斷整肅軍方，帝國軍隊在她統治期間的表現越來越差，對她的忠誠也越來越弱。過去兩年來，拜占庭接連被阿拉伯人、保加爾人和法蘭克人打敗，讓不少人開始懷疑，「聖像破壞者」的主張有其道理。沒多久，暴民就擠滿了君士坦丁堡的街頭，要求伊琳娜下台，還政於子。君士坦丁六世也在一夕間從階下囚變成英雄。他重登皇位後，把伊琳娜軟禁在她的許多宮殿中的其中一座。

但君士坦丁六世不只在下獄前沒有積極作為，重登皇位後還是老樣子。他缺乏企圖心，凡事都順其自然，很快就讓人看出他無能得無可救藥。當阿拉伯軍隊入侵帝國領土，他嚇破了膽，馬上低聲下氣求和，簽訂了屈辱又極其昂貴的和約。後來他得知自己被譏為膽小鬼，一氣之下決定親自披掛上陣，但一看見敵人便魂飛魄散，溜之大吉，他的聲望更加低落。這場軍事災難讓他相信，自己少不了母后的助台，於是讓伊琳娜重新掌權，立即迎戰來犯的保加爾人——結果又是一敗塗地。受夠了的禁衛軍決定除掉伊琳娜和她無能的兒子，卻因事機不密而東窗事發，通通落網。如驚弓之鳥的皇帝這次終於展示出一點皇帝的威風，下令割掉陰謀造反者的舌頭。

這種盲目的殘忍行為讓君士坦丁六世失去軍隊對他僅剩的支持，此時伊琳娜則決定一勞永逸除掉自己可憐的兒子。君士坦丁六世將敗於保加爾人歸咎於將士無能，而伊琳娜輕易就說服他在一千名官兵臉上刺上「叛徒」二字。正如伊琳娜所預見的，這個命令讓皇帝成為全城上下唾罵的對象。當他失去了所有的朋友或盟友，孤立無援的君士坦丁六世只能任由他最可怕的敵人宰割。

七九七年五月，皇帝因襁褓中的兒子夭折，哀傷不已。伊琳娜抓住這個機會發動攻擊。她派一些親兵埋伏在矮樹叢內，打算趁皇帝從大賽馬車場返回皇宮途中綁架他。皇帝起初逃脫了，但跑到碼頭後又被逮住，押回大皇宮去。就在二十六年前他誕生的那個房間裡，伊琳娜命人刺瞎他，之後他因傷勢太重而一命嗚呼。

伊琳娜因為忙於國家事務，對這個兒子從未善盡過母親的義務。就像所有的皇位繼承人，君士坦丁六世在一大群宮娥和老師的環繞下長大，與父母都不親。饒是如此，伊琳娜以卑鄙手段謀殺親生兒子的行為還是深深震撼了整個帝國。太后伊琳娜違反了社會上下視為神聖的母德，儼然不是人。她的臣民固然不得不繼續容忍她的統治，卻不可能再尊敬她。她是第一個統治羅馬帝國的女人，而且是以皇帝而非攝政或太后的身分，但她未能享受這種風光太久。罪惡感吞噬了她的能量，而當阿拉伯人看準這點而入侵時，她馬上答應付出一筆帝國負擔不起的求和金。為了提振自己虛弱的人氣，她喜歡坐在最俊美的白馬拉著的金輦到處遊逛，沿途向人群撒金幣。民眾錢照拿，但他們的愛戴卻不是這麼容易買到。他們清楚知道，拜她對撒拉森人（Saracens）[3]進貢的承諾，國庫已相當空虛，因此她的大撒金幣只讓人對她更加不齒。但最終讓她倒台的，並非心懷不滿的拜占庭人，而是遙遠西部的一支蠻族。

麻煩始於羅馬。在那裡，教宗利奧三世變得越來越不受歡迎。他出身農家，因此遭認定只有貴族才有資格當教宗的世家大族所忌恨。他們的仇恨如此強烈，以至於在七九九年派出一幫人在街上伏擊利奧三世：他們得到的命令是剜掉教宗的雙眼，割掉他的舌頭。幸而在混亂中，暴徒只是把他打昏過去，他的視覺和說話能力都完好無損。他趁刺客有機會糾正這個錯誤前溜出羅馬城，逃到法蘭克人國王的宮廷，等風頭過去。他走了之後，他的敵人試圖罷黜他，指控他在公共場所酗酒和通姦等一堆罪名。利奧三世從他的安全避難所憤怒否認這些指控，雙方僵持不下。這種局面需要有人出面仲裁，但試問，誰有資格論斷基督的代表？

答案當然是君士坦丁堡的皇帝，問題是，現在這個皇帝不但因為殺死自己的兒子而蒙羞，而且還是個女人（西部人不認為女人有資格當皇帝）。利奧需要一個捍衛者，而他發現，能夠捍衛他的不是東部的皇帝而是近在咫尺的法蘭克人。

雖然建國未及百年，但法蘭克王國業已擁有一部輝煌的歷史。它的創建者「鐵錘」查理．馬特爾（Charles "the Hammer" Martel）曾在圖爾（Tours）大敗穆斯林，讓伊斯蘭永遠止步於西歐門外。他的兒子「矮子」丕平在拜占庭大搞破壞聖像運動時出兵拯救教宗，而教宗出於感恩圖報，親自為他加冕，讓他身價倍增。然而，法蘭克人真正擁有自己的王國卻是始於丕平的傑出兒子。

丕平外號「矮子」，但他兒子身材偉岸，和祖父一樣名叫查理。他站立時身高將近一九五公分，而且個性和體格一樣懾人。到了八〇〇年，他已將繼承而來的小王國擴張為西歐最強大的國家，一個自羅馬帝國之後便未可見的帝國。八〇〇年十二月，這位不久後被稱為大帝[4]的查理應教宗要求，翻越阿爾卑斯山，到義大利為教宗主持公道。教宗手按《四福音》發誓自己清白無辜，因為有法蘭克人國王在背後撐腰，全體主教都接受這個發誓。兩天後，當查理在聖誕彌撒中跪下時，利奧從祭壇上取過一頂鑲滿寶石的皇冠，戴在他頭上，宣佈查理是「神聖羅馬帝國皇帝」，又補充說他是聖經中以色列國王的後人。這是一項驚人的宣佈，因為它表示，事隔四百年之後，皇帝又回到了西方。

中世紀的歐洲人生活在一個野蠻的環境裡，通常極為短命，但西羅馬帝國留下的殘骸仍讓他們完全意識到，在以前事情不是這個樣子。從不列顛到西西里，古羅馬白色大理石的廢墟仍閃耀著光芒，不斷提醒人們，世界在變黑暗前曾經光芒萬丈。他們期盼帝國能有朝一日如浴火鳳凰般地重生。現在，在第九世紀伊始的聖誕節，教宗利奧宣布這天已經來到。

加冕典禮所持的假設令人屏息。利奧透過為查理加冕，暗示了羅馬帝國的真正王冠只有他才有權授與（因此他有權撤回）。[5]如此一來，利奧不啻是宣佈，教會的權柄在國家之上。這個宣佈讓拜占庭威信蕩然，因為如果查理才是真正的羅馬帝國皇帝，那麼伊琳娜與其他坐過拜占庭龍椅的人都只是冒牌貨了。利奧僅僅以一個動作，不但創造出一個和古代羅馬帝國皇帝一脈相承的帝國，也否定了拜占庭皇帝的合法性。

利奧當然無絲毫權柄可以創建一個新皇帝，而為了鞏固自己的立場，他抬出一份名為〈君士坦丁獻土〉（Donation of Constantine）的偽造文件。[6]根據該文件記載，君士坦丁大帝因感謝教宗思維（Sylvester）治癒他的痲瘋病，授權教宗可以挑選他喜歡的人擔任西羅馬國王，而他本人則到拜占庭「退休」去了。文件所使用的拉丁文，屬於比君士坦丁大帝更早的年代，但教育程度低落的西部人根本看不出來。這個騙局直到六百年後才會穿幫。

查理獲得加冕的消息震撼了君士坦丁堡，因為拜占庭人一直相信，如同天國只有一個上帝，人間也只能有一個皇帝。伊琳娜雖不是個盡如人意的統治者，但這不表示目不識丁的蠻族有資格與她平起平坐。為查理加冕是對正確的人間秩序的一種冒犯，而且主持典禮的人是教宗，讓這種惡搞更形可惡。

讓事情更加不堪的是，粗野不文的法蘭克人翌年竟派使者到君士坦丁堡向女皇求婚，拜占庭人看了為之傻眼。使者指出，此舉將可讓帝國重歸統一，也能讓伊琳娜像狄奧朵拉那樣，同時統治帝國東、西兩邊。比法蘭克人使者的狂妄更令眾朝臣受辱的是，伊琳娜竟然認真考慮求婚的提議。因為她在國內受到普遍排擠，越來越寸步難行，她覺得這是一個讓她逃出樊籠的機會。

但她的人民並不打算讓她把帝國拱手讓與一個蠻族人，於是迅速行動，想除掉這個名譽早已蕩然無存的君主。伊琳娜幾乎懶得抵抗，她在歷經一生死巴著權力不放後，已是強弩之末，一群貴族幾乎毫不費力就推翻了她。她在宮中溫順地受到監禁；當她在靜靜等待時，大賽馬車場的民眾擁立她的財政部長為皇，然後她便乖順地前往放逐之地——愛琴海萊斯沃斯島（Lesbos）。

伊琳娜的垮台不僅代表一個疲憊王朝的終結，還標誌著基督教世界有個共主的日子終於結束，以及舊羅馬世界的全然崩潰。她的帝國和奧古斯都雄視四方的帝國無多少相似處，但原因卻不盡然在於她企圖收買人心造成的國庫空虛和經濟凋敝。更重要的是，雖然文明之光在西部熄滅之後，舊秩序仍在東部流連許久，但蠻族的襲擊與瘟疫甚至伊斯蘭軍隊的無情攻擊，從帝國手中搶走了西班牙、敘利亞、巴勒斯坦、埃及和北非。

由穆斯林的入侵起了頭的瓦解工作，在查理的加冕中完成。無論在精神或肉體上，拜占庭一直承受巨大的壓力，而導致社會各階層早已面目全非。它不再是自信十足的地中海主人，繼續雄視它以前誕生的那片溫暖海岸。君士坦丁與查士丁尼古典帝國最後的痕跡，在伊琳娜的手中已消耗殆盡，從四面八方進逼的敵人更威脅到它的生存。想著手補救但為時已晚。拜占庭若不適應這種新局面，就會面臨滅亡的命運。

THE TURNING TIDE

第十五章 重現生機

CHAPTER 15

彷彿嫌帝國的窘境不夠嚴重似地，一個新的致命威脅在九世紀伊始成形。一位不世出的軍閥翻越喀爾巴阡山脈（Carpathians），將特蘭西瓦尼亞（Transylvania）到多瑙河的保加爾人鍛鑄成一個保加利亞大帝國。這位名叫克魯姆（Krum）的恐怖可汗將迎擊他的拜占庭軍隊打得四散奔逃，殺死了一位皇帝，而後又導致另一位皇帝被推翻。[1]他的軍隊勢如破竹，攻陷黑海沿岸一個個富有的城池，並擄走了全部的市民，眼見就要征服整個巴爾幹地區。雖然君士坦丁堡看似是這位攻無不克的可汗的囊中物，但事實證明，它的城牆夠堅固，失望的保加爾人只好在城郊大肆燒殺擄掠作為洩憤，並殺掉了所有來不及逃走的生物。

對帝國來說幸運的是，克魯姆就像他之前的阿提拉與之後的成吉思汗，更多時候他的成功是靠個人魅力而非部眾本身的實力，所以當這位可汗一死，保加爾人就和崛起一樣迅速星散了。不過，他所帶來突如其來的恥辱依然深深震撼了帝國人民，第二波破壞聖像的運動因此再起。不管鼓吹破壞聖像的皇帝有多麼不對，但他們至少戰績彪炳，他們的武功正是現今拜占庭所亟需的。所以，在伊琳娜死後不到十年，一群暴民於聖使徒教堂正舉行彌撒時衝入教堂，撬開君士坦丁五世華麗的大理石石棺，祈求這位偉大的「偶像破壞者」死而復生，領導拜占庭軍隊再次獲勝。

只可惜，無論這次沒收多少藝術品，都無法讓帝國的軍隊回春。這時，幾十年未生事端的伊斯蘭帝國再次發動猛烈的攻勢，而拜占庭軍隊就像上回一樣無法攔阻敵人。八二六年，一支穆斯林軍隊登陸克里特島，強迫當地人皈依伊斯蘭教，又把其首府干地亞（Candia）經營為世界最繁忙的奴隸市場。到了八三八年，穆斯林已突入小亞細亞，攻陷阿摩利阿姆（Amorium）[2]，將大部分的市民困在城市的教堂裡並燒死。翌年，西西里島西部大部分地區已陷落，阿拉伯人跨海進入義大利，征服了塔蘭托（Taranto），然後以這個「義大利靴跟」為基地，攻擊今日的克羅埃西亞海岸區。朝廷震驚之餘不惜自降身價，遣使向西部皇帝「虔誠者」路易（Louis the Pious）求援。然而，十字軍的精神還要等兩百多年才會興起，所以這次雙方沒有交集，會談無疾而終。

頑固的拜占庭皇帝無視於日益堆高的證據，他持續認定，只有厲行破壞聖像的政策，才有希望重獲上帝的青睞。有位皇帝甚至毆打兩名拒絕摧毀所藏聖像的巴勒斯坦人僧侶。一星期後見他們未改變主意，又命人在他們臉上刺上侮辱的詩句，然後流放到安納托利亞（Anatolia）[3]。在宗教事務上，這種過火舉動從來不會太成功，因為沒有軍事戰績在背後撐腰，破壞聖像派的力量已走到強弩之末。大部分拜占庭人都意識到，破壞聖像的舉動不會帶來什麼好處，唯一的後果是讓他們的藝術感官枯竭。到了八四三年，鬧了近三十年的第二波破壞聖像運動近乎無聲無息地消褪。大齋節前的星期天，美貌與智慧兼備的太后狄奧朵拉[4]在聖索菲亞大教堂舉行了一次宗教會議和感恩彌撒，正式終結有關聖像的爭議。[5]從此，藝術家再次拿起畫筆、錘子或鑿子，在畫布、木頭或石頭上刻畫聖容。聖索菲亞大教堂要再過好幾年才會重新掛上聖像，不過該幅聖像足以顯示，拜占庭的藝術實力並未因多年來聖像被逐而降低。[6]

撇開軍事面不談，帝國在九世紀出現了緩慢復甦與鼓舞人心的跡象。它的版圖固然縮小了，只剩下小亞細亞、色雷斯和希臘等這些核心地區，但它們牢固而團結。基本上，宗教爭議已隨著敘利亞和埃及的失去而消失，也因為帝國變小，換誰當家作主都不會太沒效率。另一個喜訊是發現了一些新的金礦，國庫因此多了不少進帳，也因為搭上這筆意外財富的順風車，一批新的富有商賈應運而生。更鼓舞人心的是，學術的火花再次燃起；說起來很諷刺，這個火花竟是由破壞聖像派的餘燼所點燃。因為爭論雙方都引用早期教會父老深奧晦澀的作品作為論據，為了駁倒對方的論證，他們更賣力地研究這些作品。隨著人們接受教育的興趣增加了，帝國各地都出現了私人講學的書院，識字率也開始攀升。九世紀中葉，在皇帝狄奧斐盧斯（Theophilus）治下，政府對私人講學的老師給予津貼，開辦抄經館（scriptoria），並在君士坦丁堡大學增設新的法律和哲學教席。[7]

這種情形與西部形成鮮明的對比。在帝國西部，教會保存的零碎學問緩慢地傳播出去。當時西部的思想界固然也相當有活力，但因為少了豐富的古典資源作為根本，而無法有所突破——這種現象要等到好古敏求的文藝復興時代才會有所改變。反觀古典哲學和文學的傳統在東部則從未中斷。不到幾年，拜占庭重新恢復學術重鎮的地位，一位哈里發甚至請求皇帝把一名大學問家借給巴格達。皇帝拒絕他的請求，而這個決定大概是明智的，因為該學者留在首都的話可以繼續起發酵作用。朝廷史官在普遍興起的好奇心驅使下，再次執起史筆，年輕貴族回頭研讀古代經典。就這樣，自伊琳娜主政後便近乎蟄伏的學術研究在拜占庭再次如花朵般綻放。雖然帝國軍隊在小亞細亞的戰績難看，但皇帝狄奧斐盧斯憑著關心文化與正義贏得百姓歸心。[8]

因為皇帝是上帝在人間的代表，一般人很難接近，但狄奧斐盧斯卻非常親民。他本身就是戰車賽車的忠實粉絲，有一次還代表「藍軍」出戰，技壓群雄。[9]不過，最讓君士坦丁堡市民驚訝的是，這位皇帝喜歡微服出巡，視察民情，例如看看商家是否以公道的價格販賣商品。他每週一次會在號角聲中騎馬從城市的一頭走到另一頭，接受有需要的人陳情。陳情者的對頭不管多麼權大勢大，總可指望皇帝主持公道。據說有一次，一名寡婦攔住狄奧斐盧斯，告訴他一件駭人情事：皇帝的坐騎是城市一名高級官吏從她家偷走的。狄奧斐盧斯查出寡婦所言不假，便把這位官吏鞭打一頓，又告訴圍觀的市民，主持公道是統治者的最大責任。[10]

可以理解的是，親民並不代表這位皇帝對帝王的氣派少點講究。相反地，他揮金似土地大興土木計畫是查士丁尼之後所未見。[11]所有的皇帝都有昂貴的品味，但狄奧斐盧斯讓大部分的前輩望塵莫及。他一聲令下，金角灣一段的城牆便獲得加固，一座華美的新夏宮也蓋了起來，而大皇宮則歷經三百年來首次的翻修。[12]當時的歷史學家無不對翻新後的大皇宮著迷不已，上氣不接下氣地將其種種特色都記錄下來。在他們眼裡，狄奧斐盧斯的改造把一個有點雜亂無章的建築群，轉化為一座符合九世紀皇帝派頭、井井有條的巨構。[13]這樣的翻修早該進行了。大皇宮當初是由皇帝塞維魯（Septimus Severus）在二世紀時建造的，後來的皇帝隨意擴充，擴增了接待廳、寢宮、教堂、澡池和行政大樓等建築，最後，這個結構散漫的建築群幾乎佔據了城市整個東南端。

狄奧斐盧斯為大皇宮帶來秩序，清除掉一些雜亂的牆壁和無用的廳室，以一條明晰的廊道將各個部分連接起來。狄奧多西二世建於四世紀前的馬球場被擴大了（他從波斯引進這項運動），優美的步道與階梯式花園也點綴了不少由地下蓄水池供水的噴泉。乳白色大理石台階通向涼風習習的臥室，玫瑰樹叢與斑岩立柱環繞後殿，銀色房門則通往一間間掛上金光閃閃馬賽克壁畫的房間。然而，真正奢華的當屬無與倫比的正殿。帝國乃至全世界，都沒有比這裡能看到的黃金裝飾品更多了。在巨大的黃金龍椅後方，矗立著數棵由金銀搥打而成的假樹，一按槓桿，綴滿寶石的機械鳥便從樹中迸出來唱歌。樹下是幾頭黃金獅子與獅身鷲首獸，它們在龍椅兩個扶手後方虎視眈眈，看似隨時都會向前撲去，足以讓毫無心理準備的外國使者心裡發毛。只要皇帝一比手勢，一架黃金風琴便會奏出震耳欲聾的音樂，機械鳥開始唱歌，獅子擺尾並發出吼聲。沒被這種場面嚇壞的使節可說少之又少。

不過，最明顯展現帝國日益增強的自信心的卻是宗教。而最讓拜占庭人的宗教心靈難堪的，莫過於教宗越來越強調，他是基督教世界宗教事務的最高權威。因為教宗被視為聖彼得[14]的繼承人，傳統上其他四位牧首都會讓他幾分，但四位東部牧首在遇到重大問題時都採取一致決，而與教廷越來越一言堂的趨勢形成鮮明的反差。東、西部的分歧與疏遠向來被雙方彬彬有禮的表面態度所掩蓋，但一種競爭態勢正在形成。例如，拜占庭牧首佛提烏（Photius）在知曉教宗派出法蘭克人傳教士對斯拉夫人傳教後，他不甘人後地也派傑出的僧侶兄弟檔西里爾（Cyril）和美多德（Methodius）前往。

一開始教宗派出的傳教士進展順利，但後來因為堅持彌撒時只能使用拉丁語，而引起新歸信者不滿（斯拉夫人連一個拉丁語單字都聽不懂）。西里爾和美多德兄弟卻反其道而行，一開始工作就學習斯拉夫語，而在發現斯拉夫語沒有書寫字母後，就為他們創制了一套書寫字母。[15]西部一眾主教不以為然，堅持只有希伯來語、希臘語或拉丁語才能匹配神聖的禮儀，但西里爾反駁說，既然上帝的雨水毫無揀別性地落在所有人身上，那麼所有的語言應該也都適用於讚頌上帝。[16]因為受到佛提烏承諾的語言自由吸引，保加利亞可汗大費周章地到君士坦丁堡的聖索菲亞大教堂受洗，保加利亞從此進入了拜占庭的文化軌道（至今還是如此）。佛提烏透過允許把拜占庭文化和希臘語分開，讓帝國的影響力擴大到邊界之外，並讓本來分歧的拜占庭世界馬上強烈地凝聚起來。反觀拉丁語，則是再過六個多世紀，才會在西部失去獨尊地位。

將斯拉夫人納入帝國的文化圈提升了拜占庭的威望，但也帶來了負面的後果。因為君士坦丁堡公開與與羅馬爭奪巴爾幹的信徒，而導致東、西部的緊張關係浮上檯面，而這種關係總易於破裂而難以修補。雙方的文化分裂由來已久，如今更是互相猜疑與憎恨，有朝一日這種敵對將結出極苦的果實。不過那是幾百年後的後話。帝國暫時滿懷新的自信，壯觀的復興看似指日可待，只是缺少一位雄才大略的皇帝而已。然而，九世紀坐過龍椅的人雖然人生色彩豐富[17]，但基本上都是軍事上的無能之輩。他們在文化與宗教上的成就不少，但從未能夠挽回帝國的軍事頹勢。萬萬想不到，這種局面的改變竟始於外號「酒鬼」的米海爾三世（Michael III）[18]

正如他的外號所顯示，米海爾三世不是個夠資格的人君，所幸他有個深謀遠慮的叔叔。就在皇帝繼續流連於京城小酒館的同時，他的叔叔巴達斯（Bardas）取得了首次對阿拉伯人重要戰爭的勝利。在他的率領下，一支拜占庭陸軍（七世紀以來首次）越過幼發拉底河，一支海軍則對埃及進行了大膽的突襲。美索不達米亞太守與亞美尼亞太守（emir）[19]則以入侵帝國作為報復，但遭到巴達斯伏擊，兩位太守和他們大部分人馬都遭到斬殺。

此次勝利讓巴達斯的聲望如日中天，誰都不看好現任皇帝能夠長命，因此大多數人猜測，米海爾三世一旦歸西，便會由他的叔叔繼承皇位。米海爾當然可能指定別人繼位，但大部分他欣賞的人都是因為酒量好而非有能力。不管怎樣，巴達斯非常樂意看到侄兒沉迷享樂，由他自己實際統治國家。

軟弱的皇帝易受人擺佈，米海爾很快就被一位名叫「馬其頓人」巴西爾（Basil the Macedonian）的粗野亞美尼亞農民哄得團團轉。[20]巴西爾最初得到皇帝青睞，是因為他在摔角比賽中展現出過人的體力，令皇帝大為激賞，而提拔這名年輕的亞美尼亞人在宮廷任職。任性妄為的米海爾不知道自己已鑄成天大的錯誤。巴西爾聰明而野心勃勃，為達目的不擇手段。巴達斯曾警告侄兒，巴西爾是「一頭會吞掉他們的雄獅」，但皇帝不予理會。不到一年，巴西爾暗殺了巴達斯。米海爾不但不以為意，還為自己擺脫了權大勢大的叔叔而高興萬分，重重獎賞了自己的寵臣，封他為共治皇帝。幾個月後，米海爾在徹夜長飲後同樣遭到巴西爾謀殺。巴西爾將一張馬毯覆蓋在皇帝的屍體上，以遮掩蔓延開來的血跡，然後火速趕回大皇宮宣佈登基，讓任何人都來不及提出反對的意見。但他其實多慮了，因為酒鬼米海爾早已喪盡九五至尊，沒有人會站出來譴責謀殺他的兇手。隔天早晨，當太陽在寧靜的首都升起時，所有的人都發現，一個農民已搖身一變成為羅馬帝國唯一的統治者。任誰都想不到，這竟然是一個黃金時代的開端。

THE GLORIOUS HOUSE OF MACEDON

第十六章 馬其頓王朝的輝煌

CHAPTER 16

巴西爾為了篡位，雙手沾滿鮮血，多到連馬克白[1]都感到汗顏，他的王朝注定不會安穩。他明目張膽謀殺皇帝的做法顯然不合法，而這種不名譽也常讓他的後代子孫相當尷尬。不過，中世紀本來就是個異常暴力的時代，只要治國有方，大部分的拜占庭人並不會去追究統治者如何登上大位。畢竟惡人成就大業不是沒有先例。而且即使不是因為巴西爾，米海爾一樣會因為酗酒而早死。新皇帝與這位倒霉的皇帝不同，他雖為兇手，卻證明了自己是個卓越的君主。兩百多年後，坐在龍椅上的仍是他的後人。

以東部的標準來看，巴西爾未曾受過教育，但他極為精明，能看出拜占庭有機會東山再起。這時的拜占庭已非從前那個向四面八方延伸的帝國，版圖大大縮小，但也因此更為緊實，需守護的邊界也減少許多。因為基礎深厚，這個帝國在歷經多年動盪後仍立於不墜，乃至於終於準備好靠著自己完好如初的內在力量，衝破黑暗。雖然巴西爾沒有恢復查士丁尼時代的廣大領土之必要或欲望，但他希望拜占庭可以重拾帝國地位。要做到這點，當然少不了一支強大的軍隊，而拜占庭的陸軍雖然扎實有餘，但海軍卻慘不忍睹。這點在他上台幾個月後已明顯可見。當時阿拉伯人輕易就撂倒拜占庭的海軍，攻佔了馬爾他島。作為一個地中海地區的強權，帝國的力量有賴於強大海軍之維繫，任由它繼續處於殘破狀態不啻是自取滅亡。巴西爾打開國庫，不惜工本重新打造一支艦隊，建造了當時最先進的船艦並物色適任的幹部。

重新整建的艦隊將成為巴西爾的矛頭。過去一個世紀，拜占庭和穆斯林只發生過零星的戰役，是時候發起猛攻了。哈里發帝國經過多年擴張後，現已四分五裂且搖搖欲墜，頂不住拜占庭的壓力，而且阿拉伯人緊追在後，這種千載難逢的機會不容錯過。一聽說克里特海盜準備襲擊科林斯灣（Gulf of Corinth），嶄新的拜占庭艦隊便馬上昂首開入法龍灣（Saronic Gulf）。因不想浪費時間繞過伯羅奔尼撒半島，天才橫溢的艦隊司令奧利菲亞斯（NicetasOöryphas）下令把所有戰艦拖上岸，再拖行過六公里寬的地峽並及時趕到科林斯灣，把來犯的海盜送去見海龍王。

巴西爾受到這場勝利鼓舞後乘勝追擊。艦隊直撲並迅速地為帝國攻佔了塞浦路斯。同時，拜占庭陸軍也向美索不達米亞北部挺進，把狹路相逢的阿拉伯軍隊殺得片甲不留。第二年，巴西爾將矛頭指向西方，除掉達爾馬提亞的穆斯林，並佔領了義大利西部城市巴里（Bari）。八七六年，拜占庭的勢力擴大至倫巴底，為收復整個義大利南部奠定了基礎。

在軍隊取得一場又一場勝利的同時，巴西爾開始把旺盛的精力投入內政。在他看來，拜占庭衰敗最明顯的見證就是首都缺乏像樣的新建築。古老的教堂年久失修，公共紀念碑也開始流露出明顯的歲月痕跡。為此，他派工匠到首都到處展開大規模的翻修工程。老建築的木頭屋頂被換成石頭屋頂，牆壁修補一新，各大教堂因新增閃閃發光的馬賽克壁畫而回復昔日的風采。不過，投入最多人力物力的莫過於皇帝的宮殿。天花板鋪金之外，還由雕刻繁複的綠色及紋理豐富的黃色大理石石柱支撐，四壁鑲嵌著一幅幅描繪皇帝與皇室成員的巨大馬賽克壁畫。地板上是鑲金的雄鷹圖案，以及填滿黃金的玻璃鑲嵌。緊鄰宮殿東邊，也新蓋了一座獻給四位聖徒的華麗新教堂——但人們通常不喊它的正式名稱，僅稱之為「新教堂」。自查士丁尼的聖索菲亞大教堂落成以來，首都的天際線首次出現另一座造型大膽的新教堂。無數的天使和大天使站在層層疊疊的圓頂上往下張望，室內鑲嵌著許多無價的寶石。這是巴西爾最重要的建築功勳，永遠向世人展現馬其頓王室的輝煌。因為急著看見教堂落成，他聽說阿拉伯人圍攻拜占庭在西西里的最後要塞敘古拉之後，竟拒絕派艦隊增援，想讓海軍專心運來建造教堂所需的石材。後來敘拉古固然陷落了，但新教堂也建成了。[2]

拜占庭顯然又站穩了腳跟。現在，帝國除了重新恢復軍事實力和威望，還經歷了一次令人目瞪口呆的文化復興。此次復興的發端者為傑出的牧首佛提烏，他近乎以隻手之力重新喚起人們對古典羅馬和希臘文學的熱愛[3]。巴西爾眼見學術風氣蓬勃發展，於是又展開了一項雄心勃勃的新計劃：將查士丁尼的法典迻譯為希臘文。對一個沒讀過多少書的皇帝來說，這必然是一項了不起的成就，只可惜有件事讓他沒機會完成這項計畫：他的長子（也是預定的王位繼承人）君士坦丁突然死去，巴西爾痛不欲生，從此未再走出哀痛。

他的鬱鬱寡歡又因為另一件事情而加深。長子去世後，他的次子利奧六世成為繼承人。但一般咸信，利奧不是巴西爾親生，而是「酒鬼」米海爾的骨肉（因為巴西爾娶了米海爾的情婦）。一想到米海爾的兒子將繼承皇位，巴西爾便氣得快要發瘋。後來，當他發現十五歲的利奧和一位名叫佐濟（Zöe）的女子有染後，便親手狠狠揍了兒子一頓，然後將他軟禁在宮殿的一個側翼，並把佐濟嫁給別人。但此舉未能斬斷兩人的私情：利奧一恢復自由身便又找上佐濟。巴西爾得知後勃然大怒，把兒子關進監獄，揚言要挖出他的眼睛。在場目睹這一幕的群臣莫不大驚失色。

只不過，佐濟的父親最後成功說服皇帝放人。他指出，皇帝已年過七旬，讓皇位繼承人失去面子勢必會引起繼位紛爭，情況可能一發不可收拾。巴西爾不情願地釋放利奧，父子言歸於好，但沒多少人相信這種情況能維持多久。巴西爾因為走不出喪子之痛，越來越喜怒無常。他對殺人也從來沒流露過一絲猶豫，所以利奧完全清楚，皇帝活得越久，自己活命的機就越低。但巴西爾一向以身體強健著稱，雖已七十四歲卻毫無老態。若想讓他早點晏駕，除了聽天命還得盡點人事。

就在父子言歸於好的一個月後，巴西爾駕崩了。根據官方說法，皇帝在打獵時意外身亡：一隻巨大的雄鹿以鮪角刺中了他，在樹林裡拖行了二十五公里。這種說法本來就很難取信於人；更可疑的是，救援隊伍竟由佐漪的父親率領（此人從未獲得皇帝青睞）。顯然地，繼位的利奧六世在那些年對此事的涉入被埋葬了。但無論真相如何，大多數拜占庭人對這件充滿疑團的事件都選擇睜一隻眼、閉一隻眼，他們樂於接受新皇帝的統治——因為這位繼位者才十九歲，前途無可限量。利奧六世登基幾天後便重新安葬「酒鬼」米海爾，將他的遺體從不起眼的墳墓遷至聖使徒教堂的華麗石棺。這位遭到謀殺的皇帝終於可以安息了，他的殺身之仇已經得報。巴西爾的統治既始自謀殺，它結束於謀殺亦不能說是不相宜。但不管他多麼暴力，他留下的是一個軍事、文化都比原來強上多倍的帝國，這點足以讓他為後人追思。

帝國以前也不是沒出過少年皇帝，但沒有一位比利奧六世對於當皇帝有更萬全的準備。他為人隨和，富有魅力，而且是繼「背教者」尤利安之後最有學問的皇帝。他在位期間，是個古典建築回歸、文學活動火熱，且嶄新人文精神發皇的時代。他在登基幾個月後就說服教會，讓他最小的弟弟司提反（Stephen）出任牧首，藉此方法把最高的宗教職位和最高的世俗職位繫於一個家族，也讓皇帝可以對教會發揮空前的控制力。因為拜占庭進入了個極為難得的太平與繁榮時代，利奧得以專心致志地完成巴西爾的未竟大業：重修羅馬法。

自查士丁尼為紊亂的羅馬司法系統帶來秩序之來，已歷時三百五十多年，原有的法典亟需重新檢討。這段期間累積的新判例不知凡幾，但新增的法典書冊仍以拉丁文書寫——當時的拉丁文是一種死去的語言，僅寥寥可數的好古者可以讀懂。不到兩年，利奧六世便完成了翻譯與重新整理羅馬法的壯舉，出版了全六冊濃縮本的第一冊。它為皇帝贏得「智者利奧」的美名，也讓他被譽為繼查士丁尼之後最偉大的立法者。不過，那些指望他表現出查士丁尼同樣軍事才能的人卻很快失望了。事實證明，這位皇帝善談情多於打仗，內政建樹也要比對外政策成功得多。

拜占庭向來不缺虎視眈眈的鄰國，但在利奧統治初期，至少西北邊區看來安全無虞。由於保加爾人可汗鮑里斯（Boris）皈依基督教，君士坦丁堡大多數的人民都以為，克魯姆的可怕幽靈將不會捲土重來。他們的這種信心因為一件事而加強：鮑里斯不久後便遜位給最小的兒子弗拉基米爾（Vladimir），出家為僧，沒想到新君竟試圖復興異教，讓父親基督化國家的努力毀於一旦。被激怒的鮑里斯將出家人的六根清淨拋至九霄雲外，下令刺瞎叛逆兒子的雙眼，改由弟弟西緬（Symeon）登上大位。拜占庭的達官貴人看見這一幕，全都放下心上的大石。眾所周知，西緬在君士坦丁堡長大，他對基督的信仰非常堅定，對文明世界的了解也很深。這樣的人自會與拜占庭保持和睦的關係。

利奧若未辜負他「智者」的外號，事情可能真的如他們所望。可惜他不知吃錯了什麼藥，堅持提高保加爾人產品的進口稅，任西緬怎麼抗議都無動於衷。被惹惱的保加爾人立即入侵，讓帝國嚇了一大跳。不過幾週，保加爾人便殺進色雷斯，大肆劫掠。此時拜占庭所有的軍隊正在東方打仗，於是利奧訴諸那個行之有效的方法：向盟友求助。拜占庭使者急急造訪保加爾人的宿敵馬扎爾人（Magyars，一個位於保加利亞以東的部落），邀他們攻擊保加爾人的後方。遭前後夾擊的西緬別無選擇，只好退兵求和。利奧派大使敲定條約細節，並撤回前往對抗入寇的阿拉伯人的部隊，深信保加爾人會從此學乖，不再鬧事。

利奧也許對自己的處理十分滿意，但西緬並未就此罷休的打算。此次皇帝棋高一著，但西緬可汗也不是省油的燈，馬上就學會以其人之道還治其人。最後一批拜占庭軍隊一返回君士坦丁堡，他就找來了有突厥人血統且為馬扎爾人天敵的佩徹涅格人（Pechenegs）一起對付馬扎爾人。不敵的馬扎爾人作鳥獸散[4]，讓西緬得以再次長驅直入色雷斯。一支拜占庭軍隊試圖抵抗，但遭擊潰了。利奧被迫簽訂一紙屈辱且昂貴的和約。

除了這個嚴重的失誤外，拜占庭又在九〇二年被穆斯林奪去它在西西里的最後根據地陶爾米納（Taormina）。至此，帝國看來注定重新墜入疲軟和衰弱。所幸利奧的將軍在東方拯救了帝國的聲譽，持續讓逐漸解體的哈里發帝國飽受壓力。接下來十年，拜占庭將發起一波波攻勢，將穆斯林逐出亞美尼亞西部，摧毀阿拉伯海軍，並展開遠至幼發拉底河的襲擊。他們當然偶爾遭遇挫折。例如，歷經一次大規模海上遠征但未能奪回克里特島，而九〇四年的一場地震，則摧毀了帝國第二大城帖撒羅尼迦的護岸壁。帖撒羅尼迦居民趕緊修復護岸壁，但未及竣工，一支阿拉伯艦隊便出現在海上。撒拉森人成功攻入城中，洗劫一週後殺光老弱者，並將其餘人口賣到繁忙的奴隸市場。拜占庭軍隊在翌年報了帖撒羅尼迦之仇，把阿拉伯港口城市塔爾蘇斯（Tarsus）化為濃煙密佈的廢墟。此次勝利沒引起多少人注意，因為全部君士坦丁堡市民的目光都被皇帝的情史吸引住了。

利奧對巴西爾逼他迎娶的女子毫無興趣，能帶給他慰藉的只有昔日的情婦佐漪。不令人意外地，皇后始終無子。當她在八九八年去世後，利奧高高興興地將佐漪迎回首都。佐漪原已嫁人，但丈夫湊巧在此時死去，於是這對舊時戀人馬上成婚。但他們的甜蜜生活沒持續多久：婚後翌年，佐漪產下一女後便發高燒死去。利奧悲痛萬分又大為惶恐：佐漪未能生下一名王儲，這將帶來非常嚴重的後果。皇弟亞歷山大是個無可救藥的無賴，若利奧無嗣，王朝便有結束之虞，帝國也將重新陷入恐怖的內戰。教會（至少是東部的教會）嚴禁三次婚，但因事關帝國未來的安危，牧首勉為其難同意皇帝再擇一妻。[5] 一名豔光四射的美女歐朵西亞（Eudocia）雀屏中選，婚後不到一年便懷孕了。朝廷星相家師斷言她會生男，預言果然成真，讓利奧心花怒放。只可惜，利奧的人生看來注定悲劇連連，因歐朵西亞在分娩中死去，小王子也在幾天後夭折。看到這種結果，他的人民只能搖頭嘆息，深感教會的規定不能等閒視之。

如今利奧處境尷尬。他亟需一個子嗣，但他自己制定的法律又禁止多次婚姻。他曾多次在登壇講道時抨擊那些結第四次婚的人「自甘汙穢」，現在他為此深感後悔。他小心翼翼地試探新牧首尼古拉（Nicholas）的口風，但得到的只是嚴峻的回絕，還說結第四次婚「比通姦還要不得」。利奧最後決定，若真的如此，他倒是無妨享受通姦之樂，所以和一名絕色情婦佐漪·卡爾伯勒普希娜（Zoë Carbonopsina）共賦同居。[6] 利奧足智多謀，知道只要稍為施加壓力，教會未嘗不會同意他再婚，但因他毫無疑問地只能再結一次婚，為求萬無一失，決定等情婦生下男丁再談結婚的事。是年秋天，佐濟果然懷了一個男孩，大喜過望的皇帝把情婦接到皇宮一間特別宮室待產。宮室內有斑岩石柱，懸掛著紫色絲綢（紫色是皇帝專用色），所以被稱為「紫宮」（*Porphyra*）。只有流著皇帝血統的嬰兒方有資格在該處誕生，而從這天開始，利奧的兒子便有了「出生紫宮者」的傲人外號。利奧顯然打算讓兒子繼位，深怕有人不知道這個意圖，他將兒子命名為君士坦丁七世，讓他更有威望。[7]

雖然利奧終於有了繼承人，但因為他沒有結婚，他的兒子只能算是私生子，取什麼響亮名字都無法改變這個事實。而且不管君士坦丁七世四周有多少紫色絲綢圍繞，他都沒有受洗資格，因為利奧制定的法律明確禁止第四段婚姻所生的子女接受洗禮。如果皇帝不能在生前設法改變這種規定，他的兒子將永遠得不到認可。利奧把牧首召來，使出渾身解數，又求又逼地讓對方同意一個協議：他答應把佐濟打發出宮外，永不再見她，以此換取尼古拉答應在聖索菲亞大教堂為君士坦丁七世施洗。佐濟匆忙打包離宮，牧首也依協定主持施洗典禮，但利奧完全沒有遵守承諾的打算。洗禮後三天，佐濟偷偷溜回宮殿，在一個堂區教士的主禮下與皇帝結為夫妻。

事情傳開後，教會為之沸騰。憤怒的牧首拒絕承認皇帝的第四段婚姻，又封死聖索菲亞大教堂的入口，不讓皇帝進教堂做禮拜。不過，利奧再度棋高一著。當大教堂的門在他面前砰一聲關上後，他若無其事地回到宮殿，寫給教宗一封陳情書。他清楚明瞭，在蠻族統治的西部，死亡是家常便飯，所以教會對再婚問題也採取一種務實的態度，容許鰥夫寡婦多次再婚。他也知道，教廷一定會為他撐腰，他把問題交給教宗，等於承認教宗的權威在牧首之上。他猜得沒錯，教宗果然不願錯過這種千載難逢的機會。

利奧一得到教宗默許，便迅速採取行動，以陰謀叛亂罪逮捕牧首，逼他簽下退位書。被找來接替他的新牧首個性溫和，原則上雖反對皇帝結第四次婚，但願意作出有條件的讓步。利奧被要求公開發表聲明譴責四度婚姻，餘生只能以懺悔者的身分參加彌撒，也就是說，他在彌撒的整個過程中都必須站著。皇帝心甘情願接受這些條件。這次他說到做到，所以教會也勉強接受了他的婚姻。他的兒子君士坦丁七世因此成為婚生子，得到整個帝國的承認。兩年後，這個小孩被加冕為共治皇帝，肖像出現在帝國的錢幣上。利奧為確保兒子能順利繼位，可說費煞苦心。

他會再活四年多，最後一次企圖收復克里特島未果後，他便一病不起，逝於九一二年五月十一日。他不是一位有將才的領導人，從未親自帶兵打仗，但靠著重修法典，而留下了一個內聚力強得多的帝國。靠著不屈不撓的意志力，他為帝國提供了一個繼承人。這是一個堪稱無價的貢獻，他的畫像顯然有資格出現在聖索菲亞大教堂皇帝入口上方的馬賽克畫裡。畫中的他謙恭地站在上帝的寶座前，聖母在一旁為他代禱。他賢明地統治這個國家近四分之一個世紀，大部分人民至少對他有一點感懷，而他也的確值得這點饒恕。

THE BRILLIANT PRETENDER

第十七章 傑出的大位覬覦者

CHAPTER 17

夠諷刺的是，利奧六世雖費盡心力保障兒子王儲身分的合法性，但君士坦丁七世能真正統治國家的機會卻少得可憐。父親駕崩時他才六歲，而且體弱多病，因此很多人都私下猜想，他可能活不到成年。正如利奧擔心的，實權落入了小皇帝的叔叔亞歷山大三世手中，而這位皇叔更是出名的好色淫亂。因風頭多年來為能幹的哥哥蓋過，他此時用盡機會拆利奧的台。他讓曾激烈反對哥哥結第四次婚的牧首尼古拉復職，又毫不客氣地將佐瀞趕出宮外，留下小王子獨自待在偌大的皇宮裡，哭著找媽媽。盛傳惡毒的亞歷山大打算閹割他，讓他無法繼位。

天可憐見，亞歷山大三世執政僅十三個月，在一次打完馬球返回皇宮後筋疲力竭而死，來不及加害姪子。但他遺留下一個不懷好意的牧首與一場災難性的戰爭。先前，當保加爾人使者到拜占庭宮廷索取往常的進貢時，亞歷山大攆他們出宮，揚言不給保加爾人一文錢。遭辱的保加爾可汗立即出兵，直撲君士坦丁堡，以摧枯拉朽之勢通過了邊界。

攝政的尼古拉牧首為了讓保加爾人退兵，答應讓君士坦丁七世娶西緬的女兒為妻。只不過他這項計畫事前因未與任何人商量，當消息傳開後，他差點被憤怒的暴民以私刑處死。經過這個插曲之後，尼古拉顯然沒資格繼續充當攝政，必須找一個以小皇帝最佳利益為念的人取代之。對帝國來說幸運的是，這樣的人選近在咫尺：剛以勝利之姿從流放地回到首都的佐瀞。她當上攝政後，馬上採取強硬的立場，拒絕讓兒子娶一名曾祖父曾以一羅馬皇帝頭骨為酒杯的女子。她知道這個決定一定會引發戰爭，但她不惜一戰。

佐瀞買通佩徹涅格人入侵保加利亞，派遣艦隊載他們渡過多瑙河，貴族利奧・福卡斯（Leo Phocas）

同時率領拜占庭陸軍南下黑海海岸。直到佩徹涅格人抵達預定的渡河點前，一切進展順利，但接下來，拜占庭海軍艦隊司令羅曼努斯・利卡潘努斯（Romanus Lecapenus）因為和佩徹涅格人發生齟齬，一怒之下返航君士坦丁堡，而未將一兵一卒載過多瑙河。這種荒唐的舉動讓拜占庭陸軍孤軍奮戰，一下子就遭西緬殲滅。

這場軍事災難摧毀了佐濟的威信，但由於君士坦丁七世只有十三歲，她必須找尋某種方式繼續掌權，以保護兒子。她決定嫁給一位有力人士，仰仗對方撐腰。雀屏中選的是瀟灑的利奧・福卡斯——雖然最近他吃了敗仗，軍事聲譽並無多大受損。但這談不上明智的選擇，因為福卡斯家族的野心眾所周知，小皇帝輕易就會成為肆無忌憚的利奧・福卡斯之俎上肉。君士坦丁七世身邊的朋友憂心忡忡，心知目前只剩下一個辦法。他們趕在佐濟再婚前寫一封信給唯一有足夠威望拯救年輕皇帝的人。

羅曼努斯・利卡潘努斯身為最高階的軍事將領，頗得人望，從未在保加爾人手下吃過敗仗（這點其實也無足稱道，因為保加爾人沒有海軍）。他收到信後，馬上同意擔任君士坦丁的保護人。他進入首都後，自任為禁衛軍司令，一個月後又把女兒嫁給皇帝。福卡斯因好事遭破壞而怒不可遏地發起一場內戰，但此時自稱「皇帝父親」（*basileopater*）的羅曼努斯已控制了君士坦丁七世，因而輕易贏得輿論的支持。[1]福卡斯的人馬集體離他而去，這個孤立無援的叛亂者最終成為階下囚，並被挖去雙眼。

羅曼努斯除掉最大的對手後，全力鞏固權力。君士坦丁七世滿十五歲的幾天後，他受封為「凱撒」，短短三個月後又被封為共治皇帝，成為羅曼努斯一世。他採取溫和手段往上爬，過程中沒有謀殺任何人，但旁觀者無不好奇，君士坦丁七世能在這位新皇帝的「保護」下活多久。

他們的擔心不無道理。羅曼努斯至少有八個兒女，而且他決心開創一個自己的王朝。他不認為自己有任何顧忌，因為目前的王室當初未嘗不是靠著篡弒奪權，如果他這麼做，不過是追隨「馬其頓人」巴西爾的先例而已。不到一年，他就推開君士坦丁，宣布自己是資深皇帝，又指定長子克里斯托佛（Christopher）為繼承人，也就是把君士坦丁降為遠離權力中心的第三。不過，這位篡位者的野心仍受到限制。羅曼努斯並非天性暴力的人，不像巴西爾那樣冷血無情。他固然不會在意君士坦丁七世而任意擺佈他，卻沒想過要除掉他。

在保加利亞，西緬仍然對自己的不走運耿耿於懷。本來只要君士坦丁七世一直未婚，他便有機會控制大位，但隨著多子多孫的羅曼努斯坐上拜占庭龍椅，他的希望完全破滅。他發誓不惜推倒君士坦丁堡所有的城牆，集結了一支大軍，自博斯普魯斯海峽歐洲的那一側席捲而下。他來到羅曼努斯最喜愛的小教堂「泉水教堂」後[2]，放了一把火將它夷為平地，並燒死了所有來不及逃走的僧侶。他在君士坦丁堡城外燒殺擄掠，希望引皇帝出城作戰。但羅曼努斯不為所動，深知自己在城牆的保護下絕對安全。圍城幾星期後，西緬便明白了這個道理。

皇帝願意談判（他一向喜歡運用外交手段多於戰爭），於是雙方在城牆邊舉行會談。西緬穿上最精美的鎧甲抵達，扈從士兵手持金、銀盾牌，並以希臘語高聲宣佈他是皇帝，聲音大得足以讓站在城牆上的元老院議員聽見。反觀羅曼努斯卻徒步前來，穿著簡單的他手持一件聖物，以此表示帝國的輝煌用不著錦衣貂裘的襯托。他以尊貴之姿對西緬說了以下微妙的話：「我聽說你是個虔誠的人，而且是真正的基督徒，但我看到的行為卻與這種說法不符。因為虔誠的基督徒本質上熱愛和平與愛，因為上帝就是愛……人生在世不過是等待死亡、復活和審判……你今日固然活著，但總有一日會化為塵土……屆時怎麼向上帝解釋你幹過的那些不公不義的殺戮行為？若你因為愛財而這樣做，我就會說你是慾望過剩……熱愛和平吧，這樣你的人生就不會再有煩惱……」[3]

西緬並未因此不接受皇帝的進貢。雙方達成了協議並交換小禮物，之後他便掉轉馬頭，返回保加利亞。翌年越想越不甘心的他，自封為「羅馬人和保加利亞人皇帝」過過皇帝癮（羅曼努斯聽聞後只是一笑置之），但從此沒有再進犯過帝國邊界。一年後，他的軍隊在試圖征服克羅埃西亞時遭遇慘敗，西緬因此憂憤而死，將殘破的帝國留給不得人心的兒子彼得（Peter）。新國王匆匆向拜占庭示好，娶了羅曼努斯一個孫女為妻，從此兩個死對頭化敵為友。自阿拉伯人圍攻君士坦丁堡未果後，保加爾人一直是帝國的心腹大患，但羅曼努斯以高明的手腕，將這個威脅消弭於無形。

羅曼努斯終於擺脫糾纏於後的蠻族幽靈，把重心轉向內政。他最憂心的問題不外乎貴族勢力驚人成長，若繼續坐視貴族兼併窮人的土地，後果將不堪設想。帝國軍隊以農民為骨幹，如今邊境大多數地區的農田正以驚人的速度被納入貴族的莊園。羅曼努斯決心杜絕這種可惡的現象，於是制定了各種保護貧困農民的法律。這無可避免地會引起貴族的仇視，他們千方百計想拆羅曼努斯的台，但他不為所動。軍隊體系遭遇的損壞雖已無可修補，但他決心減慢其速度。

羅曼努斯一面於君士坦丁堡發起對貴族的戰爭，一面在東方調動軍隊。對於阿拉伯人，他不可能指望透過外交手段贏得勝利。伊斯蘭教帶來了三個世紀無休止的戰爭、撤退與災難，要讓他們知所約束只能靠軍事實力。巴西爾開創的皇朝曾經讓拜占庭停止流血並逆轉形勢，但後來因為保加爾人攪局，帝國軍隊在東方難有真正的作為。如今既已和保加爾人和解，帝國便可傾舉國之力對付阿拉伯人。帝國最有將才的將軍約翰．庫祖亞斯（Curcuas）被授命為東方軍隊的主帥，率領大軍開向亞美尼亞——羅曼努斯所屬之利卡潘努斯家族的祖居地。

亞美尼亞王國夾在拜占庭與哈里發帝國兩大強權之間，易手次數多到所有亞美尼亞人都無法記清楚。當時亞美尼亞由阿拔斯王朝（Abbasid）的哈里發所控制，庫祖亞斯卻將他們打得毫無招架之力，嚇得當地太守趕緊答應為帝國軍隊提供兵力。翌年，庫祖亞斯將軍揮師向南，整條阿拉伯邊界因而陷入恐慌。他一路行軍至前托魯斯山脈（Anti-Taurus Mountains，這座山脈是小亞細亞和亞洲本土的分水嶺，也是基督教世界和伊斯蘭世界的傳統接壤線），佔領了風景怡人的梅利泰內（Melitene）——這是拜占庭人首次自穆斯林手中奪回的重要城池。庫祖亞斯離開美麗的杏樹園後，奔襲美索不達米亞北部，但在九四一年被召回對付一支突然出現在黑海的龐大俄羅斯艦隊。[4]兩軍交鋒後，大量的「希臘火」看似點燃了整個海面，俄羅斯人也倉皇撤退。然而，就在他們逃到岸上時，庫祖亞斯的人馬卻看似從天而降，大驚失色的俄羅斯人趕緊逃回燃燒的海水中。

庫祖亞斯勝利後並未君士坦丁堡久留。是年秋天，一支拜占庭艦隊在普羅旺斯外海殲滅了阿拉伯人的海軍，與此同時，庫祖亞斯橫掃美索不達米亞北部，在古代亞述城市尼西比思（Nisibis）大肆洗劫了一番——這座城市在近六百年前從皇帝約維安（Jovian）手中失去。他的軍隊在沿著地中海回國的途中，一度經過埃德薩（Edessa），但見城中大多數的人口為基督徒，收下該城最珍貴的聖物後便不再圍攻。[5]

庫祖亞斯班師回朝後，發現皇帝已判若兩人。羅曼努斯在龍椅上坐了逾十年，已年過七旬，精力耗盡。他大部分的精力都用於對內和對外的戰爭，而每次新的鬥爭都大大消耗他的精力。貴族依然貪婪如昔，總是千方百計突破他所設下的限制，讓他制定的土地法令幾乎無法落實。雪上加霜的是，他的愛子在九四四年春天猝逝，他因此陷入了絕望。

這位皇帝對於自己加諸合法皇帝君士坦丁七世的委屈，一直無法心安理得，這時更是備受罪惡感糾纏。他固然有其他兒子，卻痛苦地知道他們不是塊料。他每個兒子從小在錦衣玉食的環境下長大，全被寵壞且出了名的腐敗。當才華洋溢的約翰·庫祖亞斯回到君士坦丁堡時，羅曼努斯的幾個兒子正對疲憊的父親糾纏不休，逼他解除庫祖亞斯的元帥職，由名為潘希瑞斯（Pantherius）[6]的親戚接任——此人的能力與他的名字完全不相稱。換作從前，皇帝絕不可能答應這種荒唐的要求。但經過多次軍事挫敗後，他終於明白絕不能讓一票被寵壞的兒子繼承帝位。年老的皇帝使盡最後一絲氣力寫下新遺囑，正式指定幾乎已被遺忘的君士坦丁七世為繼承人。

這個決定震驚了所有的人，但羅曼努斯備受良心譴責，非這麼做不可，否則晚年的他心靈無法平靜。隨著身體衰朽與死亡逼近，他終於明瞭不值得以良心為代價來換取皇帝權力。他曾把合法的繼承人推到一邊，讓貪得無饜的家族走到帝國權力的中心。如今他撥亂反正，負罪的良心總算獲得一些解脫。

他的遺囑在九四四年聖誕節前五天公布。羅曼努斯的兒子們得知這個消息後全都嚇壞了。多年來他們一直惡待君士坦丁七世，他掌握大權後將如何報復，讓人不敢想像。因備感遭父親背叛而心生怨恨，他們相信自己必須立即採取行動，以免成為無關痛癢的閒人。他們把父親抓起來（有人懷疑是羅曼努斯自己樂意），流放到普羅蒂（Prote）的王子群島，軟禁在修道院中。但君士坦丁堡的市民卻不打算繼續被利卡潘魯斯家族統治。他們固然勉強接受羅曼努斯（他畢竟曾結合外交與軍事手段及時把帝國從保加爾人的威脅中解救出來），不管他有多能幹，但仍是個篡位者，他那些彼此爭吵不休的兒子也無權繼承帝位。

在羅曼努斯當權期間，君士坦丁七世出於求生本能，未曾為自己爭取什麼，只是順服地任由羅曼努斯一再把他推到後台。每逢羅曼努斯用得著他，他都樂意配合（例如向群眾揮揮手或在文件上簽名），從未流露任何野心。不過，漫長的幽居歲月卻讓他有了意外收穫：沒有人再記得或在乎他曾是個私生子。大家反而對他從小被幽禁於深宮並受到利卡潘魯斯家族苛待深感同情。君士坦丁七世是個「生於紫宮者」（一種利卡潘魯斯家族無人擁有的殊榮），身上流著純正馬其頓王室的血液。有鑑於此，首都人民認為羅曼努斯幾個不肖子對合法皇位繼承人的霸凌已經夠久了，不能再容忍下去了。所以當年老的羅曼努斯倒台，君士坦丁七世突然發現自己廣受歡迎。幾天後，傳言他的生命受到威脅，一群暴民因而集結起來，強迫利卡潘魯斯兄弟承認他是資深皇帝。

縱然君士坦丁七世從未表現出果斷的作風，但三十九歲的他很快就證明自己是這樣的人。遭威脅逼迫承認他是資深皇帝的利卡潘魯斯兄弟心有不甘，幾天後陰謀推翻他。未料君士坦丁七世先發制人，在一個晚宴上逮捕了他們，將他們軟禁在與父親同一家修道院。剩下的親戚有些被圍捕和閹割，但皇帝不想讓復仇的心理蒙蔽了理智，故未大開殺戒。羅曼努斯是賢明的統治者，而君士坦丁七世也睿智有餘，知道應該以這個仇人為榜樣。他繼續推行羅曼努斯的土地政策，對貴族加以抑制。但君士坦丁七世有一點卻不同於他的前任皇帝：重用利卡潘魯斯家族的宿敵福卡斯家族。

君士坦丁七世為帝國東部的軍隊尋覓良將，以取代去職已久的庫祖亞斯，他挑選了更為出色的尼基弗魯斯．福卡斯（Nicephorus Phocas）——那位多年前被羅曼努斯搶走皇位的利奧．福卡斯的年輕姪子。尼基弗魯斯為人粗野，缺乏最起碼的圓滑或品味，不過自貝利撒留在四百多年前橫掃蠻族後，帝國便沒出現過與尼基弗魯斯同量級的將才了。尼基弗魯斯擔任主帥四年後，便與他同樣能征善戰的姪子約翰．齊米斯西斯（John Tzimisces）[7]大破實力強大的敘利亞太守賽義夫—道萊（Sayf-al-Dawlah），並奪得多座幼發拉底河沿岸城市，兵鋒甚至及於安提阿。他的名字讓敘利亞邊境的穆斯林守軍聞之喪膽，很快就有了「撒拉森人冷面死神」的外號。只要聽說他率領大軍逼近，阿拉伯人便拔腿逃跑。

帝國獲得這股新生力量的鼓舞後煥然一新，散發著朝氣與樂觀的情緒。當馬扎爾人襲擊色雷斯，滿心以為拜占庭太忙於敘利亞邊界的戰事而無暇他顧時，一支帝國軍隊迅速將其擊潰，倒楣的入侵者全被殲滅。哥多華和歐洲各國使者群集於君士坦丁堡，對皇帝的淵博學識與宮廷的豪華氣派深深懾服。他們在豪華的「十二榻殿」接受招待，像古羅馬人那樣斜躺榻上飲食，且拍拍手就出人意料地，有盛在金盤子的水果從天花板垂降而下。小型噴泉和石柱上的洞孔會為客人提供美酒，主廣場上的自動鐘會為他們報時。但最讓人印象深刻的還是皇帝本人。君士坦丁七世是卓越的藝術家與作家，俄羅斯攝政公主奧爾加（Olga）因為太過仰慕他而皈依了基督教。有朝一日，東正教的種子將會在自稱「第三羅馬」[8]的土地上開花結果。

然而，皇帝內心唯一的隱患是自己的兒子羅曼努斯二世。九四九年，這名年輕人非常不適當地愛上一名旅店老闆的女兒——漂亮地令人神魂顛倒的斯巴達女子狄奧法諾（Theophano）。從任何角度來看，兩人都不登對，但君士坦丁七世因為一生受到羅曼努斯的壓抑，不想用同樣方式對待兒子。他發誓不干涉他們感情，而坐視兩人結婚，大方地選擇相信狄奧法諾真是系出斯巴達的一個古老世家。婚後九年，狄奧法諾得一子，這對快樂的愛侶將其取名巴西爾，以紀念本王朝的創立人。在在看來，皇室都是個美滿家庭。一年後，君士坦丁七世死於一場當地溫泉泉水與遠山修道士都治癒不了的高燒，在全國上下一片哀痛氣氛中，羅曼努斯二世繼承了皇位。

瀟灑的新皇帝對狩獵的興趣多於治理國家，而且凡事都被妻子牽著鼻子走。但他仍精明有餘，知道征戰的事應交由將軍全權負責，帝國的版圖因此繼續擴大。他為了盡情享受人生，把所有政事交由最親密的顧問約瑟夫．布林加斯（Joseph Bringas）負責。布林加斯是一位非常能幹的太監，在他的施政下，藝術文學蓬勃發展，君士坦丁堡大學有了更多的新老師，經濟也欣欣向榮。當時的農民由於羅曼努斯祖父制定的土地法令而得到幾世紀以來最大的保護，販賣中國和印度寶貝的商人也大量湧入君士坦丁堡的繁忙市場。眼見帝國如此繁榮與和平，羅曼努斯二世決定（但更有可能是他妻子出的好意）要幹一件轟轟烈烈的大事。

在拜占庭從前失去的領土中，帝國最無法釋懷的是克里特島。一百年前的八二六年，在帝國最脆弱的時刻，一群被哈里發踢出埃及的阿拉伯海盜攻佔了這座島嶼。這座從西元前六十九年便是羅馬領土的重要島嶼，竟被一群強盜搶走，堪稱帝國的奇恥大辱。一度繁榮富庶的克里特如今是個海盜窩，為患整個地中海東部地區，但每次嘗試奪回卻都以失敗收場。君士坦丁七世生前就準備再次發動攻擊，所以羅曼努斯二世要做的只是挑選勝任的統帥。這件事再容易不過了，因為在君士坦丁堡人人都知道誰是適合的人選。帝國港口集結了三〇七艘戰艦和近八萬名將士，皇帝傳召尼基弗魯斯．福卡斯，責成他務必維護拜占庭的榮譽。

克里特島的防禦工事十分牢固，但尼基弗魯斯派出的海軍陸戰隊（操雙刃斧的可怕北歐戰士）卻把防守海岸的阿拉伯人打得落花流水。帝國軍隊追擊遁逃的敵人直至島上的主要城市坎地亞（Candia），對其展開長達九個月的圍攻。秋天過後，在人們記憶中最嚴寒的冬天裡，城中居民固然極為難熬，住在單薄帳篷裡的圍城軍隊更是叫苦連天。嚴重缺糧讓情況雪上加霜，惡劣的處境足以令大多數人崩潰。但尼基弗魯斯卻有辦法保持部下的士氣於不墜。他每日在營地各處巡視一周，以不屈不撓的鬥志激勵所有人。反觀阿拉伯人的士氣卻一天比一天低落，因他們每次偷溜出城尋找糧草，都會遇到伏擊。當尼基弗魯斯開始命令把一批批阿拉伯人首扔入城中後，守軍的鬥志進一步瓦解。

春天來了，筋疲力竭的守軍再也支撐不住。拜占庭人成功殺入城中，拿下了這個有百年歷史的海盜窩。得勝的將軍班師回朝，在大賽馬車場接受其當之無愧「小凱旋式」（ovation）的表揚。[9] 拜占庭終於雪了恥。受阿拉伯人奴役了一百三十五年後，克里特島重回帝國懷抱。

在東方的拜占庭軍隊也贏得一場重要的勝利。就在帝國軍隊主力離開克里特島之際，敘利亞太守賽義夫─道萊對小亞細亞發起攻擊，試圖扭轉對他不利的形勢。負責東方防務的是尼基弗魯斯的弟弟利奧．福卡斯，他決定先不攔截賽義夫─道萊，任其一路掠奪，待其回程時才在托魯斯山脈（Taurus

Mountains）設下埋伏，予以痛擊。十一月初，阿拉伯軍隊果然途經托魯斯山脈，賽義夫—道萊一馬當先，後面跟著一長串基督徒俘虜。太守在帝國軍隊突襲時突圍逃脫了[10]，但他的人馬潰不成軍，前不久被用來上銬基督徒的鎖鏈，如今改用在被俘的敘利亞士兵身上。

等太守逃回阿勒坡（Aleppo）的豪華宮殿時，尼基弗魯斯已自克里特島返回，於是兄弟兩人連同他們的姪子約翰・齊米斯西斯展開了新的攻勢。他們奔馳過敘利亞和美索不達米亞北部，沿途拿下五十五座要塞，最後抵達阿勒坡的城門前。走投無路的敘利亞太守想以一支臨時拼湊的部隊抵抗，但被約翰・齊米斯西斯打敗。尼基弗魯斯放火燒了宮殿，並包圍阿勒坡。三天後城破，拜占庭部隊進入這座他們自席哈克略之後便未再進入過的城池。然而，「撒拉森人的冷面死神」還沒準備讓這片失土重新整合到帝國中，他的目的只是想削弱對手，所以大肆搜括一番後便慢慢退回卡帕多西亞，尾隨他的則是兩千匹駱駝和一千五百頭騾子，馱運著不計其數戰利品。當尼基弗魯斯抵達卡帕多西亞時，迎接他的卻是一個讓人震驚的消息。二十四歲的羅曼努斯二世駕崩，盛傳是被皇后所謀殺。[11]

DEATH AND HIS NEPHEW

第十八章 死神叔姪

CHAPTER 18

在拜占庭，皇帝被毒死完全不是新鮮事，而狄奧法諾無邊的權力慾也是人盡皆知。但她是個聰明的女人，絕不會做出這種十足的傻事。[1]她比誰都清楚，羅曼努斯二世的死對她來說是一場災難。他們的兒子巴西爾二世雖已登基，但年紀還未滿六歲，而帝國歷史則清楚顯示，這位擁有正當繼承權的小皇帝會輕易地被一個有野心的強人取代。

丈夫死後，狄奧法諾亟需為巴西爾二世找到一位保護人，於是偷偷寫信給尼基弗魯斯·福卡斯，請求他返回君士坦丁堡。這位了不起的將軍如今是帝國境內最受歡迎的人物，軍事聲譽舉世無雙。他所寫的兵法書已成為經典，幾百年後仍是拜占庭人對抗阿拉伯人時的參考指南。不過，朝廷上下卻對他的卑微出身與粗野舉止嗤之以鼻，因此對於他如此受皇后倚重備感震驚。反對勢力隨即集結於喬瑟夫·布林加斯周圍——這位在羅曼努斯二世生前握有實權的內廷大臣，並不打算讓自己的地位被一名外省將軍取代。為了不讓尼基弗魯斯進入君士坦丁堡，他發佈一紙命令，關閉所有的城門。

布林加斯很快就發現此舉太過火。尼基弗魯斯南征北討，功勳卓著，廣受愛戴，不管愛搞陰謀的朝廷怎樣詆毀他，都無法讓民眾信服。於是暴民走上街頭，大聲要求讓大將軍入城。嚇壞了的布林加斯被迫屈服。接著他陰謀刺殺尼基弗魯斯，但計畫再次被這位將軍的民望所挫敗。尼基弗魯斯走進聖索菲亞大教堂的那一刻，他感到有什麼不對勁，因而大聲表示自己的生命受到威脅。牧首急忙召來元老院所有的議員，要求他們對教堂內密密麻麻的望彌撒人群發誓，絕不加害尼基弗魯斯。布林加斯別無選擇，只好作出同樣承諾。尼基弗魯斯對如此保證感到滿意後，便前往安納托利亞視察他的軍隊。

喬瑟夫·布林加斯此時已經走投無路。他毫不掩飾對膚色黑黝黝之尼基弗魯斯的厭惡，知道他的歸來之日就是登上皇位之日，而自己的日子也屈指可數。這位內廷大臣能夠想出的唯一辦法就是寫信給約翰·齊米斯西斯，答應只要約翰背叛叔叔，就以帝位相贈。布林加斯不在乎自己也會失勢，一心只想把尼基弗魯斯·福卡斯一起拖下水。

對這位太監來說不幸的是，齊米斯西斯直接把那封不安好心的信交給叔叔過目。至此，尼基弗魯斯再無猶豫之理。翌日破曉，他的部下以一種差不多已被遺忘的儀式——合併盾牌把他舉起來，擁立他為皇帝，並三呼萬歲。接著拔營，向君士坦丁堡挺進。不過當這支軍隊來到博斯普魯斯海峽亞洲的那一側時，卻得知了兩個令人不快的消息。其一是，布林加斯在盛怒之下把尼基弗魯斯全家（包括他高齡八十的父親）抓起來，投入監獄。其二，更嚴重的是，這位太監已下令岸邊的每艘船（從最簡陋的漁船到最大的渡輪）全都開走。

因為無從將軍隊運過狹長的海峽，尼基弗魯斯只能原地停駐，靜觀其變。不過幸運的是，事態的發展讓布林加斯焦頭爛額。先是尼基弗魯斯的弟弟利奧躲過逮捕，靠著爬排水管逃出君士坦丁堡，接著他年逾八旬的父親也以不知什麼方法逃出監獄，躲進了聖索菲亞大教堂。當士兵進教堂抓人，望彌撒的人群怒不可遏，抓起任何他們唾手可得的東西（磚頭、石塊或拆下的教堂長凳），走到街上咆哮，與禁衛軍大打出手。禁衛軍被逼退到附近的街道，起初仍可保持隊形，直到發生一件事後才陣腳大亂：他們的隊長被一名女人從屋頂擲出的花盆命中頭部，當場一命嗚呼。

隨後三天，君士坦丁堡陷入混戰，布林加斯完全失去對局面的掌控。混亂中，羅曼努斯一世的私生子巴西爾奪取了艦隊的控制權，把艦隊派去迎接尼基弗魯斯。看到大將軍騎著一匹白色駿馬進入黃金門時，民眾高聲喝彩。他們領著尼基弗魯斯來到聖索菲亞大教堂，目視他下馬走入教堂，跪在大祭壇前，由牧首輕輕把王冠戴在他頭上。

拜占庭的這位新皇帝是最有資格坐上龍椅的人之一，彷彿生來便具有領導才能似地，才五十出頭的他，仍然精力充沛，過去九年來都是軍隊的最高主帥，習慣發號司令與取得戰果。可惜的是，他為人欠缺圓滑，動輒大聲喝斥臣下，又會羞辱每個與他意見不同的人。但當時帝國正需要一隻堅定的手來掌舵，也沒有人比他更能勝任舵手之職。所以不管他多麼惹人厭、粗野和無禮，他仍大受人民歡迎（也許只因他們還不了解他的為人），而且狄奧法諾也歡迎他擔任她兒子的保護人。

兩人的關係想必有點尷尬。尼基弗魯斯是個信仰虔誠程度近於禁慾的人，反觀二十二歲的狄奧法諾的愛好享樂，所以很難有誰比這兩人更不登對。說也奇怪，兩人很快就陷入熱戀，以致尼基弗魯斯不惜違背曾經發下的守貞誓言，不到一個月就向她求婚。不管狄奧法諾是否真正愛他，她都需要尼基弗魯斯這個後台，所以欣然接受求婚，自此每次上朝都坐在他旁邊。

但即使婚姻幸福，也無法把這位皇帝留在君士坦丁堡太久。打仗才是最令他快樂的事，畢竟帝國邊界上的敵人太多，讓他無法不時時保持警覺。因為哈里發帝國已流露出令人鼓舞的衰敗跡象，追打這條落水狗此其時矣。幾年前被他派到敘利亞的聰敏侄兒約翰·齊米斯西斯已經取得輝煌戰果，皇帝等不及加入戰局。他以點燃烽火作為訊號，告知侄兒自己即將和他會合，他果真在幾小時內就趕到遙遠的托魯斯山脈。他們的第一個目標是攻擊阿勒坡的老邁太守，此人數十年來一再入侵帝國的領土。眼見拜占庭軍隊的龐大陣容，穆斯林馬上乞和，但尼基弗魯斯不予理會，一路打到奇里乞亞（Cilicia），征服了大數。同年夏天，帝國軍隊把阿拉伯人從塞浦路斯趕走。兩年後，尼基弗魯斯又拿下阿勒坡，使其淪為附庸。

皇帝凱旋回京，帶回來的是輝煌的名聲與帝國更加崇高的威望。他在東方讓那些敢於對帝國舉起刀劍的人俯首，清楚表明拜占庭並不好惹。不幸的是，帝國四面八方都是敵人，尼基弗魯斯身上那令其在東方表現突出的特質，也正好導致他在西方惹來災難。

對穆斯林軍隊來說，拜占庭打的是一場生死之戰，所以尼基弗魯斯的個性完全派上用場。不過，他在面對西方的其他基督教力量時，缺乏外交手腕卻成了他明顯的弱點。當德意志皇帝奧托（Otto）的使者誤稱他為希臘人的國王時，尼基弗魯斯一怒之下將他們投入大牢，差點將帝國拖入戰爭中。當保加爾人國王彼得派遣使者到君士坦丁堡索取一小筆傳統的進貢時[2]，尼基弗魯斯的反應則讓人覺得不可思議：他說，難不成他是個需要向人進貢的奴隸？接著竟掌摑使者，要他們滾回自己的野蠻王國，揚言很快就會親自把他們應得的「進貢」送上門。

皇帝無視於保加爾人國王合情合理的抗議，立刻召集軍隊，要對保加利亞邊境的幾個堡壘展開猛攻。不過，保加利亞茂密的樹林和扭曲的溝壑也讓尼基弗魯斯三思。他知道，在這樣的地形進攻很容易遭到埋伏，況且他有別的辦法修理保加爾人，沒必要讓自己的部隊冒險。於是，他派遣使者帶著大量黃金前往俄羅斯[3]，收買對方為他而戰。

帶有維京人血統的基輔大公斯維亞托．斯拉夫（Svyatoslav）迫不及待率領部眾越過邊界，擊潰保加爾人的軍隊，俘虜彼得，以酷刑虐殺兩萬名抵抗軍。但對拜占庭來說不幸的是，這個相當輕易的取勝方法養大了俄羅斯人的胃口：基輔大公的貪婪目光很快就盯上拜占庭的領土。尼基弗魯斯出於一時的怒氣，給自己惹來了更強大的敵人。當他意識到這點時已為時已晚。

不管怎樣，尼基弗魯斯此時因為一場和教會的爭吵而分心。他早已注意到教會日益俗氣的趨勢（他在出征路上很難不注意到教會擁有許多廣大且未開墾的土地），與自己最好的朋友（一位名叫阿他那修的僧人）多次討論後，他決定改變這種歪風。他還因為一件事對牧首大感不滿：牧首拒絕將他那些死於穆斯林刀劍下的將士封為殉教者。[4]為此，他本於一貫的衝動作風，發佈了多道牽涉極廣的法令。長久以來，修道院的財富不斷膨脹，又拒絕向國家納稅，貪汙腐化之事層出不窮。因此，皇帝在新的法令中禁止退伍軍人或其他任何人把土地捐給教會。他指出，曾誓守清貧的僧侶應像他們的祖輩一樣，住在遠離塵囂的簡單修道院，而非布滿令人嘆為觀止之壁畫的豪華房舍，並有農奴為他們種植葡萄園與耕墾田地。皇帝派阿他那修前往希臘，在阿索斯山（Mount Athos）山麓建了一組修道院，以身體力行顯示僧侶應有的生活方式。[5]為了再砍教會一刀，他讓這組修道院獨立於牧首，直接對皇帝負責。

如此處理好國內事務後，九六八年皇帝向東方出發。這次的目標是剷除亞美尼亞的穆斯林勢力。他在亞美尼亞小城曼齊克特（Manzikert），除掉了阿拉伯人太守，解放了全省。接著轉向南邊，殺入敘利亞，輕易征服埃米薩（Emesa）和埃德薩兩座大城。九六九年，他又成功收復安提阿。安提阿是敘利亞的古都和基督教五大牧首區之一的中心，自席哈克略之後便不曾再有皇帝踏足過。它由尼基弗魯斯收復可說不亦宜乎，因他的名字正是「帶來勝利者」之意。他向南凝眸，一度考慮進軍聖城耶路撒冷，但適合戰爭的季節很快就要過去，而且一場饑荒正同時為患拜占庭與阿拉伯人的土地。歷經十二年不間斷的勝利後，他有本錢把收復耶路撒冷的計畫延後一年。耶路撒冷不會隨著春天的到來而跑掉，而且皇帝也完全有資格以休息犒賞自己。於是，他命令疲憊的大軍掉頭，返回君士坦丁堡。

雖然屢戰屢勝，但尼基弗魯斯卻越來越不受自己人民的歡迎。除了因為他天性粗暴，也因為他得罪了教會。再者，隨著征戰不斷而升高的稅賦也讓他民心盡失。他可惡的弟弟利奧被人發現在饑荒中哄抬小麥價格，人們也普遍相信，他正陰謀謀殺狄奧法諾的兒子巴西爾和君士坦丁。皇帝本人也許沒涉及這些陰謀，但他也未抑制弟弟的勢力，這也進一步使他民望受損。因人人都指責他應該為食品價格上漲與農作歉收負責（這種說法其實不公道），尼基弗魯斯幾乎隱居不出。然後，因為有一名預言家說他將在大皇宮內被謀殺，令他大為緊張，於是下令在大皇宮周圍興建一圈高牆，把自己封閉起來。若他難得放膽走上街，總會碰到陣陣辱罵，偶爾還會有人向他的頭丟磚塊（但從未命中）。為安撫人民的不滿情緒，他在大賽馬車場舉辦了一場模擬戰爭，但卻有人謠傳皇帝此舉是準備屠殺人民，所以一看見場中武士拔出刀劍，觀眾便恐慌奔逃，而發生人踩人的場面。數百人因此喪命。

因此，只要一有機會，尼基弗魯斯便會跑到首都外面透透氣，這就不足為奇了。但這又為他招惹來一個敵人——比他在戰場上碰到得還要可怕。

二十八歲的皇后狄奧法諾受夠了這位不苟言笑且老是不在家的丈夫，開始和皇姪約翰·齊米斯西斯陷入熱戀。這位年輕將軍集所有她丈夫沒有的魅力於一身：聰明瀟灑、一頭金髮，一雙碧眼炯炯有神，既優雅又有魅力，任何女人都難以抗拒，更遑論一位芳心寂寞且獨處深宮的皇后。約翰後來失去叔叔的信任，被解除兵權，狄奧法諾趁機逼丈夫把約翰調回君士坦丁堡。這對情人以夜幕為掩護，在皇后的宮殿偷情，又策劃出拜占庭歷史上最骯髒的其中一場謀殺。

聖誕節前十五天的一個殘酷夜晚，一批刺客偽裝成女人潛入宮中，被狄奧法諾藏在幾間閒置的房間，等待夜幕降臨。約翰在午夜前一刻抵達宮牆，坐在一個籃子裡被吊入皇宮，此時天上開始降下大雪。刺客們拔出佩劍，躡手躡腳來到皇帝寢宮，卻赫然發現龍床上空無一人。他們以為自己被出賣了，大驚失色，好幾個人連忙從陽臺跳到下面的大海。就在其他人打算跟上時，一個參與謀反的太監卻指著地上。原來皇帝一如往常睡在鋪在地上的一張豹皮上。

刺客見狀，馬上衝上前去踢醒尼基弗魯斯，在他想爬起來時用劍猛刺他的臉。皇帝向後倒下，滿臉是血。當他再次搖搖晃晃試圖站起來時，刺客把他拖過地板，扔到約翰跟前。後者大聲辱罵皇帝，又拔掉他一些鬍子。還剩下一點意識的尼基弗魯斯喃喃祈求聖母搭救，但只讓一群刺客更加怒火中燒。他們以劍柄打爛他的下顎，敲掉他的牙齒，對他百般折磨，直到約翰下令使用鐵鎚，他的生命才得到解脫。

砍下皇帝的人頭後，刺客們將傷痕累累的屍體丟出窗外。一名刺客提著皇帝的首級在宮內四處奔走，令禁衛軍不敢造次，其他刺客則走出宮外，於每條白雪皚皚的街上，大聲宣佈暴君已被推翻的消息。此時約翰走到正殿，穿上皇帝才有資格穿的紫色靴子。禁衛軍一看到他腳上的王權象徵，便紛紛丟下手中的劍下跪三呼萬歲。

第二天，尼基弗魯斯的無頭屍被低調安葬在聖使徒教堂，總算讓他恢復一點帝王尊嚴。對一名戮力為國服務的人來說，落得如此下場實在很不公道。雖然首都沒多少人哀悼他，但後代子孫卻會記住他。他的功績成為一代代拜占庭及保加爾詩人的靈感來源，寫出了一首首歌頌他的史詩。教會為他舉行宣福禮[6]，時至今日，他在阿索斯山創立的修道院繼續紀念他的創建恩德。[7]那些造訪他石棺的人會看到這樣的墓誌銘：你征服了一切，只差一個女人。

雖然墓誌銘中的女人在丈夫死後裝得像個悲痛的寡婦，但人人都知道皇帝是怎麼死的，而且把整件骯髒事情全怪罪在她一人頭上（第十世紀拜占庭人有種持雙重標準看待事情的習慣）。這並不公平，因皇后雖並非無辜，卻絕不是大眾心目中那種蛇蠍婦人。她深愛著約翰，也無比深切地想保護兒子巴西爾二世。所以當她的情人突然把她趕出皇宮，並將她流放到人煙稀少的偏遠地區，她感到震驚無比。牧首已清楚告訴齊米斯西斯，如果他想當皇帝，必須先趕走受人鄙夷的狄奧法諾。野心勃勃的齊米斯西斯當然樂於從命。

令人吃驚的是，雖然他以極度野蠻的非法手段奪取王位，但他的加冕典禮卻順利完成，未引起暴亂或抗議。這無疑是因為他曾宣佈，誰敢暴亂就立即處死，也因為首都大多數的市民對這位充滿魅力的新皇帝頗有好感。他同時以慷慨知名，曾經把自己的龐大財富分贈給窮人作為贖罪手段。所以，當他做做樣子、處死了兩名刺客後，大部分的市民都認為事情可以不用再追究了。

新皇帝約翰．齊米斯西斯確實擁有不凡的魅力，曾經和叔叔學習戰爭的藝術。他兼具尼基弗魯斯的軍事才能和一種具感染性的親和力，能讓每個認識他的人都喜歡他。[8]人們普遍有一種感覺：討人厭的皇帝已死，取而代之的是一位真正的政治家，從此再也沒有什麼事不能成就。看來，唯一反對帝位易主的人只有福卡斯家族，但他們這樣做，更多是出於親戚的責任而非憤慨。尼基弗魯斯的侄子巴達斯・福卡斯（Bardas Phocas）舉起義旗，但未能引起廣泛支持。當約翰最好的朋友巴達斯・斯凱勒努斯（Bardas Sclerus）帶著一支軍隊討逆時，巴達斯・福卡斯便乖乖投降，接受被放逐到愛琴海一個明媚海島的懲罰。

當他的下屬蕩平所有零星反抗時，新皇帝也忙著訓練一支軍隊，以對付尼基弗魯斯在巴爾幹半島留下的爛攤子。俄羅斯人越來越囂張狂妄，毫不隱瞞準備入侵拜占庭的意圖。當他們聽說齊米斯西斯準備出征時，便派使者告訴皇帝：「不勞你來找我們，我們很快就會自己找上門。」

如果俄羅斯人想要的是戰爭，約翰一世完全樂於奉陪。他帶領四萬兵馬，以閃電速度行軍，在保加爾人的首都普雷斯拉夫（Preslav）把俄羅斯人的先頭部隊打個措手不及，接著展開圍城。他們以「希臘火」對城牆火攻數日，城破後一湧而入，解救淪為俘虜的保加爾人國王。[9]大怒的基輔大公召集大軍展開報復，但幾個月後又被約翰的奇襲打敗，四萬名俄羅斯人陳屍原野、血流成河。顏面無光的大公狼狽離開保加爾人的領土，從此再也沒有機會踏上這個飽受蹂躪的國家。[10]但保加利亞也沒能自由多久。自可怕的克魯姆在幾代人之前橫空出世以來，保加利亞一直是帝國的肉中刺，因此約翰打算把這個威脅一勞永逸地消除。他花了一年的時間迫使其主要城市一一投降，然後正式兼併保加利亞，自此終結克魯姆的王朝。保加利亞的西邊仍維持著脆弱的獨立性，由當地總督的四個兒子共同統治（他們自稱「伯爵諸子」），但他們四面為敵且兵力薄弱，並不足為慮，於是約翰就放著他們不管，先著手處理發生在東方更為緊急的狀況。

如果約翰能完整征服整個保加利亞，帝國的處境無疑會更加安穩，但來自敘利亞的報告讓他深以為憂。埃及的法蒂瑪王朝（Fatimids）在這時很大程度上填補了阿拔斯王朝的哈里發帝國塌陷後所留下的權力真空，正威脅著拜占庭，成為其最大的穆斯林外患。法蒂瑪在輕鬆擊敗前往攔截他們的帝國軍隊後，在九七二年秋天包圍安提阿，計畫把整個敘利亞收入囊中。皇帝對此當然不能置之不理。

他讓元老院主席巴西爾・利卡潘努斯（當初幫助尼基弗魯斯奪權的人）總理帝國事務會議，約翰一世自己則在九七四年年初率領大軍，展開拜占庭歷史上最著名的一次征伐。他出黃金門的時候，騎著白色駿馬，身披閃閃發亮的鎧甲，尾隨源源不斷的「不朽者」。[11]戰事在今日的伊拉克北部開打，摩蘇爾（Mosul）的太守被徹底打敗，不得不答應納貢稱臣，第二強大的太守自此淪為附庸。約翰一世懶得攻打毫無防守的巴格達，轉而向南進入敘利亞。圍攻安提阿的法蒂瑪人聽說他逼近後拔腿就跑。但約翰出兵並不只是想看敵人暫時撤退，他繼續朝地中海海岸推進。敘利亞和巴勒斯坦一座座城池都被他攻陷了。巴勒貝克（Baalbek）、貝魯特與大馬士革開城投降，太巴列（Tiberias）、阿卡（Acre）、該撒利亞和的黎波里等沿海城市都向他繳納巨額貢金。沒有一個任何要塞或堡壘抵抗得了帝國的軍隊——拜占庭雄鷹在睽違三百年後重回故地，而且一點都不想和解。約翰拿下耶穌童年居住的拿撒勒後，策馬來到不遠處的他泊山（Mount Tabor），登訪基督變容之地[12]。他就像之前的尼基弗魯斯・福卡斯，考慮直撲耶路撒冷，但三思後改變主意。他的主要目標是削弱法蒂瑪人的實力，而非開疆拓土。讓聖城回歸基督徒的控制誠屬必然任務，但不是當務之急。所以他決定先讓得勝的大軍帶著數不完的珍貴戰利品班師回朝。

如果皇帝此次選擇重新奪回耶路撒冷，巴勒斯坦基督徒最大的夢想便可得圓。但他不圖此事，這個夢想還要等上一個世紀多才能實現——彼時帝國的實力已然衰頹，成其事者乃西方發起的十字軍。

不過，直到九七五年秋天，拜占庭仍屢戰屢勝，約翰．齊米斯西斯心滿意足地帶著源源不斷的戰利品班師回朝。他知道自己的地位已然確保，因為在他的努力下，帝國變得比過去四個世紀的任何時候都還強大。帝國四面八方的敵人不是瑟縮起來就是逃之夭夭，看來沒有什麼不是唾手可得的。[13]

他的凱旋歸來只被一件事掃了興。在近京師之處，每逢他問人某片土地的所有人是誰，答案都是巴西爾．利卡潘努斯。約翰一世不像幾位前任那樣樂於抑制貴族的土地擴張，但沿途所見卻讓他大為生氣，所以一回到首都，就挑明要對土地全面調查。驚恐萬狀的首席大臣決心不讓這種事發生，於是用了他能想到的唯一辦法。雖然他對約翰的歸來表現出極大熱情，卻悄悄地在皇帝的飲食中下毒。不到幾天，他便奸計得逞。如同自己的叔叔與「背教者」尤利安，看似前途無量的約翰．齊米斯西斯的人生戛然而止。聖城的基督徒無不哀痛萬分，有種被遺棄了的感覺，但遠在開羅的法蒂瑪人卻大大鬆了一口氣。偉大的征服者撒手西歸。

BASIL
THE
BULGAR
SLAYER

第十九章

保加爾人屠宰者巴西爾

CHAPTER 19

從上帝召喚我成為皇帝之日起……我的長槍從未閒置過……人們啊，見我如今躺在這墳墓裡，請用你們的禱告回報我的戰役。

——巴西爾二世墓誌銘

馬其頓王朝最讓人吃驚的一件事情是，那些最了不起的皇帝都是謀朝篡位者。他們與皇室沒有血緣關係，卻自稱為皇位合法繼承人的「保護者」。羅曼努斯一世、尼基弗魯斯二世與約翰一世都因為太過傑出，讓人容易忘記被他們陰影所遮蓋的人物。不過，雖然沒有人記得或注意，羅曼努斯二世與工於心計的狄奧法諾之子巴西爾二世在不知不覺中長大了，而且滿十八歲，他已經準備好統治帝國。首席大臣對他的權力之路構成可怕的障礙，而此人最近才以奸計害死了偉大的約翰一世。首席大臣巴西爾．利卡潘努斯在宮廷裡打滾了一輩子，人脈滿天下，不打算把實權交還給這位從未流露絲毫統治意願或能力的年輕人。

然而，這位決心把他當成傀儡擺佈的首席大臣，不過是巴西爾二世碰到的許多難題中最小的一個。過去十二年，先後有兩名了不起的戰士皇帝把拜占庭抬高到前所未有的地位，這讓許多人覺得，也許帝國的新舵手應該是一位久經沙場的戰士，而非一名只因為血緣就有資格當皇帝的少年。畢竟誰又能否認，過去幾位篡位的將軍都是比合法的羅曼努斯二世更好的皇帝？況且，從凱撒到約翰．齊米斯西斯，大部分最偉大的統治者不都是用自身實力而非純正血統，來證明自己的正當性？

這是一個誘人的想法，當將軍巴達斯．斯凱勒努斯以此為由造反後，一堆人表示贊同。隨著他打敗了一支保皇派軍隊，整個小亞細亞都認為他是帝國榮耀的保證，因此尊他為皇帝。叛軍後來雖因運輸工具被帝國海軍摧毀而無法渡過博斯普魯斯海峽，只能遙望彼岸的君士坦丁堡，但這小小的挫折並沒有影響到他們高昂的鬥志。

人在首都的巴西爾・利卡潘努斯開始感到恐慌。海軍固然暫時讓叛軍無法前進，但他深知，要渡過狹長的博斯普魯斯海峽有多麼容易。帝國裡唯一有機會打敗能征慣戰的斯凱勒努斯者只有巴達斯・福卡斯，但他當皇帝的野心就像他的將才一樣廣為人知，而且前不久才遭到放逐。所以，將帝國軍隊交給巴達斯・福卡斯，與拱手讓給斯凱勒努斯其實沒有多大差別。但巴西爾別無選擇。他召回流放中的將軍，託付他帝國安危之大任，出兵攻打叛軍。

有整整三年的時間，兩個互相為敵的巴達斯交手許多次，但都無法分出勝負。總的來說，叛徒斯凱勒努斯更有將才，但仍無法決定性地打敗刁鑽的對手。[1]僵持不下的局面因為一件事情而徹底改變：斯凱勒努斯因為不耐煩，愚蠢地接受大塊頭福卡斯的單挑建議。最後斯凱勒努斯不敵，頭上吃了福卡斯一記重擊，昏迷倒地。叛軍如鳥獸散，福卡斯凱旋班師。受傷的斯凱勒努斯後來雖康復了，但已是強弩之末，只能逃到巴格達尋求庇護。經過八年的流亡，巴達斯・福卡斯終於可以榮歸故里，以帝國救星的身分受到熱烈歡迎。他得到夠多的賞賜後策馬向東，征伐撒拉森人，計畫為自己爭取更多的榮耀，等待適當時機奪取皇位。

此時，巴西爾・利卡潘努斯也沾沾自喜，因為他不但成功地讓自己的兩個敵人鷸蚌相爭，而且還能持續置合法的皇帝於股掌之間。正因為如此，他就像所有的一樣，完全沒料到一向聽話的皇帝會突然發難。九八五年一個晚上，這位首席大臣半夜被人拉下床，不知道怎麼一回事地一臉茫然。接著他被居家軟禁，龐大的財富遭到充公。羅曼努斯二世的兒子當了二十五年傀儡皇帝後，終於奪回應有的權力。

巴西爾二世急著想證明自己的能力，於是找了一個完美的藉口對保加利亞發動軍事冒險。在此之前，保加利亞因拜占庭忙著征戰東方，從殘破中重新站了起來，又侵佔帝國的一些領土。他們的統治者是曾經對抗約翰一世的「伯爵諸子」中最小且最能幹的一個，名叫撒母耳（Samuel），為人極不同凡響。他自立為沙皇（斯拉夫語中的皇帝），稱自己的帝國為第二保加利亞帝國。九八五年夏天，他出兵入侵希臘，佔領多個重要城池，讓拜占庭威望受損，也引起他一些被拜占庭統治的族人同胞響應。巴西爾二世一方面對這個突然冒出來的鄉巴佬感到憤怒，另一方面想證明自己的能力不輸幾位雄才大略的前任皇帝，於是集結一支六萬多人的大軍，直取保加利亞大城索菲亞（Sofia）。

此次行動徹頭徹尾都是一場災難。經過幾星期無效的圍攻之後，巴西爾二世只得放棄，踏上漫長的歸途。他們在經過有「圖拉真之門」（Gates of Trajan）之稱的山口時，大軍未派出斥侯便逕行通過，絲毫不知保加利亞沙皇早已設下埋伏，靜候這個千載難逢的機會。皇帝逃出重圍，但他大部分的人馬都成了劍下亡魂。二十八歲的巴西爾二世在這天重重摔了一跤。待他灰頭土臉回到君士坦丁堡，此次大敗對其威信的傷害馬上就浮現了出來。

這時，上了年紀的巴達斯．斯凱勒努斯正舒舒服服地待在巴格達的哈里發宮廷。當他得知發生了什麼事後，更深信自己一直以來的判斷正確無誤。坐在君士坦丁堡龍椅上的皇帝只是個乳臭未乾的小孩，全靠生對家庭才當上皇帝。這次巴西爾將自己的無能赤裸裸顯露於世人面前後，拜占庭人毫無疑問地會改擁戴他斯凱勒努斯這個沙場老將。哈里發也是求之不得，所以提供巨大資金支持斯凱勒努斯問鼎帝位，想藉此讓自己的強鄰翻天覆地。於是，巴達斯・斯凱勒努斯帶著龐大資金，第三次角逐皇位。

這位大位覬覦者信心滿滿，卻在來到小亞細亞後，聽說他的老對手巴達斯・福卡斯也舉起了反旗。不過兩人沒有火拚，而是決定揚棄前嫌，集中資源攻取君士坦丁堡。然而，這只是福卡斯的一個詭計。一等斯凱勒努斯放鬆防範，福卡斯便突然發難，將他抓起來投入大牢。福卡斯搞定這位討厭的對手後，便帶著對他高呼萬歲的部隊，浩浩蕩蕩地開向君士坦丁堡。但這批叛軍有個致命傷：缺乏海軍。當他們來到博斯普魯斯海峽時，卻見海峽兩邊都有巡梭的帝國艦隊。

巴達斯・福卡斯的自信並未因此削弱。他認定君士坦丁堡的主人只是一個年僅二十八歲的毛頭小子，唯一的戰鬥經驗是讓自己的軍隊落入埋伏。反觀他本人一生戎馬，曾取得許多次傲人勝利，一些當世的歷史學家甚至稱他為「一聲怒吼即足以讓大軍戰慄」。

人在首都的巴西爾二世明白，當前的形勢對他不利。他征伐保加利亞時失去了精銳之師，而膽子更壯的沙皇撒母耳此時正在巴爾幹肆虐，整個半島都陷入危機。採取行動已刻不容緩。然而，即使皇帝湊得出一支軍隊，但仍缺乏適當的主帥人選——朝中顯然沒有一個將軍的將才及得上福卡斯。唯一的辦法是爭取一個強大盟友。這樣的盟友近在咫尺。於是，皇帝聯絡俄羅斯大公弗拉基米爾，答應將妹妹許配給大公，以換取同盟關係。

這個決定讓古板保守的朝廷上下一片譁然。正如巴西爾自己的祖父君士坦丁七世曾指出的，「生於紫宮」的拜占庭公主與「希臘火」都是國之珍寶，絕不可交給敵人。憤怒的貴族認為，帝國歷史從未出現羅馬公主屈身下嫁拜異教蠻族人的先例，許配給有眾多妻子與七百名小妾的弗拉基米爾，更是萬萬不可。巴西爾的決定等於讓拜占庭的尊嚴任由不文明的斯拉夫人踩在腳下。不論是朝臣的慷慨陳詞或妹妹的斷腸哭泣，都無法讓皇帝回心轉意：皇族婚姻畢竟是國家事務多於私人事務。弗拉基米爾大喜過望，除了答應提供六千名強悍的斯堪地納維亞戰士外，還主動表示願意受洗，成為基督徒。[2]皇帝不理會妹妹的抗議，火速將她嫁出去服侍新丈夫。

也許這種安排讓臣民心生不滿，但巴西爾看見弗拉基米爾遣來的金髮巨人時，仍覺得相當划算。這批巨人以巨大雙刃斧為武裝，作戰時如癡如狂，氣勢十足嚇人。皇帝大為激賞，將他們納為貼身衛隊，稱為瓦蘭吉衛隊（Varangian Guard），此後成為定制。[3]一晚，巴西爾悄悄帶著這批新血渡過博斯普魯斯海峽，等到黎明後對毫無預期心理的叛軍營地發起兇猛襲擊。在投擲「希臘火」製造混亂後，皇帝的人馬衝入每個帳篷，逢人便殺。叛軍不是還未完全睡醒就是仍醉醺醺地，只能驚恐萬分地看著斯堪地納維亞戰士以極高效率在人和牲口身上亂砍亂劈。幾小時內屠殺結束。雖然當時福卡斯不在軍營中（他帶著更多人馬正在圍攻一座城市），但皇帝總算打了人生第一場勝仗。

幾個月後，重拾自信的皇帝終於和他的對手正面對決，而且幾乎出乎所有人意料之外，他證明了自己的將才比老邁的福卡斯高上幾籌。皇帝夢碎的福卡斯心有不甘，咆哮著找皇帝單挑，舉劍策馬向巴西爾衝去。不過，他衝到一半便突然中風，從馬鞍上重重摔落在地。皇帝的親兵一躍而上，砍下癱瘓將軍的腦袋。看見領袖慘死，叛軍土崩瓦解。

一支強大的叛軍被擊潰了，但叛亂並未完全退去。當福卡斯的遺孀一聽到丈夫戰死的消息，便馬上釋放囚禁中的巴達斯．斯凱勒努斯。叛軍的殘部紛紛投入這名老將軍的麾下。內戰一度看似會戰火重燃。不過斯凱勒努斯幾乎雙眼全盲，只剩半條命，已喪失了戰鬥意志。他佯裝抵抗了一會兒後，便欣然接受皇帝的招降，得到一個好聽的虛銜與一座舒服的莊園。當他前往皇帝的豪華別墅討論投降條件時，巴西爾被他的模樣嚇了一跳：眼前這位名將形容憔悴，彎腰駝背，走路時兩旁需有人攙扶。皇帝寬宏大量，假裝相信叛亂的發生純屬誤會，然後向老將軍請益，如何才能防範未來再度發生同樣的事情。他得到的答案是：對所有的貴族發起一場戰爭。「以不合理的苛索榨乾他們，讓他們不斷有事情忙碌。不允許女人參與朝廷會議。不讓任何人靠近，只把您最私密的計畫透露給少數幾個人。」[4]

在帝國漫長而輝煌的歷史裡，沒有任何皇帝比巴西爾更將這番忠告銘記於心。惡性內戰已在他內心留下一道傷痕，讓他從少不更事變得難以討好且不信任任何人。他讓瓦蘭吉衛隊重重圍繞身旁，心無旁鶩地獻身為帝國服務。不論是貴族的怒吼或敵人的刀劍，沒有任何事可以讓他分心。

巴西爾透過推出更嚴厲的土地法令，迫使貴族返還他們自羅曼努斯．利卡潘努斯主政時期以來所兼併的土地。他還下令，如果農民付不出稅款，他們的有錢鄰居必須幫他們代繳。可預見的是，貴族激烈抗議，但巴西爾二世不予理會。他在權力過大的貴族階層陰影下生活了一輩子，深知他們不知饜足的野心對馬其頓王朝的困擾已久。現在他要收緊韁繩，讓他們永遠無法再為禍邦國。

到了九九一年春天，巴西爾終於將權力鞏固得夠穩，於是放心地展開一場大征伐。他沒忘記在「圖拉真之門」所受到的羞辱，以及撒母耳對拜占庭軍隊的恥笑。到了馴服這頭保加利亞野狼的時候了。這次他以其慢無比的速度進軍，以防再次遭到埋伏。每走一程，他就派出不只一個斥候反覆查探，沿途留下記號，以便在緊急撤退時使用。

沙皇撒母耳從安全的山區饒富趣味地把這一切看在眼裡。他沒理由對一個他幾年前不費吹灰之力打敗的敵人擔心，雖然這次前來的大軍不少，但不可能久留。拜占庭幅員遼闊，四面八方都是敵人，需要不斷調度軍隊。他要做的只是避免與帝國軍隊正面交鋒，靜待對方為應付發生在其他地方的危機而不得不離開。這位沙皇並非第一次看到像巴西爾二世這樣的入侵者：他們總是在前一刻殺聲震天，下一刻就走得無影無蹤。

果不其然，在巴西爾進入保加利亞境內不到一年，一名上氣不接下氣的使者前來稟報，法蒂瑪人正在圍攻阿勒坡，安提阿也備受威脅。眼見這些城市即將投降，已來不及救援，因為從保加利亞行軍到敘利亞北部需要近三個月。但一輩子都處於驚嚇中的皇帝此次再度嚇了一大跳：他在八萬頭騾子的幫助下（每個士兵騎一頭並以另一頭馱運裝備），大軍只花了十六天就趕到阿勒坡。像是從天而降的拜占庭軍隊讓法蒂瑪人嚇破膽，拔腿就跑。皇帝乘勝追擊，一路推進到海岸地區，輕易征服了的黎波里。

巴西爾班師回朝後，發現沙皇撒母耳趁他不在時攻佔了波士尼亞和達爾馬提亞，甚至南下襲擊伯羅奔尼撒半島。撒母耳的招數（躲入山區避風頭）幾乎對所有拜占庭皇帝都管用，但對巴西爾二世不管用，只是徒增保加利亞人的困苦而已。巴西爾的戰法確實一點都不像他的兩位前任那樣華麗，卻更加要命。其他皇帝都只會從春天中旬作戰到夏天結束，但巴西爾卻全年無休，全然不把冷死人的冰雪與曬死人的烈日當一回事。他的方法是慢條斯理且按部就班地不斷施壓，從不失去耐性或決心。為了捉住撒母耳，他年復一年地洗劫保加爾人的城池並燒毀他們的莊稼。最後，經過近二十年的挫敗與毀滅性的入侵後，保加利亞軍隊決定不再閃躲。一〇一四年七月二十九日上午，兩軍在貝拉西卡山脈（Belasica Mountains）一個山谷決戰，結果是拜占庭取得壓倒性勝利。

撒母耳逃到附近一個要塞，揚言戰鬥到底，但巴西爾沒心情讓這種情況發生。他下令刺瞎一千五百名戰俘的雙眼，每一百名戰俘便饒過一人，讓他們可以帶完全失明的同袍回主公的要塞。傷殘敵人一向是拜占庭用來對付危險敵人的首選招數，只是規模比從前任何一次都還要大。從此巴西爾得到了一個至今仍為當代希臘街名的外號「保加爾人屠宰者」（*Boulgaroktonos*）。

一千多名衣衫襤褸的盲眼保加爾人最後來到撒母耳的躲藏處普雷斯帕（Prespa，位於今日馬其頓）。這個可怕光景對撒母耳的殺傷力超過預期。他們的存在將永遠成為撒母耳的恥辱，而照顧這些傷殘者也成了飽受蹂躪的保加利亞的沉重負擔。撒母耳不忍心看他們，於是轉身面向牆壁，兩天後便因為過度自責而一命嗚呼。第二保加利亞帝國在失去創建者後又苦撐了四年，但失敗已成定局。一〇一八年，巴西爾二世進入保加利亞首都，接受無條件的投降。

自斯拉夫人在四個世紀前入侵帝國以來，整個巴爾幹半島首次歸於拜占庭控制。巴西爾二世花了大半生征服它，讓馬其頓王朝的中興達到巔峰。帝國的版圖幾乎增加了一倍，成為了地中海地區最大的強權。這些新增的領土將不會再輕易丟失，因為巴西爾二世了解，除非以恰當方法加以鞏固並管理，才可望長期保有它們。此前的拜占庭皇帝都讓被征服的人民強烈感覺到自己是二等公民，但現在保加利亞貴族卻被賜予拜占庭女子為妻，並獲封風光的頭銜。有鑑於保加爾人的土地因戰火而大受破壞，稅率也減輕了。這些良政固然有助於減少君士坦丁堡與被征服土地之間的緊張關係，但皇帝能夠維持和平局面，最主要的原因是他絕不冒不必要的風險。當一〇一二年法蒂瑪王朝的哈里發下令摧毀自己國內所有的教堂時，巴西爾拒絕上鉤，即使對他來說，將拜占庭勢力伸入巴勒斯坦甚至埃及絲毫沒有困難。他以經濟打擊取代發動戰爭作為回應，禁止與法蒂瑪人的一切貿易活動，直到他們悔不當初收回成命為止。不過，後來當法蒂瑪人與亞美尼亞人結盟入侵帝國時，巴西爾又毫不猶豫地反擊，洗劫了好幾個城市，引起了哈里發極大的恐慌。總之，巴西爾既不好戰，也不怯戰。

這位了不起的皇帝只在一個方面遭遇慘敗。因為他過於投入國家事務，始終沒有得子。這點雖然將對帝國帶來災難，但卻沒有在他生前發生。到了一〇二五年，在這位獨攬所有權力的皇帝的穩健統治下，拜占庭雄鷹幾乎在每一條邊界都取得了勝利。每個敵人都被打得潰不成軍，只剩下西西里島的穆斯林繼續抵抗。七十多歲的老皇帝為了彌補這個缺失而集結一支大軍，交由一名宦官帶往義大利南部的卡拉布里亞（Calabria），自己則準備隨後到達。不過巴西爾始終沒能成行。他在統治六十四年後終於倒下，成為羅馬歷史上在位最久的君主，死前一刻還在為戰爭謀劃。

君士坦丁大帝死後葬在聖使徒教堂內一具華美的石棺內，周圍設置了同樣巨大的十二具石棺。根據傳統，此後公認最了不起的羅馬皇帝駕崩後都會葬在這十二具石棺其中之一。到了一〇二五年，還剩下最後一具石棺，巴西爾完全有資格在此入葬。但他卻遺命要葬在出城牆後不遠處的巴克科伊

（Hebdomon）一座教堂裡。雖然很少有皇帝比他更能匹配與歷代巨人比鄰長眠，但在某個意義上，他最後的安息之地卻更加適合他。他一生孤傲、疏遠人民，不允許自己被國家大事以外的任何事情分心。他讓外國君主屈從其意志之下，命敵人俯首，並提供窮人一面抵擋貴族剝削的盾牌。儘管成就斐然，他與人民的關係卻出奇地疏遠，所以只能得到他們的敬佩而非愛戴。他的思考方式非常地不拜占庭，更多是由他的斯巴達祖先而非同代人的神學思辨所形塑。他謹守那位老叛將巴達斯．斯凱勒努斯多年前給他的忠告，不容任何男女分擔他肩上的重擔。雖然他通過重重考驗，卻始終讓人無法親近，因此斷然是拜占庭史上最孤單的皇帝。

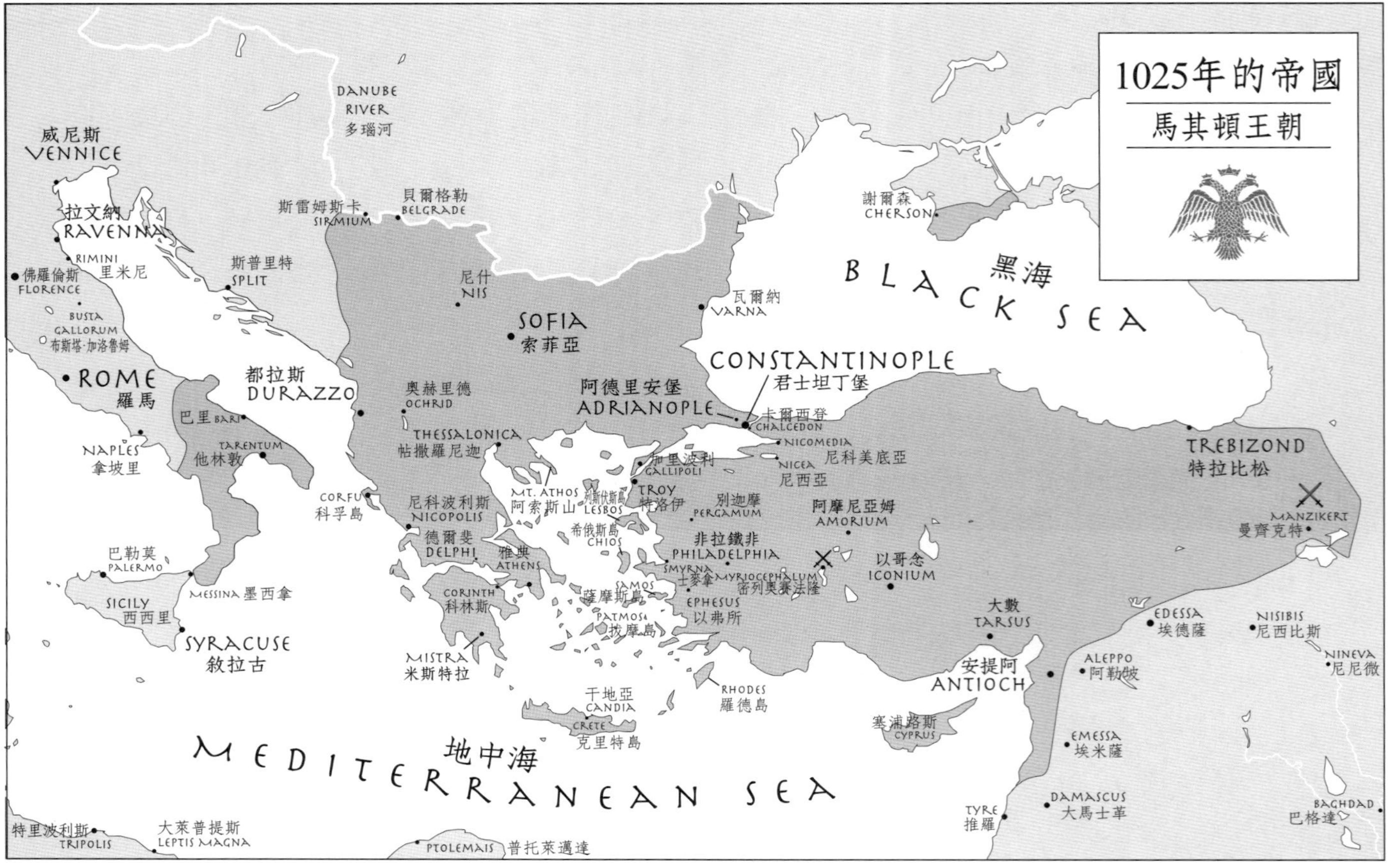
1025年的帝國
馬其頓王朝
威尼斯 VENNICE
拉文納 RAVENNA
RIMINI 里米尼
佛羅倫斯 FLORENCE
BUSTA GALLORUM 布斯塔·加洛魯姆
ROME 羅馬
NAPLES 拿坡里
巴里 BARI
TARENTUM 他林敦
巴勒莫 PALERMO
MESSINA 墨西拿
SICILY 西西里
SYRACUSE 敘拉古
DANUBE RIVER 多瑙河
斯雷姆斯卡 SIRMIUM
貝爾格勒 BELGRADE
斯普里特 SPLIT
都拉斯 DURAZZO
尼什 NIS
SOFIA 索菲亞
瓦爾納 VARNA
奧赫里德 OCHRID
THESSALONICA 帖撒羅尼迦
CORFU 科孚島
尼科波利斯 NICOPOLIS
德爾斐 DELPHI
雅典 ATHENS
CORINTH 科林斯
MISTRA 米斯特拉
MT. ATHOS 阿索斯山
列斯伏斯島 LESBOS
希俄斯島 CHIOS
SAMOS 薩摩斯島
PATMOS 拔摩島
阿德里安堡 ADRIANOPLE
CONSTANTINOPLE 君士坦丁堡
卡爾西登 CHALCEDON
加里波利 GALLIPOLI
TROY 特洛伊
NICOMEDIA 尼科美底亞
NICEA 尼西亞
別迦摩 PERGAMUM
非拉鐵非 PHILADELPHIA
SMYRNA 士麥拿
MYRIOCEPHALUM 密列奧賽法隆
EPHESUS 以弗所
阿摩尼亞姆 AMORIUM
以哥念 ICONIUM
大數 TARSUS
安提阿 ANTIOCH
謝爾森 CHERSON
BLACK SEA 黑海
TREBIZOND 特拉比松
MANZIKERT 曼齊克特
EDESSA 埃德薩
NISIBIS 尼西比斯
NINEVA 尼尼微
ALEPPO 阿勒坡
EMESSA 埃米薩
DAMASCUS 大馬士革
TYRE 推羅
BAGHDAD 巴格達
RHODES 羅德島
塞浦路斯 CYPRUS
干地亞 CANDIA
CRETE 克里特島
MEDITERRANEAN SEA 地中海
特里波利斯 TRIPOLIS
大萊普提斯 LEPTIS MAGNA
PTOLEMAIS 普托萊邁達

THE
MARCH
OF
FOLLY

第二十章 愚人進行曲

CHAPTER 20

巴西爾二世身後留下的帝國堪稱輝煌，版圖西起多瑙河，東至幼發拉底河。沒有一個西歐或中東國家堪能相比，它所發行的金幣稱為「諾米斯馬」（nomisma），是當時國際貿易的標準通貨，並持續了幾個世紀，穆斯林在拜占庭帝國面前也心驚膽顫。歐洲的基督教國家對其滿懷敬意，將其視為強大的保護者。不只一位德意志皇帝曾經前往義大利南部（帝國西部的邊界所在）尋求拜占庭的認可。[1]那些從西歐來到帝國城市或市場旅行的人，眼前所見的是一個他們從未見過的世界。中世紀的歐洲深陷封建主義的泥沼，極少有機會擺脫赤貧。農民在不屬於自己的土地上如牛馬般地度過一生，西方醫學也極為落後，能提供的治療方法往往與疾病本身一樣要命。窮人一天三餐只吃粗糙的黑麵包和乳酪，能活到三十五歲算是幸運。城市之間的通訊緩慢，遠行路上充滿危險，讀書寫字是有財有勢者的特權。只有教會可以為一般人提供些許教育，但這得要教區裡剛好有教士識字才辦得到。

相反地，東部則完全是另一個樣子。財富源源不斷流入國庫，人口欣欣向榮，飢荒似乎已成往事。因為多了很多發財機會，到處都是有錢人，出入以轎子代步，資助興建豪華的共同建築，並在廣闊的公共大道打馬球。空氣中瀰漫的朝氣似乎充滿感染力。保加利亞人、塞爾維亞人與俄羅斯人為帝國帶來更大的文化多樣性。但社會與教會卻空前統一了。到了這時，最後一個為患拜占庭的重大異端——破壞聖像派——已沉寂了近兩百年，而教會和國家之間也表現出和衷共濟的精神。教育再度成為有企圖心年輕人向上爬的方法，擁有豐富藏書成為一種身分的象徵。

拜占庭人對於古代的異教徒經典一向懷有謹慎的敬意，隨著異教死去已久，不再構成威脅，人們重新開始懂得欣賞這些典籍的價值。一種新的人文精神遍布於帝國周遭，學者開始刻意模仿古代的寫作風格。古希臘與古羅馬的手抄本受到高度珍視，不論神職人員或俗家人都競相抄寫這些古代傑作。這是帝國留給後世最珍貴的禮物之一。由於帝國早已失去了埃及（莎草紙的出產地），所以支離破碎的古代手抄本如今被謄抄在更耐久且更方便取得的羊皮紙上。雖然書本後來將隨著帝國的崩潰遭到大規模破壞，但流傳至今的古希臘經典作品卻十之八九，因為這段時期的謄抄而保存了下來。

許多拜占庭皇帝都樂於建立無與倫比的圖書館，從此時起，他們也以促進教育為己任。巴西爾二世主政期間，君士坦丁堡是傑出詩人、法學家和歷史學家的匯聚之地——在人文薈萃方面，西方要等到文藝復興晚期才能與之並駕齊驅。

巴西爾二世未能留下一個子嗣繼承這輝煌的遺產誠屬可惜，但文化的盛況固然讓帝國更加耀眼，也讓一票朝廷大臣自大自滿，以為他們比任何人更懂得治理帝國。巴西爾的死讓他們突然獲得權力，他們也刻意選立軟弱且缺乏氣概的人當皇帝，只在乎保護自己的權位，而不是以國家最佳的利益為念。更諷刺的是，這種將庸才推上帝位的做法也造成了他們自身的毀滅。重稅再次完全落在窮人身上，馬其頓王朝的皇帝先前所訂立的土地法令被廢除，農民淪為掠奪性貴族的俎上肉。有錢人幾乎把兼併了他們莊園內所有的土地，而他們在朝廷的代言人則竭盡所能地為這些土地爭取免稅待遇。皇帝被形同國中之國的貴族勢力所包圍，因而嚴重拮据，不得不偷偷減低金幣的含金量以作為開源的手段——這是一種拜占庭近七百年來都極力避免的做法。貨幣價值的崩潰讓通貨膨脹節節升高，而隨著國際商賈放棄使用無價值的帝國貨幣，拜占庭的威望一落千丈。

小農在無形中被推向毀滅，往往淪為原屬自己土地上的農奴。由於退伍軍人再也無田可耕，整個寓兵於農的制度為之崩潰。[2]拜占庭軍隊變得衰弱不堪，從此被迫仰賴傭兵，重要指揮職位則全被用作政治酬庸。對外戰爭失敗與政治混亂雙雙讓群龍無首的帝國遭受沉重打擊，同時削弱了它的精神和世俗力量。短短五十年間，它的強度和基礎就遭兩件悲劇所動搖。雖然帝國將再存活四百年，但卻無法從此衝擊中完全恢復。

第一件（也更具破壞性的）悲劇發生在一〇五四年，導致拜占庭和西方的關係嚴重受損。這場危機醞釀了幾十年，到了這年變得無可挽回。雖然原羅馬帝國的土地一直靠著基督教來維持門面上的統一，但其東、西部深刻的文化分歧讓雙方在幾百年間漸行漸遠。基督教會的五大牧首有四位在東方，而希臘人愛爭吵的個性讓他們總是不能完全和衷共濟。君士坦丁堡牧首固然得到皇帝權力的加持，但他的牧首區卻是其中最年輕的，所以輩分更高的安提阿、亞歷山卓和耶路撒冷牧首總是防著自己的自主權遭侵蝕。所有重要的問題都要經過開會決定，讓所有聲音都能表達意見。反觀西方只有一個牧首，即羅馬教宗。他逐漸對東方無休止的神學思辨與層出不窮的異端失去耐性，並自視為基督教世界的最高權威，畢竟基督不是曾親自將天國的鑰匙交給第一位教宗彼得，又說過「我要在把我的教會建造在這磐石[3]上」？由此可見，教宗不只是「同儕之首」，還是教會無可爭辯的首領。

一〇五四年，這場危機因為一件事而急劇加速。當時，頑固的牧首米海爾・凱魯拉里烏斯（Michael Cerularius）在寫給教宗利奧九世的信上未按照習慣稱教宗為「阿爸」，而是稱他「弟兄」，又指責他不該把*filoque*一詞添加到《尼西亞信經》中，此行為無異於出賣耶穌的叛徒猶大。這是一個相當歷史悠久的爭論，也是教會分裂的主要原因。根據原版《尼西亞信經》（基督教的核心信仰聲明），聖靈自聖父（上帝）流出，但到了六世紀晚期，西班牙教會卻擅自加入*filioque*（「和子」）一詞[4]，藉此強調基督的神性，並抗衡其統治者西哥德人信仰的阿里烏派。東部教會也反對阿里烏派，要認同西班牙教會的神學主張本來毫無困難，但卻因為堅持只有教會全體會議才有權修改信徑，認為這種擅作主張本身就是一種可惡的異端。沒想到後來教宗竟出面為這個修改背書。[5]《聖經》本身完全沒有觸及三位一體的問題，這導致三個位格是什麼關係都說得通。雙方在這個問題上雖然一直互不相讓，但也沒有撕破臉。但這次牧首寫給利奧九世的信卻讓雙方根深柢固的分歧袒露於在世人面前。[6]

這場爭吵發生得很不是時候，因為拜占庭皇帝君士坦丁九世正好邀教宗派遣使者到君士坦丁堡討論軍事聯盟大計。教宗接受了邀請，但不幸的是，他挑選的使者卻是出了名反對希臘教會的樞機主教亨伯特（Humbert）。他抱著被羞辱的心理來到君士坦丁堡，他果然也受到了羞辱：牧首米海爾·凱魯拉里烏斯拒絕見他。油膩的希臘食物、通風差的住宿環境與備受冷落讓他大為光火，所以開口閉口大罵東部教會的種種習尚（例如：容許神職人員結婚、在聖餐禮上使用發酵餅並在大齋節吃肉）。隨著四月下旬教宗去世的消息傳來，亨伯特的脾氣變得更暴躁，因為少了教宗作為授權人，他留在君士坦丁堡已毫無意義。他要求離開，但牧首卻興高采烈地拒絕，亨伯特形同被軟禁起來。整整兩個月，這位教廷使節無所事事，然後在一〇五四年七月十六日，他因為受夠了而氣沖沖地走到聖索菲亞大教堂，在大祭壇上鄭重地放上一張字條，宣佈革除君士坦丁牧首的教籍。轉過身後，他饒富象徵意義地頓一頓腳，抖去鞋子上的灰塵，然後走出教堂，發誓永不回來。此舉所造成的傷害無比深遠，基督教世界自此將永遠分裂。更讓人扼腕的是，事實上他已失去教宗的加持，本無權柄做出把牧首逐出教會的決定，但他卻執意為之。

幾星期後，米海爾．凱魯拉里烏斯還以顏色。他召開了一個會議，革除教宗教籍。雙方都希望對方軟化，但為時已晚——關係的決裂已覆水難收。此後，教宗堅持拉丁教會是「大公」教會或說「普世」教會，君士坦丁堡牧首則堅持希臘式宗教儀式才是「正信」。[7]

隨著基督世界一分為二，拜占庭陷入孤立無援的危險處境。從現在起，它再也得不到西部的幫助，只能靠自己日益縮水的資源單獨應付來自東方的敵人。

變弱的帝國固然仍有軍隊，但這支軍隊已無當年讓拜占庭傲視群倫的戰鬥力量。自巴西爾二世駕崩後，帝國軍隊便一直受到忽略，變得越來越無能，而朝廷因為擔心兵變，竭盡所能地削弱其力量：最荒謬的作法是解散邊區的民兵組織。外表看來，帝國也許依然輝煌，但內部卻早已腐爛且蛀空，只等待一個敵人來敲碎它的空殼子。皇帝被彼此爭吵不休的貴族牢牢掌控，不太可能有所作為，拜占庭似乎注定復興無望。

就在帝國仍忙於和教廷鬥爭之際，一個強大的新敵人讓它的軍事脆弱更加暴露無遺。當時，整個伊斯蘭世界已被土耳其人開創的塞爾柱王朝（Seljuk）拿下。他們原為中亞遊牧民族，後來席捲伊朗和伊拉克，並在一〇五五年攻陷巴格達，取代了阿拉伯人的阿拔斯王朝。接著在一〇六七年，土耳其人越過幾乎毫無防守之力的拜占庭邊界，在整個亞美尼亞到處洗劫，如入無人之境。塞爾柱人兼具遊牧民族的飢餓掠奪性和聖戰士的侵略性，與拜占庭過往的敵人截然不同。他們的騎兵快如閃電，來得毫無預警，讓人很難知道該在那裡集中兵力防守。笨重的帝國習慣於對付國家和軍隊，而非打了就跑的流寇。不管怎樣，受盡冷落且士氣低落的帝國軍隊早已發揮不了多大作用。

當時在位的拜占庭皇帝羅曼努斯・第歐根尼（Romanus Diogenes）雖不是有天分的將軍，但仍然成功把塞爾柱人逼退回幼發拉底河的另一端。不幸的是，這種小勝利喚醒了貴族長年的恐懼，擔心皇帝力量變大後會限制他們的特權。所以翌年當土耳其人捲土重來，圍攻小城曼濟科一座亞美尼亞人的小要塞時，皇帝得到的支持已大量流失。

羅曼努斯無視於日益升高的不滿情緒，堅持領兵出征，決心一次把土耳其人趕出基督徒的土地。一〇七一年八月二十六日，兩軍短兵相接，展開拜占庭史上最致命的戰鬥。儘管帝國軍隊中的傭兵紛紛倒戈，皇帝仍一度成功逼退土耳其人，但在一個關鍵時刻，心懷鬼胎的貴族人馬突然後撤。帝國的精銳部隊被殲，皇帝成為俘虜。他被迫親吻地面，蘇丹阿爾普・阿爾斯蘭（Alp Arslan）一腳踩在他的脖子上。

在後來的拜占庭人看來，皇帝所受到的奇恥大辱是帝國邁向完全崩潰的開端，但若真如此，該被歸咎的是拜占庭人本身。這場仗本來全然可以避免。在曼齊克特，蘇丹本來想要講和，但見識短淺的一眾貴族卻拒絕他所提的條件，進而成為招致毀滅的肇始。況且，帝國的威望和人力資源雖因這場戰爭而大大受損，但不是不可能恢復。真正徹底毀掉拜占庭的是貴族戰後的行徑。貴族逃離戰場後在整個帝國製造混亂，發動可怕的內戰，企圖奪取拜占庭這艘將沉之船的控制權。大位角逐者如跑馬燈似地輪流坐上龍椅，每個又迅速被其他懷有皇帝夢的將軍推翻。

隨著帝國的門面出現裂痕，其版圖也迅速縮水。在義大利，探險家羅伯特・吉斯卡爾（Robert

Guiscard）率領諾曼人（Normans）征服巴里，結束了拜占庭五個多世紀以來對自己發祥地[8]的統治。在東方，土耳其人大舉湧入小亞細亞，但野心勃勃的將軍們未設法攔阻，反而以手上的傭軍作為問鼎帝位的工具。靠不住的軍隊以驚人頻率倒戈，又因為他們無論到哪裡都會踐踏農田和強徵庄稼，饑荒總是在他們所經之處接踵而來。不到十年，土耳其人便如入無人之境侵占了小亞細亞三萬平方英里的土地，奪去了帝國大部分的人力和糧食來源。除了黑海海岸和地中海岸的細長地帶外，帝國永遠失去了安納托利亞，隨而失去的還有帝國整體長期的復元希望。這時，即使出現了雄才大略的皇帝，卻不再擁有足夠的人力和物力可作憑藉。帝國已然瀕危，一群笨蛋堅持著為爭奪它的屍體而戰。

一〇七八年，土耳其人攻破博斯普魯斯海峽亞洲一側的克里索波利斯（Chrysopolis），將其夷為平地，帝國末日看似近在眼前。帝國軍隊支離破碎，政府被控制於一些短視狂妄的人手中，他們只顧私利，竭盡所能地拆除任何表現出一丁點才能的皇帝的牆角。短短五十三年間，這些人以其不負責任與貪婪幾乎毀了整個帝國。原本豐盈的國庫被揮霍一空，失去了一半以上的領土。人民貧困愁苦，如今唯一解脫的希望是彼此相爭的將軍能產生一個最終勝利者，讓瓦解中的國家恢復秩序。

悲哀而破碎的拜占庭若想恢復一點生命力，需要一名能力罕有其匹者，就在一〇八一年復活節的那個星期天，這樣的人出現了。三十三歲的將軍亞歷克塞．科穆寧（Alexius Comnenus）在接受群眾的歡呼後，走入聖索菲亞大教堂接受牧首的加冕。擺在他面前的挑戰極為艱鉅，但科穆寧精力旺盛而且精明。他將證明自己是最了不起的拜占庭皇帝之一。

THE COMNENI RECOVERY

第二十一章 科穆寧中興

CHAPTER 21

亞歷克塞．科穆寧怎麼看都不像是救星。他屬於馬其頓王朝一直努力打壓的貴族階級，起初乍看，他只是另一個把帝國搞得天下大亂的謀朝篡位者。他的將才確實一時無兩：自二十出頭在曼齊克特作戰以來，從未吃過敗仗。不過他賴以得到帝位的方法一樣是推翻短命的前朝，而非打敗土耳其人。他率領的龐雜外國僱傭兵一進入君士坦丁堡就開始洗劫，科穆寧得花一整天才能控制住他們。老一輩的市民看到此情此景，大概會搖頭嘆息，覺得太陽底下無新鮮事。

這不是一個好的開始，但更糟的事還沒上門。亞歷克塞登基不到一個月便接到消息，一支可怕的諾曼人軍隊在達爾馬提亞海岸登陸，直撲港口城市都拉斯（Durazzo）。如果諾曼人攻陷都拉斯，就可沿著有千年歷史的埃格納提大道（Via Egnatia）直取君士坦丁堡。

諾曼人不是普通的流寇。這些「北方人」（Northmen）身為維京人的後代，在第十一世紀大放光彩。他們在諾曼第的著名族人已在「征服者」威廉（William the Conqueror）的指揮下殺入撒克遜人所控制的英格蘭，而南方的諾曼人也曾打敗教宗國的軍隊，把教宗執為俘虜，成功地把羅馬帝國的最後殘餘趕出義大利。在了不起的羅伯特．吉斯卡爾帶領下，他們侵略了西西里島，攻克巴勒莫，徹底打敗始終盤踞該島的撒拉森人。如今他們消滅了地盤內所有的敵人後，性情暴躁的吉斯卡爾把目光轉向更誘人的獎品：拜占庭帝國。

吉斯卡爾重重包圍都拉斯，但城內市民知道皇帝已經上路，而且毫無投降的打算。經過幾個月攻打未果後，吉斯卡爾落入守勢。十月十八日，皇帝率領的援軍趕到。亞歷克塞在短時間內徵集到一支大軍，但這支軍隊飽受傳統拜占庭的毛病所擾。軍隊的骨幹是精銳的瓦蘭吉衛隊，但其餘全是軍紀散漫且色雜斑駁的僱傭兵，他們的忠誠和勇氣都令人懷疑。唯一讓亞歷克塞感到安慰的是，至少瓦蘭吉衛隊鬥志昂揚。

十五年前，「征服者」威廉打進盎格魯—撒克遜人統治的英格蘭，在黑斯廷斯（Hastings）殺死了英格蘭國王，迫使任何留著儘管只有一丁點撒克遜血液的人處於奴役之下。許多不願當二等公民的撒克遜人逃到君士坦丁堡，加入他們維京表親的瓦蘭吉衛隊。如今他們終於有機會向奪去他們家園和殺死他們家人的仇人算帳。

於是，揮舞可怕雙刃斧的瓦蘭吉衛隊衝進了諾曼人的陣線，把任何擋在前面的人或馬匹送上西天。面對如此兇悍的攻擊，諾曼人向後退卻，但帝國軍隊中土耳其人僱傭兵卻在這時倒戈，讓皇帝無法乘勝追擊。等諾曼人騎兵回過一口氣，人數少多了的瓦蘭吉衛隊頓時遭受包圍，因而傷亡慘重。額頭受傷流血的亞歷克塞繼續奮戰，但他知道大勢已去。不久他殺出重圍，逃往保加利亞重組四散的軍隊。

正如吉斯卡爾所料，拜占庭不堪一擊，而且既已除掉帝國軍隊中的精銳，亞歷克塞似乎就沒什麼好令人擔心的。都拉斯在一〇八二年春天陷落，希臘北部的大部分城市也隨之淪陷。吉斯卡爾自信滿滿地告訴手下，到了冬天他們將會在君士坦丁堡的宮殿用餐。但他有所不知，亞歷克塞離完蛋還遠。足智多謀的皇帝知道，他固然不能指望與諾曼人軍隊在單打獨鬥中取勝，但還是有其他方法。他將證明，高明的外交手段是比鋼刀更鋒利的武器。

吉斯卡爾在義大利南部向來攻無不克，但他的征服生涯也為他樹敵不少。他最主要的敵人是德意志皇帝亨利四世。亨利雄據義大利北部，此時正緊張兮兮地注意諾曼人在南部的動靜。當亞歷克塞送他一批黃金，並指出諾曼人的存在對他們雙方都沒好處時，亨利便入侵羅馬，嚇得教宗乞求吉斯卡爾馬上回師。另外，亞歷克塞也大送黃金給被諾曼人統治的義大利人，因此義大利南部未幾就發生了叛亂。[1]恨得牙癢癢的吉斯卡爾別無選擇，只得回師，留下兒子博希蒙德（Bohemond）繼續作戰。

亞歷克塞立即發動進攻。他的部隊由三支以上的僱傭兵拼湊而成，但他們全被打得一敗塗地，讓皇帝除了進一步掏空國庫外一事無成。在在看來，諾曼人雖少了一位魅力十足的領袖，但仍非帝國軍隊所能對付，於是亞歷克塞轉而物色可為他作戰的盟友。他在威尼斯找到這樣的現成盟友——那裡的領導階層就像其他人一樣，都對吉斯卡爾龐大的野心感到震驚。皇帝為了回報威尼斯，派出海軍相助，又對威尼斯的關稅降至空前程度（一個對拜占庭商人構成威脅的程度），又贈與威尼斯一片位於君士坦丁堡內的殖民地，讓他們能在帝國水域自由貿易。這種讓步形同將拜占庭商人排擠出海域，但當年春天，威尼斯海軍切斷博希蒙德的補給與增援路線後，這種代價讓皇帝覺得完全值得。到了此時，諾曼人已筋疲力竭。他們在拜占庭的土地打了近四年的仗，擊敗每支討伐他們的軍隊，卻沒有比登陸那天更接近征服君士坦丁堡。大部分的軍官都不服吉斯卡爾的兒子，一心只想回家。亞歷克塞使出高招賄賂他們，他們開始怨聲載道，博希蒙德一回義大利籌措更多軍費時就馬上投降。

第二年，一〇八五年，七十歲的吉斯卡爾再次嘗試征服君士坦丁堡，但他來到凱法洛尼亞島（Cephalonia）後便病倒了，因高燒失去性命，留下了一個未能完成的大夢。[2]至此，帝國終於可以鬆口氣，再次把注意力轉向來自東方的較小威脅。

穆斯林的威脅和諾曼人一樣，最近因一件意外死亡事件而明顯降低。在亞歷克塞登基之初，塞爾柱土耳其人眼見就要把帝國在小亞細亞僅剩的領土吞食殆盡。一〇八五年安提阿陷落，翌年埃德薩和敘利亞大部分的地區相繼失守。最大的震撼莫過於土耳其人在一〇八七年攻佔耶路撒冷，完全切斷通往聖城的朝聖路線。然後土耳其人把兵鋒轉向海岸地區，在一〇九〇年取得以弗所，接著轉向希臘各島嶼。希俄斯島、羅德島與萊斯沃斯島相繼快速陷落。就在拜占庭看似即將失去整個亞洲之際，土耳其蘇丹突然去世，他的王國也上演爭權的老戲碼，而陷入四分五裂。

眼見諾曼人的威脅減弱與穆斯林的分裂，亞歷克塞知道這是逐出土耳其人的大好良機。他唯一需要的是一支軍隊，不過從他與諾曼人周旋的經驗顯示，他的軍隊弱得可憐。所以，他必須找到盟友強化自己的軍隊。有鑑於此，他在一〇九五年寫了一封信給教宗。

有鑑於四十一年前君士坦丁堡和羅馬互相革除教籍，亞歷克塞此舉顯得有點唐突，不過涉及當日不幸事件的大部分人作古已久，雙方劍拔弩張的氣氛也在後來幾十年間緩和下來。皇帝與教宗固然偶然仍會因為一些雞毛蒜皮的神學問題發生齟齬，但畢竟屬於同一信仰，而且亞尼克塞正是以基督徒的身分寫信給烏爾班二世（Urban II）。皇帝為了表示友好，讓君士坦丁堡的拉丁系教堂恢復運作，所以，他的使者抵達教廷時，發現教宗也傾向和解。土耳其人的征服曾讓教宗深感震驚，所以他認為不能對東方基督徒在穆斯林統治下的悲慘困境置之不理。雙方的談話記錄沒有流傳下來。當教宗幾個月後前往法蘭西時，他心中已醞釀出一個宏大的計畫。穆斯林曾對許多聖地發動聖戰並將其信仰擴散至歐洲，是基督徒大舉還擊的時候了。十一月十八日，教宗在法蘭西城市克萊蒙（Clermont）城門外登上一個大講壇，發表了歷史上最致命的演說之一。

他宣稱：「撒拉森人從沙漠湧出，奪走基督徒的土地並玷汙他們的教堂，殺害基督徒朝聖者和打壓基督教信仰。他們拆毀耶路撒冷的聖墓教堂，強迫無數信徒改信伊斯蘭教。西方不能再坐視這些痛苦。現在，前往東方解救主內弟兄是每個基督徒的神聖責任。撒拉森人偷走了上帝之城，如今亟需正義的戰士把他們趕走。所有懷著純潔之心這麼做的人都會罪得赦免。」

教宗說完話的那一刻，人群爆出如雷歡呼。中世紀歐洲是充滿暴力的時代，而大部分在場的人都意識到自己雙手滿是血腥。現在，得知他們只要奉著上帝之名揮舞刀劍便可解除永罰，豈不欣喜若狂？一位主教跪了下來，發誓願意在遠征隊伍中負責扛十字架。一些教廷人員在現場發放布料針線，供報名者在衣服上縫上十字架圖案，作為願意出征的認證，但布料針線很快就用罄了。隨著烏爾班到處宣傳他的信息，東征的狂熱席捲法蘭西、義大利和德意志，農民和騎士同時蜂擁投入他的旗幟之下。因為報名的人實在太多，教宗不得不勸其中一些留下來耕種，以免發生饑荒。他做夢也沒有想過自己竟能掀起這麼大的風潮。

群眾的熱烈回應讓教宗心花怒放，但亞歷克塞卻感到害怕。他最不想看見的事就是有一支大雜燴的雜牌軍出現在他的首都。他真正想要的是聽命於他的僱傭兵，反觀教宗派來的人馬，卻是一批毫無紀律的烏合之眾。他們不太聽命於皇帝，卻又需索許多。

還有很多原因讓亞歷克塞不信任十字軍。教宗不僅巧妙地以耶路撒冷取代君士坦丁堡作為聖戰號召，演講中也從不提皇帝亞歷克塞的名字，好讓十字軍能牢牢控制在自己的手中，這使得教宗而非皇帝才是基督教世界最高權威的想法更加深入人心。還有，「聖戰」的觀念是拜占庭人的心靈所完全陌生的。「該撒利亞人」聖巴西流曾在第四世紀教導基督徒，殺人有時雖出於必要，卻不值得讚美，更絕不能成為赦罪的理由。幾個世紀以來，東部教會一直堅持這種路線，因此拒絕答應封那些作戰時死於穆斯林的部下為殉教者。東部教會當然認為，雖然對穆斯林作戰是一場正面的戰爭，但採取外交手段更可取無數倍。畢竟東部的神職人員不被允許拿起兵器，看到諾曼人的神職人員全身武裝甚至帶兵，將讓拜占庭人深感不安。

事實證明，十字軍果然不值得信任，一些拜占庭人也開始懷疑，他們的真正目的不是解放耶路撒冷，而是佔領君士坦丁堡。一個明明白白的證據是，其中一支東征騎士的領導人不是別人，而為吉斯卡爾的可恨兒子博希蒙德。

第一批抵達君士坦丁堡的十字軍印證了亞歷克塞的不好預感。先前，在教宗返回義大利後，其他人代他到處勸人加入東征行列。他們之中一位名叫「隱士」彼得（Peter the Hermit），負責在法蘭西北部和德意志向窮人宣傳十字軍的訊息，慫恿窮人靠著加入東征擺脫赤貧生活，因而招募到四萬名迫不及待出發的男女和兒童。彼得太急了，等不到規定的出發日期，便帶著他的龐雜隊伍蹣跚向君士坦丁堡進軍。來到匈牙利後，這群人中一些人清楚表明他們此行不是懷著什麼高尚目的，因而開始任意妄為，而這不是彼得或任何人控制得了。他們洗劫路過的鄉村，對貝爾格勒縱火，攻打任何不為他們提供給養的城鎮。在城市尼什（Nish），大為光火的拜占庭總督派出部隊教訓他們，衝突中有萬名十字軍被殺。等到彼得和他的「人民十字軍」終於抵達君士坦丁堡時，看起來更像是一群飢餓且疲倦的土匪而非軍隊。亞歷克塞知道他們毫無打敗土耳其人的機會，便勸他們回頭，但他們已經走了太遠的路，而且堅信自己刀槍不入，不肯聽勸。漸漸地，他們成了讓人頭痛的人物：買東西不付錢，又洗劫君士坦丁堡的郊區。亞歷克塞對他們發出最後警告，然後用渡輪把他們送到小亞細亞。

「人民十字軍」的下場淒慘可想而知。在陷入土耳其人的伏擊前，他們在小亞細亞橫行了近三個月，對在地的希臘人極度凶殘（顯然沒有意識到對方也是基督徒）。遭土耳其人擊潰後，「隱士」彼得幸運逃脫，千辛萬苦回到君士坦丁堡，但他的「軍隊」就沒這麼幸運了。土耳其人饒過最小且最好看的小孩，把他們賣到土耳其的奴隸市場，對其他人則一律殺無赦。

接下來九個月，陸續抵達的十字軍和彼得可憐兮兮的烏合之眾沒半點相似之處。他們是由西歐最強大的封建領主率領，紀律井然而雄壯威武，全數加起來輕易就比皇帝能召集到的軍隊多一倍。要供養並控制如此龐大的一群人簡直是惡夢，特別是他們和亞歷克塞之間缺乏互信。顯然，皇帝處理這個燙手山芋時必須小心翼翼。亞歷克塞看準這些西歐人對發誓非常認真，決定設法要他們誓忠於皇帝，而且事不宜遲。每一支十字軍都分批到達，在人口龐大的首都看起來都不顯眼，但若容許他們集結在一起，一定會想對首都發起攻擊。在此之前，君士坦丁堡曾經是無數征服者的最大誘惑，十字軍沒理由和他們不同。

皇帝完全有理由擔憂。君士坦丁堡和世界上所有其他的城市都不一樣，比西方人看過的任何城市更加璀璨醉人。一個貧窮的騎士會覺得這裡無比陌生，因它除了遍地黃金，還住著比巴黎或倫敦多近二十倍的人口。教堂裡的儀式充滿異國情調，人們在街上交談的語言有十幾種，且商人和貴族無不穿著閃閃發亮的華麗絲綢。這裡的公共紀念碑大得不可思議，宮殿也華麗得無與倫比，市場裡的商品則貴得讓人咋舌。因此，拜占庭人和十字軍無可避免會發生嚴重文化衝撞。拜占庭人這方把十字軍視為低度開化的野蠻人，又痛恨他們先前洗劫一些拜占庭城市與強奪庄稼。十字軍那方則看不起希臘人的「娘娘腔」（時興的多綴褶長袍與噴香水的太監為其表徵），認為拜占庭人就是因為太「娘」，才需要西方人為他們打仗。因為討厭拜占庭宮廷的繁文縟節，大部分的十字軍貴族起初幾乎不隱瞞他們的鄙夷——一個騎士甚至在等待皇帝接見時大剌剌地半臥在龍椅上。不過，亞歷克塞倒是能裝得若無其事。他以半威迫半利誘的方法，從他們身上取得效忠的誓言。他們很少有人樂於發誓，有些人更是抱怨連連（其中之一是博希蒙德），不過到最後，基本上每個十字軍頭頭都答應歸還他們所佔領的拜占庭城市。只有「土魯斯人」雷蒙（Raymond of Toulouse）堅決拒絕發誓，只含糊其辭地表示願意「尊重」皇帝的人身安全和財產。

到了一〇九七年初，君士坦丁堡的磨難終於過去，因為最後一批十字軍已渡過博斯普魯斯海峽，踏足亞洲海岸。亞歷克塞當然大大鬆了一口氣。這支軍隊對帝國來說與其說是幫助，倒不如說是威脅，又如果他們在安納托利亞取得勝利，很可能比目前不太團結的土耳其人更加危險。不過就目前來看，皇帝能做的只有靜觀事態的發展。

十字軍一登陸小亞細亞，便直撲尼西亞——近八百年前召開第一次大公會議的古城。曾經殲滅「人民十字軍」的土耳其蘇丹聽聞此消息，雖然惱火卻不驚慌，因為他以為這批新來乍到的人馬和上一批是同樣的貨色。不過，他隨後知道自己錯了，因為這次出現在他面前的是一支嚴整隊伍，人人騎在高大的駿馬上，身披弓箭無法射穿的厚重鎧甲。在十字軍還沒有發起第一波重騎兵衝鋒前，土耳其軍隊便已潰散。大驚失色的蘇丹倉皇撤退。

對十字軍來說，這場勝利美中不足之處是，尼西亞駐軍選擇向拜占庭主帥投降。拜占庭軍隊隨即迅速關閉城門，讓十字軍享受不到他們習慣的洗劫之樂。拜占庭人會有這種舉動，是因為尼西亞市民以拜占庭基督徒佔大宗，但在十字軍眼中，這卻是一種出賣行為。他們開始懷疑，皇帝是否已把盟友和敵人對調。讓這種懷疑顯得更有道理的是，拜占庭人給被俘的土耳其人兩個選擇：一是投入帝國軍旗麾下，一是自由回家。在那當下，十字軍並未發洩不滿，但他們和拜占庭的關係已蒙上陰影。

亞歷克塞對西方騎士的受傷自尊置之不理，因為他相當肯定，他們在面對不可勝數的穆斯林敵人時不可能有勝算。不過，大大出於君士坦丁堡意料之外的是，第一次十字軍東征便取得了振奮人心的勝利。土耳其蘇丹兩次試圖攔阻十字軍，但都潰不成軍，於是乾脆下令採取堅壁清野的政策，任十字軍通行無阻。在中亞細亞不毛而灼熱的心臟地帶行軍讓十字軍吃盡苦頭，但他們最終還是抵達了安提阿，並成功破城。不過，一支由摩蘇爾巡撫（atabeg）率領的大軍旋即襲來。被包圍的十字軍嚴重缺水缺糧，被逼著把大部分的坐騎宰來充飢。亞歷克塞派兵馳援，但半路上遇到一批逃出城的十字軍。他們告訴皇帝，安提阿大有可能已經淪陷，無可救藥了。想到自己即使犧牲軍隊也不能獲得什麼，皇帝下令軍隊掉頭，返回君士坦丁堡。

然而，安提阿的十字軍並未投降。他們因為奇蹟似地發現一件聖物而士氣大振，決定戰至最後一兵一卒，結果反而讓敵人不敵逃走。他們繼續推進，並在一〇九九年七月十五日抵達耶路撒冷。許多十字軍在看到聖城時因想到自己一路上吃了多少苦，登時淚流滿面。他們成功破城，進城後將累積四年來的悶氣一股腦兒發洩出來，見人就殺，不分東正教徒、穆斯林或猶太人。這場醜陋而毫無基督徒美德可言的屠殺持續到凌晨，未成為刀下亡魂的市民少之又少。

清理腐爛屍體的工作花了好幾星期，之後，十字軍為自己選了一位國王。根據他們發過的誓，他們應該把耶路撒冷與沿途征服的每個城池歸還拜占庭帝國。但他們不打算守諾。他們認為，亞歷克塞未出兵解安提阿之圍，這表明他是個奸詐小人，也解除了他們履行誓言的責任。先前，博希蒙德已在安提阿自立為王，其餘被征服的土地此時也分裂為多個不同的十字軍王國。若皇帝想索回他的土地，唯一辦法只有帶著軍隊來取。

這個發展對亞歷克塞來說求之不得。在一片帝國已丟失幾個世紀的土地上出現一批基督徒王國，可在拜占庭和土耳其人之間發揮緩衝的作用。不過，博希蒙德佔據安提阿卻非他所能容忍。安提阿一向被視為帝國第二大城，又是五大牧首區的首府。況且它只被土耳其人奪去十五年，人口清一色是東正教徒，語言是希臘語，文化徹頭徹尾是拜占庭文化。讓皇帝更為憤慨的是，博希蒙德趕走了安提阿牧首，以一名拉丁系主教取而代之。饒是如此，亞歷克塞一時之間仍無計可施：先前，他利用土耳其人被十字軍牽制住的機會，收服了包括以弗所、薩迪斯（Sardis）和非拉鐵非（Philadelphia）在內的大部分小亞細亞西北部地區，現在軍隊因過於分散，不可能對敘利亞有所作為。

雖然博希蒙德看來可以盡情胡作非為，但他卻在一一〇〇年夏天中了土耳其人的埋伏，之後三年被關在一座偏遠的監獄裡。至少有三支十字軍部隊曾試著營救他，但都因為不理會亞歷克塞的指導和忠告，而被殺得片甲不留。他們都把自己的失敗歸咎於皇帝。後來靠著以贖金買回自由身的博希蒙德聽信他們這一套，憤而大怒，回歐洲後計畫對拜占庭發起新的侵略並廣受支持。[3]至此，互不信任的怨毒花朵終於徹底綻放，而這朵花是紮根於東西兩部的文化鴻溝之中。在歐洲人眼裡，十字軍真正的敵人不是伊斯蘭教，而是貪得無饜、兩面三刀的拜占庭帝國。當十字軍遭圍困在安提阿時，皇帝袖手旁觀，更早之前是禁止他們進入帝國城市，反而對穆斯林戰俘設想周到（甚至注意到不讓他們的飯食裡有豬肉），把他們當成珍貴的朋友來看待。另一方面，在亞歷克塞這方，他當初的疑心現在看來完全得到印證：所謂的十字軍精神不過是新瓶裝舊酒。就像以前其他口口聲聲要幫助拜占庭的外國軍隊一樣，十字軍的目的也不過是要征服。現在，亞歷克塞得面對一支新的軍隊，而領軍者是他的老敵人博希蒙德。

博希蒙德自入侵開始，就試圖複製他老爸的成功方程式。他帶著三萬四千人馬在以弗所登陸，便馬上前往達爾馬提亞海岸，圍攻兵力強大的都拉斯城。但拜占庭已不再是二十五年前，被吉斯卡爾打得抬不起頭來的弱雞。拜近二十五年來都是單一皇帝統治之賜，社會穩定不少，每個貴族之家也願意齊心合意，共輔皇帝。拜占庭已回復一定程度的繁榮，人心也因此較偏向朝廷。高昂的士氣讓都拉斯頂住了攻城者的攻勢，而一支拜占庭艦隊則切斷博希蒙德的補給。亞歷克塞好整以暇地帶著軍隊從首都抵達，讓諾曼人陷入前後受敵的窘境。到了年底，博希蒙德的人馬已三餐不繼，軍營也爆發常見的瘧疾，無計可施之下只好無條件投降。他帶著恥辱回到義大利，三年後就撒手人寰，期間不敢再到東方露臉。

至此，亞歷克塞修補了帝國受損的聲譽，成就超越登基之初任何人的想像。但這時他已年近六旬，而且衰老得極快。因飽受痛風所苦，他更關心的是鞏固已收復的領土，而非對土耳其人發起新戰事。他努力緩解人民疾苦，減輕窮人稅負，在首都建造一間免費的大醫院與露宿者之家，為窮人提供所需。因擔心威尼斯在帝國內的勢力越來越大，他給予比薩（Pisa）[4]同樣的通商優惠，希望這兩個海上共和國能互相制衡。一一一六年，他對土耳其人發起最後一次征伐，完全擊潰蘇丹的軍隊，結束了他們對拜占庭海岸的反覆騷擾。根據簽訂的和約，安納托利亞內陸的希臘人口全部遷移至拜占庭境內。此舉固然讓這些人口不必再受到奴役之苦，也讓小亞細亞的完全伊斯蘭化成為定局。

凱旋班師回朝後，這位皇帝明顯已沒多少日子可活。他因為痛風而全身浮腫，必須坐著才能呼吸，但還是拖到一一一八年八月才撒手人寰，死時家人環侍在側。[5]他是一位出色的皇帝，完全有資格被葬在聖使徒教堂，和其他偉大皇帝比鄰長眠。不過，他卻選擇護岸壁附近一座寧靜小禮拜堂為安息之所。[6]亞歷克塞在位三十七年來，為帝國帶來了其最需要的穩定，奠定了恢復繁榮與強盛的基礎。這位皇帝除了抑制全面性的崩潰，還成功收復地中海和黑海沿岸的富庶地區。只要他的人民和十字軍能有多一點互信和合作，亞歷克塞幾乎確定可以收復小亞細亞的內陸地區，又如果這片帝國腹地能重回帝國懷抱，曼齊克特之戰的後遺症將可完全消除，拜占庭也會變得更強大，讓土耳其人無法在歐洲建立橋頭堡。接下來數百年，能幹與雄心勃勃的皇帝不少，若他們能有小亞細亞的資源為後盾，大可讓半個歐洲不至於落入五百年被奴役的命運。但拜占庭和十字軍之所以會產生嫌隙，過錯不在亞歷克塞。事實上，如果不是他處理有方，十字軍輕易就可以打敗衰弱的帝國。他的成就超過任何人所能夢想。他的後繼者不是人人都和他有一樣的本領，或像他一樣的好運氣。

最後一批十字軍離開君士坦丁堡許久之後，他們路過所造成的衝擊仍在帝國首都迴盪著。雖然這個首次相遇讓雙方都不是滋味，但十字軍的強健有力卻讓一向養尊處優的朝廷留下深刻的印象。對許多拜占庭人來說，面對這批耀武揚威的人是他們首次近距離接觸遙遠的西方，他們雖粗野不文，其孔武有力卻自有一種輝煌。

第二次東征（由德意志和法蘭西王公貴族率領）正值亞歷克塞孫子曼努埃爾（Manuel）在位，也是騎士時代的鼎盛時期，而途經首都的歐洲騎士引起拜占庭有錢人極大的興趣。西式服裝在貴婦人之間蔚為時尚，皇帝本人甚至舉行馬上槍術比賽，親自披掛上陣，朝廷上下都為之震驚。[7]

然而，不管拜占庭人多麼嚮往西方事物，他們心裡都還有一種優越感，看不起稚嫩的西方人。騎士固然能征善戰，但在大部分帝國人民心中，他們仍不過是暴發戶和野蠻人，無法與君士坦丁堡表現出的屬靈與屬世榮耀並駕齊驅。拜占庭帝國固然不再那麼金碧輝煌，但它仍是黑暗世界裡的學問與文化明燈，並非任何西方所謂的國王或大公所能企及。

這種優越感在科穆寧王朝歷任皇帝的統治下看來有根有據。帝國持續復元。亞歷克塞的兒子「美男子」約翰（John the Beautiful）除了把好戰的匈牙利國王打得抬不起頭來，還讓達尼什曼德王朝（Danishmend）的土耳其人俯首稱臣。當亞美尼亞幾個半獨立的大公膽敢挑戰他的權威時，他便出兵將他們抓進拜占庭的監獄嚴加管束。帝國力量的這種展現讓彼此爭吵不休的十字軍王國不敢造次，而安提阿國王甚至親自朝見皇帝，輸誠效忠。一次狩獵意外讓「美男子」約翰的統治戛然而止，但繼承王位的曼努埃爾卻比乃父還要傑出。安提阿的統治者以為新君年輕可欺，向他勒索了幾座城堡，不料曼努埃爾馬上率領大軍，以閃電速度兵臨城下。其他十字軍王國見狀，馬上宣佈皇帝是他們的共主。當曼努埃爾在一一五九年進入安提阿，十字軍世界最顯赫的人物——耶路撒冷國王——恭順地走在他後面。三年後，塞爾柱土耳其人為了讓皇帝不找他們麻煩，答應接受附傭身分。在西方，塞爾維亞和波士尼亞被納入帝國領土。在在看來，拜占庭已經從曼齊克特一戰完全恢復，重拾原有的威望。

不過，此時烏雲卻出現在地平線上。自從第一次十字軍東征後，帝國的名聲在西方便不是特別好，第二次十字軍東征的徹底失敗更讓事情雪上加霜。雖然這次潰敗很難說是拜占庭的責任，但法蘭西十字軍（特別是諾曼十字軍）歸國後卻散播謠言，說拜占庭三刀兩面，與穆斯林款曲暗通。事實上，十字軍這次的失敗大都是因為他們多次不理會曼努埃爾的忠告，未取道較安全的海岸地區，才會敗得灰頭土臉。[8]但不管怎樣，壞話已在西方傳開，而且被取信：這些信奉異端的希臘人不僅毫不在乎基督教在東方的大業，還私底下搞破壞。

對拜占庭來說，最危險的還不是被抹黑，而是它和威尼斯的關係越來越壞。威尼斯這個義大利城邦靠著拜占庭的讓利，打造出一個規模相當大的商業帝國，而威尼斯商人的態度也越來越囂張跋扈，讓飽受排擠的拜占庭商人忍無可忍。君士坦丁堡街頭到處是趾高氣昂的威尼斯人，許多市民巴望著皇帝下令將他們遣返潟湖區。一個強大帝國豈能讓自己的商人受到外國商人排擠，而坐視自己的財富流入遠方城市的口袋？「美男子」約翰曾試圖透過拒絕續簽優惠貿易協定來遏制威尼斯人的勢力，卻引來了一場戰火；更糟的是，拜占庭海軍因太過老舊而沒有能力參戰。後來，海岸地區一連數月陷入火海，貿易大受擾亂，約翰只得吞聲忍氣，向威尼斯人的要求屈服。這次，他除了使雙方仇怨愈深之外，可說一事無成。一如往常，他的兒子曼努埃爾的運氣比他好。一一七一年，皇帝一半因為魯莽，一半出於勇敢，直截了當地把帝國內所有的威尼斯人抓起來，並沒收他們的生意。威尼斯憤而召回大使恩里科．丹多洛（Enrico Dandolo）（當時他已被弄瞎一隻眼睛），以強大的海軍取代他的功能。兩國再次陷入戰爭，這一次拜占庭連海軍都付之闕如，因為多年前約翰大肆削減海軍的經費。但曼努埃爾像走了狗屎運。威尼斯艦隊爆發瘟疫，無法再戰。倒楣的威尼斯總督只能返航（無意中也把瘟疫帶回國），一回到威尼斯就被一群暴民以殘忍方法殺死。

威尼斯人對帝國海上貿易的箝制固然已經鬆開了，但曼努埃爾的勝利卻是一場慘勝。就目前來看，共和國需要花時間療傷止痛，而它對此次蒙受的重大羞辱更是沒齒難忘。三十二年後，威尼斯和恩里科．丹多洛將報仇雪恥。

拜占庭重新恢復了若干國際威望，再度被視為愛琴海與巴爾幹地區的強權，因此頗為沾沾自喜，不太注意四周敵人的動靜。帝國似乎只要「一跺腳」就可以集結一支大軍，它在東方的敵人變得俯首帖耳，西方的省分也唯命是從。曼努埃爾對自己的力量過於自信，他甚至寫信給教宗，主動表示願意對教會提供保護。但拜占庭的力量強大泰半是一種錯覺，是三個傑出皇帝的華麗風格營造出來的。從各方面來看，曼努埃爾顯然都像個十足的皇帝，能以淵博的學問令任何人折服，但他的軍事勝利缺乏任何實質。雖然十字軍王國答應當他的盟友，但一等他的軍隊離開就變卦；土耳其人同意稱臣，但也只是虛與蛇委。拜占庭少了小亞細亞的人力與物力，不可能得到長久的復甦，而且科穆寧王朝幾乎沒有一位皇帝曾試圖收復失去的腹地（只有一個皇帝試過，但以災難收場）。他們打的都是防衛戰爭，為了回應外來的威脅而戰，而非修復曼齊克特之戰所造成的重大損害。

曼努埃爾的最大失誤是未能把穆斯林軍隊驅逐出安納托利亞。在他統治初期，達尼什曼德土耳其人因內部爭吵不休而分裂，塞爾柱土耳其人只要一看到帝國軍隊就望風披靡。在收服各個十字軍王國之後，曼努埃爾原可劍指土耳其人，但他卻不此之圖，而以他們稱臣為滿足，並於此後近十年放任他們不管。當帝國軍隊一離開，塞爾柱人便入侵達尼什曼德王朝的領土，輕易征服這個變得孱弱的敵人。這是近十年來第一次土耳其人佔領的小亞細亞地區，再次統一於單一強大蘇丹之下。曼努埃爾因為不去對付兩個彼此不合的敵人，現在得面對一個萬眾齊心的大敵。一一七六年，他為了矯正錯誤，出兵攻擊土耳其人的首都以哥念（Iconium），卻在密列奧塞法龍山口（pass of Myriocephalum）遭遇伏擊。雖然歷經近一世紀的重建，但此次帝國軍隊面對土耳其人時的表現還是一樣無能，聲譽也遭到無可挽回的重創。這場戰役表明，帝國的強大虛有其表，只建立在皇帝令人眩目的行事風格上。

曼努埃爾將再活四年多，期間甚至成功伏擊了一小支土耳其軍隊，稍稍報了大潰敗的一箭之仇。但他的昂揚精神已然喪失，歷史的浪潮也轉而不利於拜占庭。一一八〇年秋天，他罹患絕症，九月二十四日駕崩，科穆寧王朝一世紀的輝煌隨之落幕。他的死一如其大半人生，時間點拿捏得恰到好處。他在帝國的高峰時期登上帝位，又在帝國烏雲罩頂的時刻撒手人寰，把風暴留給後繼者。那些目擊盛大出殯場面的人並不知道，他們眼中所見的是帝國輝煌的最後一瞥。曼努埃爾死後，整棟紙牌屋將轟然倒塌。

SWORDS THAT DRIP WITH CHRISTIAN BLOOD

第二十二章 滴著基督徒鮮血的劍

CHAPTER 22

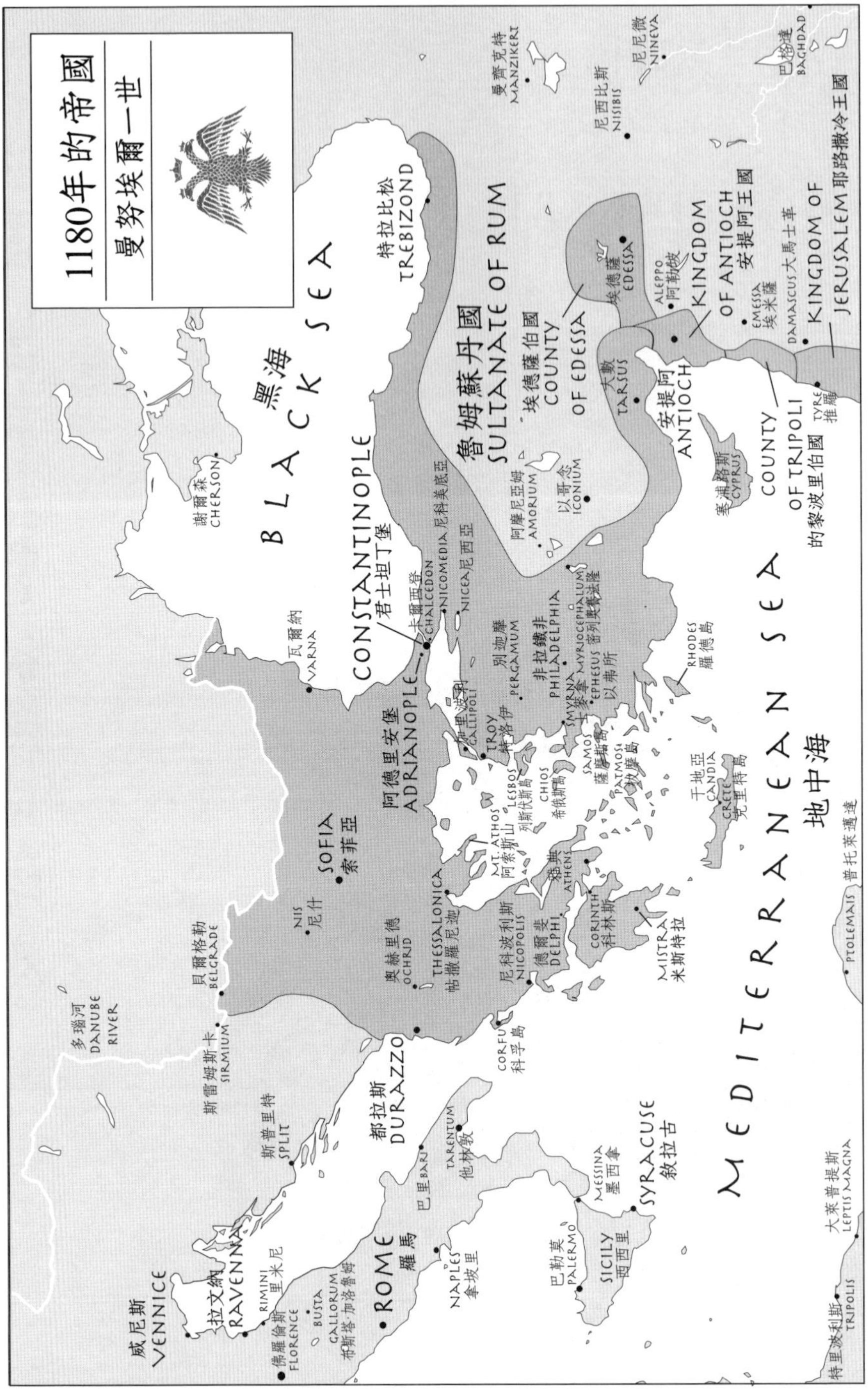
1180年的帝國
曼努埃爾一世
黑海
BLACK SEA
MEDITERRANEAN SEA
地中海
君士坦丁堡
CONSTANTINOPLE
阿德里安堡
ADRIANOPLE
魯姆蘇丹國
SULTANATE OF RUM
埃德薩伯國
COUNTY OF EDESSA
安提阿王國
KINGDOM OF ANTIOCH
的黎波里伯國
COUNTY OF TRIPOLI
耶路撒冷王國
KINGDOM OF JERUSALEM
特拉比松
TREBIZOND
曼齊克特
MANZIKERT
尼尼微
NINEVA
巴格達
BAGHDAD
尼西比斯
NISIBIS
埃德薩
EDESSA
阿勒坡
ALEPPO
埃米薩
EMESSA
大馬士革
DAMASCUS
推羅
TYRE
大數
TARSUS
安提阿
ANTIOCH
塞浦路斯
CYPRUS
阿摩尼厄姆
AMORIUM
以哥念
ICONIUM
尼科美底亞
NICOMEDIA
尼西亞
NICEA
卡爾西登
CHALCEDON
瓦爾納
VARNA
謝爾森
CHERSON
別迦摩
PERGAMUM
非拉鐵非
PHILADELPHIA
密列奧法隆
MYRIOCEPHALUM
以弗所
EPHESUS
士麥拿
SMYRNA
羅德島
RHODES
加里波利
GALLIPOLI
特洛伊
TROY
列斯伏斯島
LESBOS
希俄斯島
CHIOS
薩摩斯島
SAMOS
拔摩島
PATMOS
干地亞
CANDIA
克里特島
CRETE
阿索斯山
MT. ATHOS
雅典
ATHENS
科林斯
CORINTH
米斯特拉
MISTRA
德爾斐
DELPHI
尼科波利斯
NICOPOLIS
帖撒羅尼迦
THESSALONICA
奧赫里德
OCHRID
索菲亞
SOFIA
尼什
NIS
貝爾格勒
BELGRADE
多瑙河
DANUBE RIVER
斯雷姆斯卡
SIRMIUM
都拉斯
DURAZZO
科孚島
CORFU
斯普里特
SPLIT
威尼斯
VENNICE
拉文納
RAVENNA
里米尼
RIMINI
佛羅倫斯
FLORENCE
布斯塔·加洛魯姆
BUSTA GALLORUM
羅馬
ROME
拿坡里
NAPLES
巴里
BARI
他林敦
TARENTUM
墨西拿
MESSINA
敘拉古
SYRACUSE
巴勒莫
PALERMO
西西里
SICILY
大萊普提斯
LEPTIS MAGNA
特里波利斯
TRIPOLIS
普托萊邁達
PTOLEMAIS

帝國崩解之快速，連它自己的人民也頗為吃驚。在過去，每當拜占庭受到威脅，老天都會降下救星，但這一次，帝國舞台上完全不見一個夠格的政治家。曼努埃爾的十二歲兒子亞歷克塞二世顯然缺乏救帝國於水火的能力，只能眼睜睜看著各種災禍同時發生：土耳其人在小亞細亞勢如破竹地挺進，出類拔萃的斯特凡・尼曼亞（Stefan Nemanja）宣布塞爾維亞獨立，趁火打劫的匈牙利國王從帝國手中搶走了達爾馬提亞和波士尼亞。後來，當皇帝的堂叔安德洛尼卡（Andronicus）趁機篡位，人民原本指望他能帶來新氣象，但事實證明他是個充滿瑕疵的救星，並因此得到一個恰如其分的外號：「恐怖的」安德洛尼卡[1]。他不乏家族遺傳的聰明，但缺乏家族人常見的節制能力，他只知道使用暴力，而其嚴打貪汙的政策很快就淪為一種恐怖統治。他出於被害妄想，逼迫亞歷克塞二世簽署自己的死刑執行令，然後將他處決。彷彿嫌這樣不夠噁心似地，他還強娶亞歷克塞二世十一歲的遺孀為妻。兩年後，首都的人民終於忍無可忍，以恰如其分的暴力方式趕他下台，另立新君。

然而，不管他有多少缺點，「恐怖的」安德洛尼卡至少讓帝國還保有一個權力中樞。繼位的伊薩克・安格魯斯（Isaac Angelus）卻連中央政府僅餘的權柄都丟棄了，坐視其全面崩潰。因為不習慣對別人發號司令，他等於垂手而治，任朝廷的威信蕩然無存。各地總督形同獨立，不論是拜占庭的朋友或敵人，都已意識到君士坦丁堡已陷入無能。愛琴海和愛奧尼亞（Ionian）[2]諸島因位於海軍的鞭長之外，近乎馬上背叛。不久後，巴爾幹也永遠脫離了拜占庭的控制。

帝國的悲慘處境因為東方基督徒世界的局勢惡化而進一步加深。這時，伊斯蘭世界統一於英明的庫德族蘇丹撒拉丁（Saladin）之下，彼此爭吵不休的十字軍幾乎完全不是對手。一一八七年，耶路撒冷陷落。西方為了奪回聖城，而發起另一波十字軍東征，這次也再度以拜占庭為中繼站。即使是帝國最強盛的時代，有外國軍隊穿過首都也一樣潛伏著危險，所以可想而知伊薩克面臨的壓力有多大。偏偏他的處理方式又差得不能再差。當幾名德意志使者到朝廷洽談把部隊運到小亞細亞的事宜時，慌了手腳的伊薩克只把他們投入大牢。憤怒的德意志皇帝腓特烈．巴巴羅薩（Frederick Barbarossa）發出威脅，揚言將以十字軍來對付君士坦丁堡。嚇壞了的伊薩克馬上釋放使者，送給他們許多黃金並再三道歉。

這種丟臉的行事方式大大印證了拜占庭在西方糟糕透頂的聲譽，也讓人民倒盡胃口。如果說伊薩克本來還剩下一些支持力量，這些都在他作出一個神智不清的決定後土崩瓦解：他下令解散帝國海軍，把海防事務委託給威尼斯代理。伊薩克的弟弟亞歷克塞三世見機不可失，便對皇帝父子展開伏擊，先是刺瞎了皇帝的雙眼，再把他們關進最陰暗的監獄。

對帝國來說，不幸的是新皇帝比他哥哥還昏庸無能。奪取帝位已經耗去他大部分的精力，所以登基後並不想花時間理政。他無視土耳其大軍正逼近拜占庭在小亞細亞海岸的領土與保加利亞在西方的擴張，只想盡辦法搞錢以舉行奢華的宴會——為此，他甚至撬走了歷代皇帝陵墓裡的黃金裝飾品。

就在新皇帝忙著在首都到處洗劫時，身陷囹圄的伊薩克則夢想著要報復。因為雙眼已瞎，他根本不可能逃走。但他的兒子亞歷克塞四世如果有機會逃出，或許可討得一些公道。舊皇帝不知靠什麼方法，與他在首都的一些支持者搭上線，兩個比薩商人在一二〇一年把年輕的王子偷渡出境。亞歷克塞四世逃到匈牙利後，無意間看見一支新的十字軍正準備上路。

第三次十字軍東征沒有成功。人見人怕的德意志皇帝腓特烈．巴巴羅薩在洗劫過塞爾柱王朝的首都以哥念後，在橫渡安納托利亞東南部的薩列法河（Saleph River）時意外溺水身亡。[3]少了這個領袖，德意志十字軍驚惶失措而瀕臨瓦解，有些人還因為絕望而自殺。「獅心王」理查所率領的英格蘭與法蘭西軍隊狀態則較佳，已經準備好戰鬥。不過，修復十字軍王國所受到的損害是件單調乏味的工作，而且理查本人沒什麼耐心。他在海岸地區作戰一年後，對整件事感到厭膩。因為征服耶路撒冷看來遙遙無期，十字軍內部爭吵不休，而且（他合理懷疑）法蘭西國王暗中想對他不利，理查於是決定走人。他和他的穆斯林敵人薩拉丁匆匆簽訂停戰條約後，便揚帆航向別的冒險事業。離開前，他宣稱未來的十字軍行動應該劍指東方的「阿基里斯腳踝」[4]，也就是埃及。

由於理查在歐洲的名頭極大，第四次十字軍東征的德意志領導人決定採用他的意見，先征服埃及，然後以其為跳板征服耶路撒冷。這顯然意味著整支軍隊得透過船運橫渡地中海；而在歐洲，只有一個地方能提供足夠的船。於是，各支十字軍會合後前往威尼斯。

威尼斯潟湖區與拜占庭的愛恨糾結由來已久。最初，它的居民是六世紀倫巴底人入侵義大利時來此避戰火的人，他們後來落入駐拉文納拜占庭總督的管轄，受帝國文化的影響極大。它最早有人居住的托爾切洛島（Torcello）上的教堂就是皇帝席哈克略斥資興建，而聖馬可大教堂也是君士坦丁堡的聖使徒教堂的約略翻版。威尼斯人會把子女送到拜占庭受教育與擇偶。就連「總督」（doge）[5]這個稱號也是從帝國封號「公爵」（Dux）訛變而成。不過，威尼斯和拜占庭的關係後來卻轉變為競爭多於合作，而科穆寧王朝的幾名皇帝對威尼斯商人的重手打壓也讓威尼斯人懷恨在心。

一二〇二年接待十字軍的威尼斯總督尤其如此。他不是別人，就是那位三十年前激烈抗議曼努埃爾二世沒收帝國境內所有威尼斯人財產的大使恩里科・丹多洛。此時他已九十好幾且完全失明，但即使老態龍鍾，這位老邁總督仍有著可怕的頭腦和鋼鐵意志。他知道十字軍給了他一個千載難逢的機會。威尼斯人對當年失去的財產仍耿耿於懷，曾受辱於帝國的憤懣並未隨時間而減少。報仇雪恥此其時矣。

他首先答應建造一支龐大的船隊，但條件是十字軍得支付一筆鉅款。問題是，十字軍的經費少得可憐，最後只湊得所需款項的一半多一些。丹多洛狡猾地切斷基督徒軍隊的食物和水，當看到他們越來越著急，便順理成章地提出一個解決辦法。匈牙利王國最近才搶走威尼斯對達爾馬提亞海岸城市扎拉（Zara）的宗主權，所以丹多洛提議，只要十字軍幫忙征服扎拉，造船費可以延後支付。雖然教宗立刻禁止這種公然劫持遠征軍的行為，但十字軍別無選擇。部分十字軍因不願攻擊一個基督徒城市而散去，但大多數人仍抱著不安的心情揚帆啟航，執行任務。驚恐的扎拉市民搞不懂基督徒士兵怎麼會攻擊他們，因而在城牆上絕望地揮舞十字架，但無濟於事。十字軍破城後，徹底洗劫了一番。這是十字軍精神沉淪得最徹底的時刻。

亞歷克塞四世逃獄後，正是在扎拉加入十字軍。他一直找不到支持者，所以這次狗急跳牆，輕率地承諾為十字軍貢獻一萬兵力，並付給每個人比他們欠威尼斯還多兩倍以上的數目。關於最後一個誘因，他甚至承諾登上皇位後，將拜占庭教會撥歸羅馬管轄。

在拜占庭的歷史上，大概沒有任何其他的承諾比這對帝國的傷害更大。丹多洛清楚知道，拜占庭王子提供的好處只是癡人說夢。朝廷的權威已經崩潰了幾十年，再加上反覆發生叛亂與官僚機構腐敗，在在讓它不可能籌措出那麼龐大的資金。然而，坐在扎拉廢墟中的老邁總督自有打算。他已經開始夢想得到一個更大的獎品，而愚蠢的拜占庭將可成為他奪得這項獎品的工具。在此之前，他八成從未打算過要攻擊埃及，因為當時他的使者已在開羅簽訂一份利潤豐厚的貿易協議。表面上，丹多洛同意把遠征目標改為君士坦丁堡，又向那些對攻擊最大的基督徒城市有所疑慮的士兵提到：若能把亞歷克塞四世推上皇位，東、西部的教會將可望重新統一。教宗聽說此事便威脅說要把每一個甚至只是考慮這建議的人逐出教會，而一些十字軍果然也掉頭離開。但丹多洛的一番話仍說服力十足，所以大部分十字軍再次揚帆。現在，第四次十字軍東征牢牢掌握在丹多洛控制之下。

亞歷克塞三世已證明過自己的怠惰和腐敗，而此時他又再次證明自己是個懦夫。當東征大軍一出現在君士坦丁堡的城牆下，他就逃之夭夭，帶著所有的皇家珠寶跑到色雷斯，任由首都自生自滅。嚇傻的市民眼睜睜看著十字軍船艦撞斷保護港口的粗大鐵鍊，對著高度低於城牆且脆弱的護岸壁發起兇猛的攻擊。不久，十字軍就湧入城市，對所到之處的每棟房舍縱火。在皇宮裡，嚇壞的朝廷大臣意識到只有一個方法可以讓入侵者停手。他們以為，這些恐怖西方人前來的目的只是推翻篡位者，恢復合法皇帝的權利，所以趕緊派人把伊撒克從地窖放出來。很快地，盲眼且茫然不解的老皇帝便被扶上龍椅，被什麼人將皇冠戴在他所剩無幾的頭髮上。使者火速通報十字軍，他們的要求已經得到滿足。接著，亞歷克塞四世和父親一起接受隆重加冕，父子倆也確認了亞歷克塞先前答應過的條件。十字軍見狀後便退到金角灣的另一邊，等待領賞。

老皇帝伊薩克雖然瞎了（也因為在監獄待太久，而變得有點癡呆），但仍然能夠馬上意識到兒子對西方流氓做出的是不可能履行的承諾。不久，亞歷克塞四世自己得到了一樣的結論。他藉由掏空國庫與沒收大部分公民的財富，籌到了答應的半數款項，卻也因此人心盡失。到了一二〇三年聖誕節，他在人民心目中的形象已無異於敵基督（Antichrist）。[6]市民莫不痛恨他，因為他把西方的野蠻人招惹到首都，然後又吸乾了市民的血。所以一些人開始思忖，如果這個爛皇帝自始至終都待在牢房，發生過的一切便不會發生。

亞歷克塞四世在十字軍眼中的形象比在人民眼中更加不如。在他們看來，他是個可憐蟲與騙人精。他們完全不能相信，坐擁如此金碧輝煌的城市，皇帝竟遲遲湊不出給他們的款項。他們確定他只要一彈指，便可弄到十倍於答應過的金額。丹多洛不在乎拿不到錢，卻順著十字軍的擔心擺佈他們，他指出亞歷克塞四世故意拖延，以此爭取時間集結軍隊來對付十字軍。他又說，皇帝奸詐得像條蛇，其承諾一文不值。十字軍若想得到他們應得的獎賞，唯一方法就是拿起武器，自己去取。

就在丹多洛已煽動起十字軍怒火的同時，君士坦丁堡終於從昏睡中解脫出來。希望皇帝下台的人很多，但只有一位名叫亞歷克塞．穆澤福魯斯（Alexius Murtzuphlus）[7]的了不起人物最終採取了行動。他在午夜衝進皇宮，把昏昏沉沉的皇帝搖醒，告訴他整個城市都在怒吼，要取他的性命。他承諾把嚇壞了的皇帝轉移到安全之處，接著卻把亞歷克塞四世推到同謀者手中，讓他們將他關到牢裡。老皇帝比兒子早一步進了監獄。父子在這種情況下團聚，真是情何以堪，只不過他們的團聚也為時短暫。穆澤福魯斯因為不打算冒任何風險，於是給老皇帝父子下了毒。又老又病的伊薩克沒兩三下就一命嗚呼，但毒藥對他兒子起不了作用。穆澤福魯斯見狀，便以弓弦勒死了他。

若換成別的時間和地點，穆澤福魯斯應該會是個優秀的皇帝。他雖年過六十，但仍活力十足且行事果斷，也能鼓舞市民的士氣。他加固城牆，儲備糧食，派兵據守各處城垛。但他要守的城牆太長了，敵人也太多了。一二〇四年四月十二日（那天是星期一），十字軍在丹多洛鼓動下再次進攻，撲向上次已證明沒有作用的同一段護岸壁。雖然穆澤福魯斯先前已加高護岸壁，戰鬥時又看似無所不在，而且他總能在戰鬥最激烈的地點及時出現，鼓舞士氣，但還是有好幾座城樓在幾小時內被攻陷，一群法蘭西士兵便成功攻破一個城門。十字軍一湧而入，君士坦丁堡的命運就此注定。瓦良格衛隊棄械投降。皇帝繼續奮勇抵抗了一陣子，最終明白大勢已去，便遁出黃金門，打算另謀對策。

隨著穆澤福魯斯離開，君士坦丁堡的任何抵抗皆屬徒勞。但十字軍因擔心市民爆發大規模起義，盡其所能地將每棟房舍縱了火，讓市民走投無路。他們大部分的人做夢也沒想到，一座城市能有那麼大，都被它的驚人規模深深震撼。在這裡，四面八方都是宮殿與雄偉的教堂，修剪得整整齊齊的花園一路延伸到斑岩砌成的港口，巨大的紀念碑看似佔據每個街角。一位法蘭西編年史家不敢相信自己的眼睛，他指出，陷入火海的房屋比法蘭西三座最大城市的房屋總數還要多。率領十字軍的王侯和他們的部下一樣傻眼。他們被廣大的君士坦丁堡嚇呆了，在夜幕降臨後下令停止屠殺，認定這樣龐大的城市不花一個月以上的時間是征服不了的。當晚，侵略者紮營在君士坦丁堡最大的廣場，安歇於緬懷拜占庭昔日榮光的紀念碑之下。

市民隔天早上醒來，發現他們的城市仍在燃燒，只能希望最暴力的時刻已經結束。然而，君士坦丁堡的噩夢才剛開始。這座博斯普魯斯海峽邊上的驕傲城市，從羅馬帝國最強盛的時代開始便屹立不搖，是迅速變暗世界裡的光明燈塔。雖然它的街頭曾因騷亂與動盪而染血，它的光澤曾因威脅與貧困而黯淡，但自建城以來的近九百年，它是唯一未被外國鐵蹄踐踏過的羅馬時代城市。它的圖書館收藏為數眾多的古希臘和古羅馬珍本書，教堂堆滿無價聖物，宮殿和廣場裝飾著數不清的藝術傑作。不同於世界上的其他任何城市，君士坦丁堡是羅馬皇冠上的最後寶石。所以，當十字軍也在那個星期二早晨醒過來後，馬上像餓狼一樣撲向各種珍寶。

武裝小隊開到城市各地大肆破壞。他們為了尋找財富，沒有任何東西在其眼中是神聖的。墳墓被撬開，聖骨匣裡的東西被甩到一旁，無價手抄本的的鑲珠寶封面被扯下來。他們褻瀆教堂，姦汙婦女，破壞宮殿。死人和活人都無一倖免。查士丁尼的華麗石棺的棺蓋遭到劈開，雖然他保存完好的遺體讓破壞者猶豫了一下，但為了拿到他的金質法衣與銀質裝飾品，他們最後還是把屍骨扔到一邊。

縱火和搶劫如火如荼持續了三天，即使有什麼財寶可以逃過一隊人馬的魔掌，也一定會落入另一隊的魔掌中。當最後這座備受震驚、千瘡百孔的城市歸於平靜時，連十字軍自己都對搶來的龐大戰利品感到咋舌。他們其中一人寫道：自從上帝創造天地以來，世界上沒有其他城市擁有過如此巨大的財富。

各支十字軍當中，只有威尼斯人想保存落入手中之價值連城的文物，這些文物讓他們領會了美的意涵。當其他十字軍忙著肆意破壞古典石像並融化貴金屬時，他們卻把藝術品運回家，裝飾他們的潟湖區。[8]

丹多洛獲致了不起的勝利。在可見的未來，威尼斯的商業霸權將可望確保，讓兩個主要對手比薩和熱那亞毫無招架之力。老邁總督不費吹灰之力就劫持了歐洲的強大武裝力量，不顧可能被逐出教會的風險而持續我行我素，因此成就了威尼斯未來數十年的強大。但他在這麼做的同時，也促進了人類歷史上最大的悲劇之一。經過這場大浩劫後，始終為基督教強大碉堡的拜占庭已殘破不堪，無法修復。幹下這種事的不是別人，而是一群自稱為上帝服務的人。因他們的貪婪與任人擺佈，十字軍的領導者摧毀了東方的基督教大國，導致其殘部及多個東歐地區在接下來的五世紀生不如死，飽受土耳其人凌遲。

第四次十字軍東征之後，東、西兩邊的分裂已擴大為巨大的鴻溝，無望調和。一開始以幫忙東方主內弟兄為號召的十字軍精神證明自己的無比醜陋。他們打著上帝的旗號在東方燒殺擄掠，將無數代信徒珍如拱碧的祭壇和聖像砸得稀巴爛。西方在抽乾君士坦丁堡的錢財並將其宮殿夷為平地後，便對它失去興趣，進而轉身離開，但拜占庭人對此事卻永難忘懷。他們走過焦黑一片的街道時，明白了那些鎧甲外掛著十字架的騎士根本不是什麼基督徒。所以，何不乾脆讓穆斯林統治算了，被外道統治總勝於被那些讓基督丟臉的異端統治。

THE EMPIRE IN EXILE

第二十三章

流亡帝國

CHAPTER 23

當教宗英諾森三世（Innocent III）獲悉君士坦丁堡遭到洗劫，馬上明白損害已經造成，無可修補，而教會統一的夢想也永遠破滅。他大怒之下，將每位參與者逐出教會。他在寫給自己使節的信中指出，劍上仍滴著基督徒鮮血的天主教徒，如今怎能指望得到希臘人兄弟的原諒？[1]他（十分合理）的結論是，東部基督徒現在對西方人的痛恨尤甚於芻狗。

這時，君士坦丁堡的新主人看來也決心要激化在地人對拉丁人[2]的仇恨。他們匆匆清理過聖索菲亞大教堂後（幾天前才有一名妓女大剌剌地坐到牧首的寶座上），一位拉丁人被加冕為皇帝，西方的封建制度也被強加於拜占庭帝國的屍體上。各種十字軍頭頭獲得大量的土地為回報，形成了許許多多半獨立的小王國，而不再是什麼都皇帝說了算。一個十字軍騎士奪取了馬其頓，自封帖撒羅尼迦國王，另一位則自封雅典主君。[3]就連在它最衰弱的時期，拜占庭朝廷也不曾像取而代之的拉丁帝國那樣軟弱無力。

不過，值得注意的是，住在其他地區的大多數拜占庭人生活尚稱富足，迥異於陷入可悲狀態的首都。由於皇權早在第四次十字軍東征前便被削弱，導致拜占庭的城鎮與村莊蓬勃發展。西方、東方和伊斯蘭世界的商人匯聚到帝國各地的市集，在那裡展售他們遠從俄羅斯、印度、中國和非洲帶來的舶來品。因為腐敗與癱瘓的帝國政府無法有效徵稅，財富遂留入私人手中。皇帝因國庫枯竭，再也負擔不起豪華的建設項目，但有錢的平民百姓卻有此能耐，所以城市變成個人炫富的舞台。一種新的人文精神瀰漫在空氣中，與之齊頭並進的則是求知慾。過去幾世紀以來，流於程式化的拜占庭藝術突然活潑了起來，作家開始揚棄深奧冗贅的古老寫作風格，有錢人委託畫家在別墅裡製作充滿地方色彩的壁畫與馬賽克畫。所以，雖然朝廷財富大規模縮水，拜占庭精神則繼續如花綻放，就連第四次十字軍東征帶來的可怕創傷仍未能抑制它太久。

另一方面，文化和經濟上的韌性並未讓帝國的軍事力量獲得挽救。塞穆澤福魯斯曾試圖聯合出走的皇帝亞歷克塞三世聯手反擊，但他的愚蠢盟友卻出賣了他。他兵敗被俘後，十字軍把他從狄奧多西紀功柱推下，讓他粉身碎骨而死。遠在黑海沿岸的特拉比松（Trebizond），「恐怖的」安德洛尼卡之孫自立為帝，而亞歷克塞．科穆寧的曾孫也在伊庇魯斯（Epirus）稱帝。不過，帝國最強大且最重要的碎片卻是尼西亞：在那裡，牧首為亞歷克塞三世的女婿狄奧多爾．拉斯卡拉斯（Theodore Lascaris）舉行了加冕典禮。

由於難民與財富的湧入，尼西亞成了東正教信仰與拜占庭文化的避風港，反觀十字軍在君士坦丁堡建立的拉丁帝國則一日弱於一日。不到一年，一支保加利亞軍隊便擊潰其軍隊，俘虜了無能的皇帝，讓狄奧多爾．拉斯卡拉斯能趁機收復小亞細亞西北部多數地區。後來繼位的幾位拉丁系皇帝都無視於尼西亞所構成的明顯威脅，只管繼續榨取君士坦丁堡市民的財富，並在宮中尋歡作樂。

尼西亞皇帝諸帝因受到塞爾柱土耳其人牽制，才沒有對積弱的君士坦丁堡展開行動。但在一二四二年，隨著一個可怕蒙古汗國的逼近，情況發生激烈的改變。蒙古可汗粉碎迎擊的土耳其軍隊，逼得塞爾柱蘇丹稱臣，答應每年繳納大批馬匹、獵犬和黃金為貢品。蒙古人看似緊接著就要劍指尼西亞，卻在翌年出人意料地離開，讓塞爾柱王朝苟延殘喘。拜占庭人大大鬆了一口氣，心想這一定是出於上帝的眷顧，甚至是上帝要給他們一個強大的新盟友。一些聶斯托利派（Nestorian）基督徒[4]在七世紀便進入蒙古傳教，當時蒙古大汗雖然還不準備信某種大教，但包括成吉思汗的媳婦在內，好些達官貴人都皈依了基督。姑且不論蒙古人對基督教是否真有好感，他們攻擊土耳其人之舉都適時幫了尼西亞一把，讓它得以騰出手腳追求收復君士坦丁堡的夢想。

尼西亞透過謹慎的外交手段和軍事炫耀，對搖搖欲墜的拉丁帝國陸續施壓。十字軍王國的版圖逐漸縮小到幾乎只剩君士坦丁堡一城，而這個城市又總是籠罩在愁雲慘霧之中：街道冷冷清清，宮殿破破舊舊。處境難堪的皇帝鮑德溫二世（Baldwin II）因為囊中羞澀，不得不將鋪在宮殿屋頂的鉛撬下來變賣，又把當初在十字軍洗劫中倖存的聖物拿去典當。一二五九年，年輕瀟灑的將軍米海爾．巴列奧略（Michael Palaeologus）在尼西亞加冕為帝。此時的鮑德溫只是苟延殘喘，以至於很多人相信，米海爾收復首都只是早晚的問題。

尼西亞本身也不乏動盪。事實上，三十四歲的米海爾能登上皇位，乃是靠著他在前任皇帝的葬禮上斬殺攝政者。當米海爾在聖誕節加冕時，尼西亞帝國已經比拉丁帝國強大且有活力許多。一二六一年夏天，米海爾靠著和熱那亞簽訂同盟條約，解除了來自威尼斯海軍的威脅。接著，他派出「凱撒」阿萊西奧斯．史特拉特高普羅斯（Alexius Strategopoulos）前去試探君士坦丁堡的防禦實力。當這位副帝帶著八百人在七月抵達君士坦丁堡的外圍時，一些農民告訴他，拉丁駐軍在威尼斯海軍的陪同下前去攻打博斯普魯斯海峽的一座島嶼。史特拉特高普羅斯幾乎不敢相像自己的好運。他與他的人馬躲在泉水門附近一家修道院，輕易躲過寥寥守城士兵的耳目。入夜後，他們在附近發現了一扇沒有上鎖的後門，史特拉特高普羅斯於是派出一小隊人馬進入城內。他們不動聲色，制伏了看守主城門的士兵，然後打開城門。一二六一年七月二十五日清晨，尼西亞軍隊一湧而入，以全部的肺活量高聲吶喊，並不斷以劍擊盾，製造出浩大的聲勢。皇帝鮑德溫二世被震耳欲聾的喊殺聲嚇壞了，顧不得收拾皇家珠寶便逃往布科里安宮（Bucoleon），在那裡找到一艘威尼斯人的船，立刻上船逃出首都。尼西亞軍隊在數小時內控制了局面。威尼斯人居住區被一把火夷為平地，回航的威尼斯海軍因為忙著搶救親人而無暇反擊。

城中的拉丁人從沒想過要抵抗，唯一的念頭只是趕緊逃命。他們向四面八方逃走，有些人躲進教堂，有些人假扮為僧侶，有些人甚至跳進下水道以免被發現。但當他們小心翼翼自藏身處現身時，卻發現沒有大屠殺發生。尼西亞人回家不是為了掠奪，而是生活。狼狽不堪的拉丁人匆匆忙忙且毫不聲張地走到港口，登上返航的威尼斯船艦，心中慶幸拜占庭人比十字軍克制得多。

這時米海爾・巴列奧略還在三百公里外的一個帳篷睡覺。當他聽到這個不可思議的消息時一度拒絕相信，直至鮑德溫遺棄的權杖送到他眼前才被說服。他匆匆趕往朝思暮想已久卻素未謀面的首都。一二六一年八月十五日，他肅穆地通過黃金門，徒步前往聖索菲亞大教堂，在那裡被加冕為米海爾八世。經過五十七年的流亡後，拜占庭帝國回家了。

米海爾八世耀武揚威地來到這個城市，此地早已面目全非。舉目皆是燒焦與被遺棄的房舍，情況與五十多年前無大不同。其教堂傾頹，宮殿失修，財寶星散。雄壯的狄奧多西城牆亟待修補，港口全無防護，城郊的農村一片荒涼。那些身心俱疲的市民不太指望新皇帝能解他們於倒懸，畢竟從七八〇年伊琳娜在位起，直到當時（一二〇四年），有半數在位者被推翻。最糟的是，拜占庭帝國的統一性已然消失：特拉比松和伊庇魯斯繼續鬧獨立，不斷蠶食拜占庭的力量。得救的希望似乎只能寄託在西方，但東、西兩方的關係又已在第四次十字軍東征時嚴重破裂。

不過，如果有人可以修復帝國所受到的損害，那麼此人非米海爾八世莫屬。他未滿四十歲，精力充沛且朝氣勃勃，和藹可親的笑容後面藏著一個厲害的頭腦。他的血統也高貴得嚇人：祖先中有至少有十一人在三個王朝當過皇帝。他人脈廣而且能幹，比身邊任何人都還要精明。他了解當務之急是恢復城市瓦解的士氣，於是採取了大興土木的方法，包括修補城牆與重建教堂。在他的規劃之下，聖索菲亞大教堂的上層走廊多了一幅規模驚人的馬賽克畫，畫中人包括基督、聖母和施洗約翰，允為拜占庭產生過最優秀的藝術傑作。港口如今多了一條巨大鍊索以資保護，陸上的城牆多了護城河圍繞。皇帝深諳政治宣傳的價值，因此設計了一面新旗幟，讓它在每一座城樓上迎風飄揚。雖然蓋烏斯．馬略（Gaius Marius）在一千三百年前選定雄鷹為羅馬帝國的標誌，但在米海爾之前的皇帝都以君士坦丁十字架或XP（基督名字的縮寫）為旗幟的圖案。如今，米海爾將圖案改為金色的雙頭鷹，兩個鷹頭上都戴著皇冠，分別代表君士坦丁堡及曾為臨時首都的尼西亞。任何人看見這個圖案都會湧起自豪感，憶起拜占庭一度是個雄據兩大洲的帝國，並猜想飛揚勇決的米海爾八世也許能讓帝國恢復舊觀。目前帝國的敵人正處於分裂，馬上進攻或可以把他們打個措手不及。

果然靠著他規模雖小卻百戰雄師的軍隊，米海爾八世很快就擊退一支入寇的保加利亞軍隊，又迫使伊庇魯斯的僭帝俯首稱臣。到了一二六五年，他已經從十字軍後人手中奪回大半個伯羅奔尼撒半島，甚至成功地把土耳其人趕出曲流山谷（Meander valley）。不過，一個新玩家卻在隔年出現在國際舞台上，讓拜占庭陷入暈頭轉向。

西西里島的諾曼人王國支配義大利政治已有很長一段時間，但到了一二六六年，它的能量已經耗盡。教宗烏爾班四世因想要一個較友善的近鄰，邀請法王路易九世的弟弟「安茹人」查理（Charles of Anjou）奪取西西里。這是一個錯得不能再錯的決定。查理為人殘忍且貪得無饜，他在廣場公開斬首十六歲的諾曼人國王後，馬上計畫擴大地盤。偏偏此時，流亡的皇帝鮑德溫二世來此添亂，表示若查理幫助他在君士坦丁堡復位，便以伯羅奔尼撒半島相贈。新的西西里國王為了準備打仗，馬上對人民苛徵重稅並物色盟友，最後與威尼斯結成了反拜占庭聯盟。

米海爾八世心知肚明，他的小型陸軍與老舊海軍不可能打贏這支聯軍，於是連忙運用外交手段應付。他的方法包括：給威尼斯更大的貿易優惠並匆忙寫信說服法王路易管住自己任性的弟弟。查理只好收斂，一等到兄長於一二七〇年駕崩，他馬上就興高采烈地恢復入侵行動。但米海爾八世再次智勝對手。他寫信給教宗，表示答應讓東、西兩邊的教會重新統一，以換取教廷約束查理的行為。

這招果然奏效了，查理被迫退兵。但米海爾是在玩火。他清楚知道，他的臣民永遠不可能接受被其痛恨的羅馬教會管治。他採取拖延戰術，一再敷衍教廷派來的代表。但他拖得了一時拖不了一世。三年後的一二七四年，教宗格里高利十世等膩了，對君士坦丁堡發出最後通牒，表示要麼馬上統一，要麼後果自負。米海爾別無選擇，只好屈服，只要求允許東部教會繼續使用原來的儀式。

君士坦丁堡城內的風暴來得又猛又快。先是牧首拒絕認可皇帝糟糕的承諾，然後大多數臣民感到痛心疾首，覺得被出賣了。皇帝此舉不僅大大削弱自己的權威，也讓同樣信奉東正教的塞爾維亞和保加利亞可以大做文章。現在它們隨時可以捍衛傳統和真理為藉口，入侵帝國領土。米海爾清楚知道，自己的臣民一定會熱烈支持這些入侵者。但他在權衡利害得失後，仍覺得自己的決定划算。他也不打算讓保加利亞人有可趁之機。為了先發制人，他慫恿蒙古的金帳汗國入侵保加利亞。保加利亞遭受重創，從此無法再真正恢復。

「安茹人」查理雖被約束住了，但他並沒有死心。如果說他的聯盟大計已因拜占庭的詭計而擱淺，他要做的只是重新打造它而已。威尼斯輕易就被他誘之以利。這個共和國永遠只顧自己，而米海爾八世授予熱那亞的優惠也讓其利益大受損害。聯合查理打敗拜占庭，將可遏制熱那亞這個後起之秀的崛起——這對「聖馬可之獅」來說是難以抗拒的誘惑。所以，查理剩下的唯一障礙就只有教宗，而這道障礙同樣難不倒他。一二七六年，格列高利十世仙逝[5]，查理介入教宗選舉，以威迫利誘的手段成功讓一位法蘭西樞機主教當選——這位新教宗對拜占庭人的恨意幾乎不亞於查理本人。一二八一年，他革除了米海爾八世的教籍，理由是拜占庭人繼續抗拒天主教。當米海爾聽到這個消息時幾乎難以置信。他為了拉攏教宗不惜得罪所有的人民，到頭來卻是一場空。現在，威尼斯和西西里已經牢固地聯合起來，並且得到教宗的祝福。就連第四次十字軍東征都沒有那樣強大的後台。

拜占庭的唯一優勢只有米海爾八世本人。他以真正高明的「拜占庭式」外交手腕，派使者謁見阿拉貢（Aragon）的彼得三世，敦促他入侵西西里島。彼得是被查理推翻的那個王朝的後人，一向認為統治西西里是自己與生俱來的權利。使者告訴彼得，因為查理的橫征暴斂與拜占庭大量的黃金賄賂，西西里島上的反法蘭西人情緒正處於高峰，只差一名來自西班牙的救星。

不知風暴將至的查理離開了西西里，前往義大利本土，為他的大軍作最後的佈置。整個西西里島趁他不在時沸騰了起來。這場後世稱為「西西里晚禱」（Sicilian Vespers）的起義始於巴勒莫郊外。在一二八二年的「復活節星期一」[6]當天，當聖靈教堂（Santo Spirito）敲響鐘聲提醒大家晚禱時，一名醉酒的法蘭西士兵試圖勾引一位西西里女孩。對憤怒的旁觀者來說，這是最後的一根稻草。粗野的法蘭西人橫行霸道已好一段日子，一直靠著壓榨西西里人而肚滿腸肥。憤怒的暴徒殺死了喝醉的士兵，然後分散到各條街道，把壓抑了快二十年的怨氣發洩在任何有一丁點法蘭西血統的人身上。當翌日太陽升起時，附近一帶沒有任何一個法蘭西人活著。起義的消息如電流般迅速傳遍全島。到了五月，法蘭西人的抵抗全都土崩瓦解。彼得三世在八月底登陸，接管了巴勒莫。「安茹人」查理憤怒地將幾個西西里港口圍困，但他對他的前子民始終太刻薄，這次他們寧死也不讓他回來。雖然查理餘生都試圖收復西西里，但從未成功，最後他在一二八五年含恨歸西。

米海爾八世沒能活著看見他的大敵翹辮子。西方侵略的威脅消失後，伊庇魯斯的僭帝再次鬧獨立。五十八歲的皇帝則又率部前赴沙場，但到了色雷斯後便重病不起。他一生都是個有責任感的人，這次也不例外：他馬上下詔立兒子安德洛尼卡二世為繼位人。他在十二月的頭幾天安詳逝世。

他是拜占庭最了不起的皇帝之一，曾經收復首都並主導地中海地區的政局。沒有他，帝國一定會落入「安茹人」理查或其他坐山觀虎鬥的敵人手中，導致拜占庭明燈的熄滅，因為當時的西方還未準備好接收其累積的龐大學問。但幸好米海爾八世老能以智慧戰勝他的敵人，成就了羅馬帝國史上最長的王朝。近兩百年後，坐在龍椅上的仍會是他其中一個後人，此人也像他一樣必須面對一場生死存亡之戰——哪怕這次得勝的機會渺茫許多。米海爾盡其所能修復帝國的殘骸。他也留下可供持續復興的寶貴工具：一支小而精銳的軍隊、一個尚稱充實的國庫與一支重整過的海軍。然而，卻沒有人對這個帝國的救星感恩戴德。因為他被教宗逐出教會，天主教徒視他為異端，東正教徒視他為叛徒。他的兒子下葬他時並未舉行宗教儀式，墳墓既不起眼也沒有任何標示。只不過，他那不知感激的臣民很快就有想念他的理由。若拜占庭在他去世時仍看似強盛，那全憑他的傑出腦袋。拜占庭因為缺乏強大的軍隊與可靠的盟友，其實力如今全憑外交手段支撐，因此亟需米海爾般的高明之手來指引它。不幸的是，米海爾的後繼者中，幾乎沒有人擁有與他一樣高明的外交手腕。

THE BRILLIANT SUNSET

第二十四章 璀璨落日

CHAPTER 24

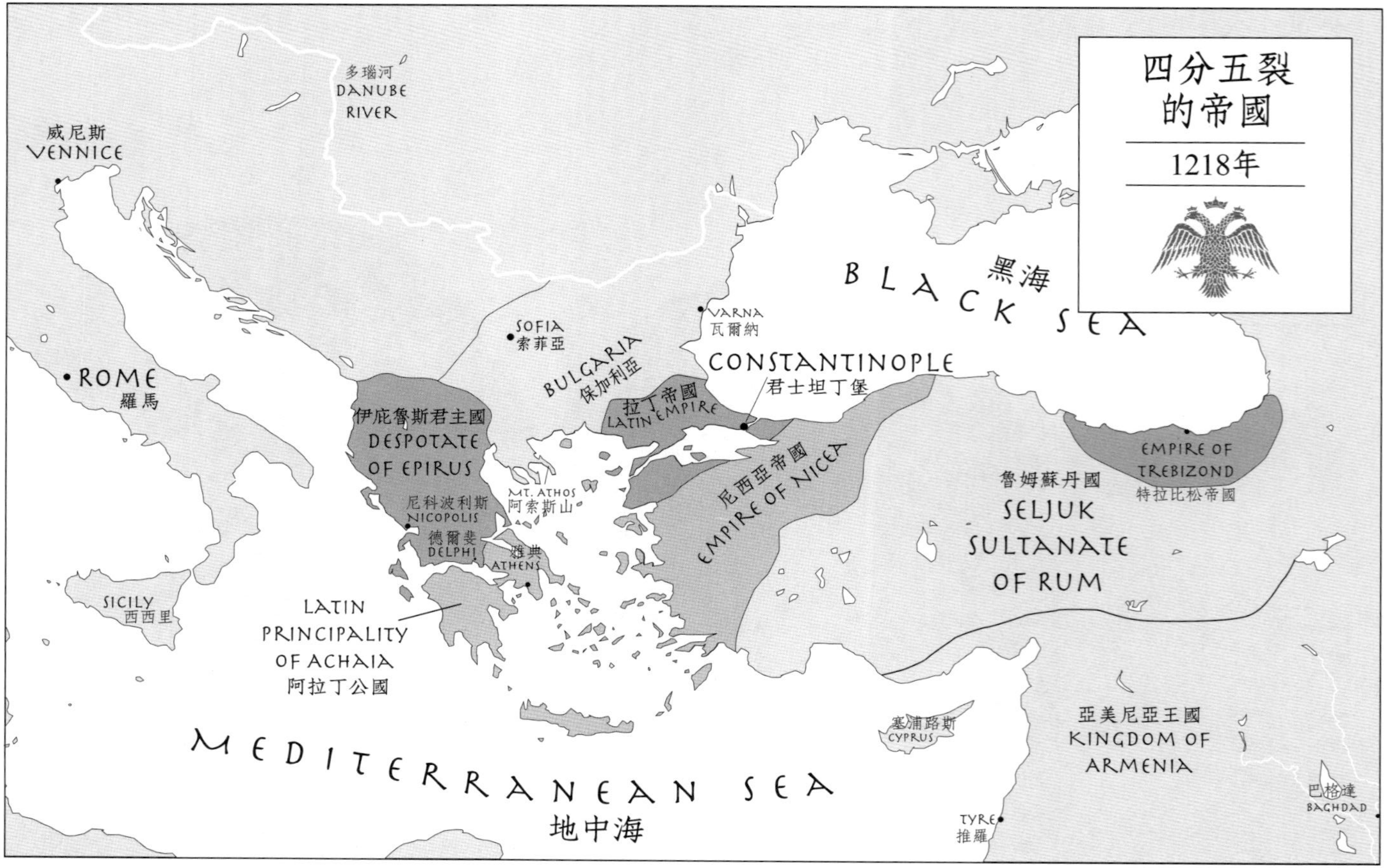
四分五裂
的帝國
1218年
多瑙河
DANUBE
RIVER
威尼斯
VENNICE
ROME
羅馬
SOFIA
索菲亞
VARNA
瓦爾納
BLACK SEA
黑海
BULGARIA
保加利亞
CONSTANTINOPLE
君士坦丁堡
拉丁帝國
LATIN EMPIRE
伊庇魯斯君主國
DESPOTATE
OF EPIRUS
尼西亞帝國
EMPIRE OF NICEA
EMPIRE OF
TREBIZOND
特拉比松帝國
魯姆蘇丹國
SELJUK
SULTANATE
OF RUM
MT. ATHOS
阿索斯山
尼科波利斯
NICOPOLIS
德爾斐
DELPHI
雅典
ATHENS
SICILY
西西里
LATIN
PRINCIPALITY
OF ACHAIA
阿拉丁公國
MEDITERRANEAN SEA
地中海
塞浦路斯
CYPRUS
TYRE
推羅
亞美尼亞王國
KINGDOM OF
ARMENIA
巴格達
BAGHDAD

欲求和平，必先備戰。

——維吉提烏斯（Vegetius）

在大多數的情況下，拜占庭最後兩個世紀的歷史都相當令人洩氣。在形勢越來越險惡的大環境下，一個個目光如豆的皇帝繼續忙於內部爭吵，並坐視帝國一點一滴地崩潰。不過，在這個烏雲日愈罩頂的時期，還是有少量光線能穿透黑暗，有少數勇氣和決心都罕見其匹的人在明知不可為而為之的情況下想力挽狂瀾。隨著帝國走向滅亡邊緣，拜占庭的文化反而如花盛放，藝術、建築和科學各方面都出現了不起的成就，彷彿要趕在永遠陷於沉默前盡情表現一番。當時出現了一些先進的醫院，男、女醫生皆有；而且年輕學生有機會透過解剖屍體了解人體構造。拜占庭占星學家也提出世界是球形的假設，並舉行研討會，探討光速是否快於音速。

大體而言，物理學、天文學和數學這些先進學科都能與日益趨向神祕主義的拜占庭教會和平共存，但雙方偶爾也會關係緊張。例如，著名的十四世紀學者喬治．普萊桑（George Plethon）曾為奧林帕斯諸神撰寫讚美詩，甚至暗示古老異教即將復興。[1]這對科學聲譽當然沒有幫助，反而讓人更加相信花太多時間鑽研塵世的學問只會損及道德品行。不過，拜占庭社會對新觀念卻抱持著異常開放的態度。這種兼容並蓄的精神最明顯可見於首都的裝飾和新建築上。變窮的帝國固然再也沒能力打造出聖索菲亞大教堂這等規模的建築（就連規模降至馬其頓王朝的建築一樣造不出來），但它表現出的獨創性卻彌補了宏偉性的不足。君士坦丁堡一位名叫狄奧多爾．梅托齊特斯（Theodore Metochites）的貴族就斥資以栩栩如生的壁畫和令人難忘的馬賽克畫美化柯拉修道院（Chora Monastery）的教堂，而這些作品的獨特風格甚至能讓當代的觀賞者為之屏息。鄂圖曼帝國的陰影固然已籠罩了君士坦丁堡，但滅亡的威脅仍無法讓拜占庭精神瑟縮。

諷刺的是，正是米海爾八世收復君士坦丁堡才加速了它的崩潰。拜占庭一旦遷回原有的首都，其君主的目光便轉回歐洲，不太重視小亞細亞，導致該地區的權力平衡迅速改變。蒙古人在一二五八年對巴格達的洗劫打斷了塞爾柱土耳其人的脊椎骨，[2]導致其他土耳其部落大量湧入，填補了其留下的權力真空。後來，一位能力非凡的軍閥奧斯曼（Osman）聯合幾個部落入侵拜占庭領土，稱自己的部下為「真主之劍」（Gazi），並發起了以征服君士坦丁堡為目標的聖戰。安納托利亞的拜占庭人在他逼近時驚恐逃離，土地被土耳其定居者佔領，小亞細亞的希臘人從此幾乎消失。古城以弗所在短暫掙扎後陷落，那些為了尊榮領袖而開始自稱鄂圖曼人的奧斯曼部下也粉碎了帝國疲弱的軍隊。在奧斯曼兒子奧爾罕（Orhan）領導下，他們也攻取了絲路西面的終點布爾薩（Bursa），其與君士坦丁堡只相隔著金角灣。接著，尼西亞和尼科美底亞也相繼失守。不久，帝國在亞洲的據點就僅剩非拉鐵非及位於遙遠黑海沿岸的特拉比松。鄂圖曼帝國的戰士如今站在普羅龐戚斯水邊，便能看到君士坦丁堡宮殿和教堂上飄揚的旗幟。這個傳奇之城幾乎已是其囊中物，需要的只是有人推他們一把。

令人難以置信的是，推鄂圖曼人一把的就是一位拜占庭人。如今拜占庭人看來更熱衷於爭奪帝國的殘骸而非對抗迫在眉睫的威脅。原來，到了一三四七年，拜占庭已被階級鬥爭搞得一團亂。[3]當時，一位名叫約翰·坎塔庫澤努斯（John Cantacuzenus）的貴族造反，想奪取皇位。在位者的回應是發起一場宣傳戰，給約翰貼上特權階級的標籤，指出帝國會落得如此窘境，特權階級難辭其咎。這招非常管用，帝國各地的城市紛紛驅逐約翰的人馬。預示著四個多世紀後法國大革命的到來，阿德里安堡市民殺死每個他們能找到的貴族，成立公社組織統治城市。

狗急跳牆的約翰．坎塔庫澤努斯邀請鄂圖曼人進入歐洲，希望藉他們的力量搶奪君士坦丁堡。這個交易讓約翰得到了皇冠[4]，卻為歐洲帶來災難，因為剛開始只以涓涓細流的方式進入歐洲的鄂圖曼人很快地化身為洪水。就在越來越多鄂圖曼人渡過赫勒斯滂蹂躪色雷斯的同時，銷聲匿跡六個世紀的鼠疫重返君士坦丁堡，讓市民除了得面對戰爭的可怕威脅，還飽受疾病之苦。就像之前的瘟疫，這次瘟疫也是由跳蚤和老鼠傳播。根據一份駭人的估計，此次瘟疫奪走了首都近九成的人命。[5]

對色雷斯的拜占庭人來說，唯一堪稱欣慰的是鄂圖曼人只是來搶掠，不是定居。每年冬天，入寇的鄂圖曼人都會回到博斯普魯斯海峽另一邊，在自己的亞洲腹地上過冬，讓身心俱疲的農民可以過點太平日子。但就連這點小確幸也在一三五四年消失了。當年三月二日的上午，一場大地震震垮了加里波利（Gallipoli）的城牆，讓整座城市淪為瓦礫堆。鄂圖曼人宣稱這是天意，帶著妻兒蜂擁而來定居，所有留下的居民都被徹底驅逐。抓狂的皇帝奉上一大筆錢請他們離開，但他們的太守回說，這座城市是真主賜予，離開就是大不敬。鄂圖曼人就此在歐洲建立了第一個立足點，毫無離開的打算。聖戰士從亞洲如潮水般湧入，衰弱與備受破壞的色雷斯輕易地被他們淹沒。一三五九年，鄂圖曼人試探性地攻擊君士坦丁堡，得到的結論是尚難得手，於是決定採取孤立它的政策。三年後，阿德里安堡失陷，帝國首都成了伊斯蘭大海中的孤島。

土耳其太守沒怎麼隱瞞自己的意圖。他把鄂圖曼帝國的首都遷往歐洲，將阿德里安堡人口賣為奴隸，並讓鄂圖曼人接收他們的田土。色雷斯的其餘部分也受到相同對待，大部分原有人口也被轉移到安納托利亞。鄂圖曼屯墾者紛至沓來，勢不可擋。君士坦丁堡市民對此感到陰鬱悲觀，其中一人如是寫道：「土耳其人的擴張……猶如大海。……它永遠不會平靜，總是大浪滔滔。」[6]

皇帝和外交官前往歐洲求助，但只有教宗對此感興趣，但他的開價總是一如既往：東、西教會統一，東正教教會歸羅馬教廷管轄。這種要求過去已提過許多次，但每次都被君士坦丁堡的市民拒絕：他們對教廷深惡痛絕。約翰五世無計可施之下願意再試。一三六九年，他鄭重跪在聖伯多祿大教堂的臺階上，表示接受教宗的無上權威，正式皈依天主教。

但皇帝的改教只是個人行為，對其他人沒有約束力，他唯一成功做到的只是讓人民以他為恥。他們認為，帝國也許已經破舊不堪，但拜占庭的尊嚴絕不容許被羅馬教廷踩在腳下，更何況不久前，十字軍才讓君士坦丁堡血跡斑斑。西方人遠道而來殺害拜占庭人，摧毀他們的美麗城市，是可忍孰不可忍。即使帝國注定覆滅，但要求其人民交出信仰仍太超過。沒有任何援助值得以這種代價換取。

西方承諾的幫助並沒有在約翰改教後抵達，但同樣信奉東正教的塞爾維亞人卻拔刀相助。他們的聯軍行軍來到馬其頓，在馬里查河（Maritsa River）的河岸與鄂圖曼軍隊大戰。如今自稱「蘇丹」的土耳其太守穆拉德（Murad）取得壓倒性的勝利，迫使馬其頓幾個爭吵不休的王公成為附庸。穆拉德因為決心消滅東正教，殺入達爾馬提亞和保加利亞，洗劫那裡的大城，迫使那裡的王公成為附庸。英勇的塞爾維亞人斯特凡·拉扎爾（Stefan Lazar）率領一支王公聯軍，一度成功阻止鄂圖曼人進入波士尼亞，但在一三八九年悲劇性的科索沃之戰中，沙皇拉扎爾被殺，塞爾維亞最後一支勢力覆滅，巴爾幹人的命運從此成為定局。唯一讓他們稍感安慰的是，穆拉德一樣在這場戰爭中一命嗚呼：一個假裝投誠的塞爾維亞將士被帶到蘇丹面前，並在保鑣們來不及將他拉開時一劍刺入了穆拉德的肚子。

約翰五世寄託在塞爾維亞人身上的所有希望就此破碎。他寫信給蘇丹，卑躬屈膝地表示，只要對方放過君士坦丁堡，拜占庭願意成為鄂圖曼帝國的附庸。曼努埃爾一世在兩百年前曾讓塞爾柱蘇丹屈膝成為附庸，可約翰的年輕兒子曼努埃爾二世卻眼睜睜地看著父親讓主僕易位。一度受膏為東正教保護者的皇帝，因此搖身一變為基督教世界最大敵人的僕人。

就在這個絕望的時刻，另一名高瞻遠矚的人登上了拜占庭的皇位。曼努埃爾二世擁有乃父明顯缺乏的所有精力與政治智慧，雖然他知道帝國的生還希望渺茫，仍決心抬頭挺胸地倒下。

拜占庭在其悠久的歷史上，從未遇過如此兇險的時刻。新的鄂圖曼蘇丹巴耶塞特（Bayezid）比乃父穆拉德更加來勢洶洶：他將因在一場戰爭中快速取勝而贏得「霹靂」（the Thunderbolt）的外號。自封為「魯姆蘇丹」（Sultan of Rum，「魯姆」即「羅馬」）的他，決心粉碎拜占庭的任何獨立念頭。巴耶塞特為提醒皇帝他的主人是誰，把曼努埃爾二世傳召到小亞細亞見駕，給他下達了一道明知會讓他痛苦萬分的命令：幫助剷平安納托利亞最後的基督徒據點非拉鐵非（《啟示錄》中的七城之一）[7]。

曼努埃爾二世別無選擇。他知道拜占庭有多弱不禁風：如今朝廷令狀不出君士坦丁堡的城牆。雖然愛琴海幾個港口和伯羅奔尼撒半島大部分地區仍在其版圖內，但只剩下這些碎屑讓它很難以帝國自居。鄂圖曼蘇丹早已盛世凌人，流露半點不臣之心者一定都會立刻自取滅亡。

非拉鐵非很快被攻陷，讓皇帝少受一些折磨，也讓他來得及在翌年迎娶塞爾維亞公主海倫娜・德拉加塞斯（Helena Dragases）。[8] 曼努埃爾二世願意忠實扮演附庸的角色，好讓鄂圖曼餓狼無話可說，但巴耶塞特看來鐵了心要挑起戰爭。所以蘇丹除了提高進貢金額外，又要求君士坦丁堡騰出一片擁有治外法權與由鄂圖曼法官管轄的鄂圖曼人殖民區。彷彿這般羞辱還不夠似的，喜怒無常的巴耶塞特又經常辱罵、傷殘拜占庭的使者，尖叫著說他會滅掉君士坦丁堡。到了這時，曼努埃爾二世已經受夠，認為設法安撫一頭行為不可預測的怪獸毫無意義。所以當巴耶塞特傳喚他一起對付特蘭西瓦尼亞時，曼努埃爾不理不睬，開始備戰。幾個月後，鄂圖曼人兵臨城下，圍城戰開始了。

儘管鄂圖曼軍隊有壓倒性的優勢，巴耶塞特也有一些不利之處（這是多位在他之前，想征服帝國首都的人都曾發現的）。他沒有海軍，所以無從有效封鎖君士坦丁堡，而它的陸上城牆也堅固地足以抵抗任何進攻。更糟糕的是，蘇丹憤怒地得知，他近來入蔻特蘭西瓦尼亞引起了匈牙利的警覺，而一支新的十字軍已經就道。所以蘇丹迅速撤兵，趕在十字軍之前抵達保加利亞城市尼科波利斯（Nicopolis），並將其攻陷。他下令斬首一萬名戰俘，然後回師君士坦丁堡，途中順道征服雅典與希臘中部一大部分地區。

等「雷霆」在一三九九年再度圍城時，曼努埃爾二世已在別處。皇帝利用蘇丹遠征的機會，登船前往歐洲。他在威尼斯獲得熱情的接待，後來不管去到哪裡（包括巴黎和倫敦）都被爭相一睹其風采的人群包圍。正經歷文藝復興第一波悸動的歐洲張開雙臂歡迎他。曼努埃爾身材高大，風度優雅，從任何角度來看，他都是個十足的皇帝，是奧古斯或君士坦丁當之無愧的接班人（但他的淵博學問卻是他們所缺乏的）。他此行的目的是求助而非要飯，所以與他父親幾年前的歐洲之旅不同，他沒有提出以教會統一或其他有損國體的條件爭取援助。曼努埃爾是堂堂的「凱撒」，不管這個頭銜多落漆，其尊嚴仍無可比擬。

從他所受到的款待來看，曼努埃爾二世的歐洲之行十足成功，但就實質成就來說，他的收穫並沒有比父親更多。他得到一些含糊的承諾，但沒人打算趕快行動。英國亨利四世的王位當時還不安穩，法國國王是個無可救藥的瘋子，而歐洲國家的君主對鄂圖曼帝國構成的危險也還懵然不知。曼努埃爾從一個首都旅行到另一個首都純屬徒勞，但他堅決拒絕放棄任何最後一絲希望。就在他快被絕望打倒之際，拯救卻從最意想不到的角落前來。當時，一個極度鼓舞人心的消息快速在歐洲傳開，也很快傳到人在巴黎的皇帝耳中。這個消息是，一支來自東方的大軍入侵小亞細亞，巴耶塞特被迫東返抗敵。君士坦丁堡得救了。

法蘭西盛傳，一位強大的東方基督徒國王拯救了拜占庭，但這只有一半是事實。突厥戰士「跛子」帖木兒六十多年前生於烏茲別克中部，後來畢生都在率領蒙古部落南征北戰。他的夢想是恢復成吉思汗的輝煌帝國，並為此發動了一次大征服行動。到了一四〇〇年，他的帝國已從印度延伸至俄羅斯，從阿富汗延伸至亞美尼亞。他總是派間諜先行，傳播他的殘忍行徑，以此削弱守軍的士氣。他在大馬士革將全部市民趕入大清真寺，再放一把火將其夷為平地；在提克里特（Tikrit），他規定每位士兵若交不出兩個人頭，就自己提頭來見；他在巴格達屠殺了九萬平民，建立一座金字塔來安放他們的頭骨。他經過的土地變為廢墟，城市淪為鬼域，人人聞風遁逃。

在世紀之交，他進入鄂圖曼領土，逼巴耶塞特從君士坦丁堡撤兵東返。一四〇二年七月二十日，兩軍在安卡拉近郊相遇，戰況慘絕人寰。一萬五千名鄂圖曼人被斬殺，蘇丹本人亦被俘虜。帖木兒喜孜孜地佔領巴耶塞特的後宮。根據一些說法，他把蘇丹當作腳凳，每回行軍都把蘇丹裝在一個鐵籠，作為大軍的前導。[9]小亞細亞的主人如今變為蒙古軍閥，但他為人坐不住，更感興趣的是征服而非管理帝國。再經過幾回縱情施暴後（包括洗劫非拉鐵非和建一道屍體牆以誌其事），他揮師東返，準備侵略中國，留下了一個破碎的鄂圖曼帝國與混亂的安納托利亞。

這當然是個把鄂圖曼人逐出歐洲的最佳時刻，但一如往常，曼努埃爾二世只得到許多含糊的承諾而非實質的幫助。在一名新蘇丹入主抵達阿德里安堡後，任何逆轉情勢的機會都變得一去不復返。巴耶塞特的兒子蘇萊曼（Süleyman）在蒙古人的毀滅性攻擊中倖存下來，又悄悄渡過博斯普魯斯海峽佔有鄂圖曼的歐洲省份，任幾個弟弟在小亞細亞鬼打鬼。他藉由給予威尼斯和熱那亞貿易優惠，成功籠絡了這兩個基督徒鄰居，蘇萊曼也接觸拜占庭皇帝，表示願意修好。為此，他馬上除去拜占庭的附庸身分，即時歸還色雷斯、帖撒羅尼迦和阿索斯山的修道院社群。最讓人意想不到的是，他竟主動願意自居附庸。

一四〇三年六月九日下午，曼努埃爾二世以凱旋者之姿進入陽光煦暖的君士坦丁堡。他當初以蘇丹僕人的身分離開，幾乎不敢指望有天會以主人的身分歸來。為他歡呼喝彩的民眾人山人海，教堂鐘聲響徹全城，聖索菲亞大教堂也準備了一場特別的感恩彌撒。不過蘇萊曼雖然放低姿態，但他還是賺到了。小小的讓步讓他得到寶貴的喘息時間。拜占庭一如往常地弱，它新獲得的威望有如鏡花水月。只有整個基督教世界的協調一致，才可能把鄂圖曼人逐出歐洲，但這個世界仍然四分五裂。鄂圖曼人的讓步也讓歐洲國家產生一種已經安全了的錯覺。因為他們相信鄂圖曼人的威脅被誇大了，因此把注意力投往別處，讓拜占庭陷入可怕的孤絕。搞不好曼努埃爾在當時拒絕和蘇萊曼修好，對帝國反而更好。

鄂圖曼人侵略腳步的停滯期間極為短暫。一四〇九年，蘇萊曼的兄弟穆薩（Musa）越境進入他的領地，圍攻阿德里安堡。曼努埃爾二世竭盡所能提供援助，但蘇萊曼最後還是被打敗與勒死。一四一一年，新的蘇丹兵臨君士坦丁堡城下，要狠狠懲罰站錯邊的皇帝。曼努埃爾二世想得到的方法只有鼓動穆薩的另一名兄弟穆罕默德攻打哥哥。這次輪到穆薩自己被弓弦勒死，但君士坦丁堡已再次變成鄂圖曼人愛攻便攻的對象。

對帝國來說幸運的是，新蘇丹附庸風雅，一見到曼努埃爾就喜歡上他，甚至把皇帝稱作「我的父親和領主」，也始終保持兩國的和平。曼努埃爾利用這段太平日子趕緊修補帝國的防禦工事，到拜占庭各個領土巡視一周，並在科林斯地峽築了九點五英里長的城牆——稱為「六里城牆」（Hexamilion）[10]——將伯羅奔尼撒半島完全保護住。這時他和蘇丹仍保持良好關係，但深知休戰協定不足以讓和平保持太久，鄂圖曼軍隊遲早會再次攻到家門口。[11]

然而，入侵比皇帝預期來得早。一四二一年，三十二歲的穆罕默德突然撒手人寰，蘇丹之位由他個性暴力且喜怒無常的十七歲兒子穆拉德二世繼承。在這種權力過渡時期，混亂無可避免地發生，同時有幾名大位覬覦者自稱是正宗蘇丹。君士坦丁堡本可押押寶，但曼努埃爾二世此時已年過七十，越來越感受到年齡的壓力，所以寧願讓鄂圖曼人自己搞定家務事，也不想冒著站錯邊的風險。但他的長子約翰八世卻有著年輕人的過度自信，支持其中一位大位覬覦者。疲倦的皇帝拗不過兒子，於是把注押在穆拉德二世的堂兄弟穆斯塔法（Mustafa）身上，然後屏息以待。

事實證明，曼努埃爾二世原先的中立立場較為明智。穆斯塔法在加里波利遭兵敗且被勒死。憤怒的穆拉德向拜占庭興師問罪。帖撒羅尼迦被圍，「六里城牆」被毀，伯羅奔尼撒半島遭到襲擊。穆拉德在一四二二年兵臨君士坦丁堡城下，要求立即投降。曼努埃爾二世當時離死亡不遠，但仍送給他的首都最後一件禮物。他遣使求見蘇丹最小的弟弟，聲稱皇帝深信他有權獲得蘇丹之位。穆拉德二世別無選擇，只得趕緊回家處理這個威脅，並在得到皇帝再次答應成為附庸後匆匆撤兵。曼努埃爾二世就此讓君士坦丁堡逃過一劫。此時首都的處境並沒有比他登基時還強，依然是鄂圖曼大海裡的一座孤島，但拜他的聰明機智所賜，這座孤島可保無虞。

但這種情形未能維持太久。曼努埃爾的長子約翰八世是在穆拉德決定圍攻帖薩羅尼迦沒多久以前登基。備受壓力的拜占庭指揮官把城市送給威尼斯以換取其保護。但一四三〇年，威尼斯總督（governor）認定局勢已救無可救，悄悄開溜，讓帖薩羅尼迦自生自滅。孤立無援的拜占庭人撐了三個月，接著城破。鄂圖曼人一湧而入，然後大肆燒殺擄掠一番。

約翰八世深信君士坦丁堡會是鄂圖曼人的下一個目標，別無他法的他只好又向歐洲求助，自信這次會更有效。畢竟鄂圖曼帝國的威脅已經明明白白，所以西方即使並非出自利他之心，也一定會因為害怕脣亡齒寒而出手相助。不過，他到頭來卻發現，如同他父親和祖父的時代，歐洲有自己的事情在煩惱，無暇顧及更大的威脅。英國和法國正處於「百年戰爭」（聖女貞德在同一年被英國抓到和燒死），而約翰在其他地方，只得到老掉牙的同樣回覆：直到東正教教會順服羅馬之前，拜占庭不可能得到任何援助。

約翰八世清楚知道，他的臣民永遠不會接受這種事，但他在狗急跳牆下向教宗承諾，會讓帝國順服於教廷。教宗不太相信（他聽過這樣的承諾太多次），但皇帝決心如鐵。他在歷經十四年的艱難談判與威逼利誘後，終於得到一群東正教主教的點頭，在佛羅倫斯一個教會會議上，理事會簽署一份兩教會合一的協議。教宗立即承諾提供軍事幫助，而匈牙利（它深知自己是鄂圖曼砧板上的下一個國家）也同意組織十字軍。

簽署文件是一回事，但執行文件內容又是另一回事。一回到京師，約翰馬上發現自己成為千夫所指，皇位岌岌可危。大多數在協議上簽字的主教如今都不認帳，而亞歷山卓、耶路撒冷和安提阿的牧首都譴責教會統一協議。皇帝的一個兄弟甚至打著保護東正教的幌子想搶奪皇位。

至此，約翰八世能指望的只剩十字軍。在匈牙利國王拉迪斯拉斯（Ladislas）與傑出的特蘭西瓦尼亞將軍匈雅提（John Hunyadi）率領下，十字軍在一四四三年出發，殺入保加利亞，不到幾個月便征服了它。穆拉德二世因為他的基督教敵人聯合起來對付他而大驚，答應若十字軍願意撤退，他保證休戰十年。十字軍中的塞爾維亞人分遣隊覺得這筆買賣划算，於是打道回府。但其他十字軍在教宗慫恿下仍繼續推進，扎進黑海沿岸。他們在小城瓦爾納（Varna），發現被激怒的蘇丹準備了多他們兩倍的兵力恭候。鄂圖曼人在十字軍發起第一波奇兵衝鋒前便潰散了，但卻在人人搶著逮住蘇丹時亂成一團，並引發一件意料之外的禍事：國王拉迪斯拉斯被殺。十字軍部隊因陷入恐慌而陣腳大亂，不到幾小時便被殺得片甲不留。

匈牙利攝政王約翰匈雅提成功地重新集結軍隊，並讓蘇丹忙碌了好些年，但他的人馬一樣在一四四八年被有效粉碎。約翰八世在君士坦丁堡黯然看著事態的一系列發展，知道自己寄託在西方的所有希望形同幻滅。他不惜得罪自己的人民，到頭來卻是一場空。東、西教會也持續分裂。穆拉德二世凱旋班師後，皇帝被迫前往謁見他，祝賀他打了一場讓君士坦丁堡注定滅亡的勝仗。十一天後，約翰八世歸天。

第二十五章 永恆的皇帝

THE ETERNAL EMPEROR

CHAPTER 25

我們指望「金髮碧眼兒」來拯救我們……我們把希望寄託在神諭，寄託在假預言。我們把時間浪費在不值錢的話。

——格雷戈里（Timothy Gregory），《拜占庭史》（二〇〇六）

皇帝下葬後幾天，朝廷使者火速趕到了伯羅奔尼撒半島。他們在米斯特拉（Mistra）的古代斯巴達山谷裡找到了約翰的弟弟君士坦丁十一世（Constantine XI Dragases），通知他帝位已傳承給他。使節沒有為他加冕（這事情只有牧首有權主持），但舉行了一個簡單的儀式。[1]末代皇帝君士坦丁登上一艘威尼斯軍艦（拜占庭本身已經沒有軍艦）航向京城，並於一四四九年三月十二日正式入城。

在曼努埃爾二世幾個兒子中，君士坦丁顯然是最能幹的一個。他充滿魅力與勇氣，對拜占庭悠久燦爛的歷史有強烈的意識，也決心維護其尊嚴。有乃父之風的君士坦丁把綏靖政策看成另一種形式的背叛。數百年來，伊斯蘭教的軍隊反覆攻打君士坦丁堡，如果他像兄長和祖父那樣繼續叩頭，只是給予不可避免的滅亡增添恥辱。

然而，皇帝對拜占庭的勝算並無心存幻想。四十三歲的他大半輩子都在與鄂圖曼作戰，太了解敵人的實力。三年前，匈牙利十字軍剛起之時，君士坦丁曾趁鄂圖曼人無暇他顧時，從土耳其人那裡奪取雅典和希臘北部的許多地區。十字軍崩潰後，君士坦丁不得不單獨面對蘇丹的怒火。穆拉德二世殺入希臘並攻陷雅典，迫使拜占庭人不得不躲到「六里城牆」後面。君士坦丁原以為靠著堅固城牆可以守上幾個月，未料這次鄂圖曼人帶來了可怕的新武器：好幾管大砲。它們摧枯拉朽，以可怕的怒吼宣佈世界已然不同。不管多堅固的防禦工事都落伍過時了。大砲的時代業已開始。「六里城牆」才五天便塌陷了，君士坦丁僅以身免。鄂圖曼人殺進伯羅奔尼撒半島，後來是因為一場早冬的大雪封住山口，米斯特拉才逃過一劫。對帝國來說幸運的是，穆拉德二世熱中於征服巴爾幹地區多於拜占庭的殘餘。鄂圖曼大軍改開往達爾馬提亞後，君士坦丁得以過上一段太平日子，他在這段期間，竭盡所能重建希臘南部。[2]

直到新皇帝進入君士坦丁堡之前，這座城市都只是自己的昔日的影子，如退潮的潮水般皺縮於城牆之內。大街上不再聽見十多種語言交頭接耳，商船不再擠滿港口，宮殿和教堂不再千姿萬妍。在查士丁尼全盛時期，君士坦丁堡有將近五十萬人口，但此時已下降至約五萬。野草叢生的荒廢田地佔去一大片市中心的面積，半毀的建築物仍顫巍巍地待在原地。儘管如此，首都卻瀰漫著一股奇異的活力。新畫的壁畫雖沒有從前豪華，聖像不再鑲金鍍銀，馬賽克畫也不再炫人眼目，但此時期的藝術卻流露出一股清新與新的元氣，與帝國越來越縮水的財富形成鮮明對比。工匠和學者都能找到願支持他們研究的贊助人，新的藝術學派出現在破碎帝國各處的修道院。幾世紀以來，拜占庭一直生活在土耳其人的陰影下，知道自己遲早會被連根拔起，可人們彷彿鐵了心要在屈指可數的剩餘日子裡盡情經驗人生似地，帝國在物質上也許窮哈哈，但思想和文化上卻富有四海。

君士坦丁十一世本來樂於以一場盛大的加冕典禮來讓人民熱鬧一下，但卻有所不能。人盡皆知的是，當前的牧首支持約翰八世搞出來的教會統一協議，所以幾乎被百姓當成異端看待。讓如此有爭議的人物給自己加冕幾乎會引起廣泛暴動。不過，君士坦丁私下卻支持牧首的立場，但保護首都安危畢竟是皇帝的天職，若順服於羅馬，可讓君士坦丁堡有一絲獲得西方幫助的機會，那就必須爭取，而拜占庭的末代皇帝將始終是一位未被加冕之君。

就在君士坦丁盡力疏通君士坦丁堡各種意見之時，穆拉德二世發現達爾馬提亞的首府比他預期中難征服地多。在充滿個人魅力且有「阿爾巴尼亞之龍」之稱的斯坎德培（Skanderbeg）率領下，達爾馬提亞人挫敗了鄂圖曼人每次攻城的嘗試。一四五一年，穆拉德宣稱這城誰都破不了，於是放棄攻城，返回阿德里安堡——並在不久後死去。

為慶祝大敵之死，教堂鐘聲響徹了整個君士坦丁堡。新的蘇丹穆罕默德二世才十九歲，當皇帝派使者祝賀他登基時，他奉創教先知和《可蘭經》之名發誓，將與拜占庭永遠和睦共處。西方國家在匈牙利十字軍戰敗後全都神經緊繃，所以樂於把他的話當真，讓自己可以放輕鬆點。年輕的新蘇丹是一名矛盾的集大成者。他兼具詩人和學者氣質，精通數種語言，可他又是個喜怒無常的暴君，幹得出最野蠻殘忍的勾當。同時，他也是個出色的組織者和戰略家，但為人又極迷信，不會在得到占星師點頭前發起進攻。不過撇開這種星相學的顧慮不說，他又有帶點馬基維利者的果決。當上蘇丹後，他勒死自己襁褓中的異母弟，以除去潛在威脅。他為了支開孩子的母親，邀她一起用餐。當這個喪子之母回到家發現事情真相後，並沒有時間哀痛，因為蘇丹馬上將她許配給手下一名軍官。在他自己看來，這種殘忍的行為是預防內戰的唯一途徑。後來他又告訴幾個兒子，殺掉手足才符合「世界秩序」的最佳利益。然而，西方卻對這個能反映新蘇丹個性的好例子視若無睹。歐洲和拜占庭都賣力地作他想，樂於相信伊斯蘭教和帝國可能保持和平。他們很快就會遭到當頭棒喝。

穆罕默德二世守誓僅數月，便派出工程師測量博斯普魯斯海峽最窄之處的寬度，發現歐、亞兩大洲在此僅相隔六百五十公尺，遂決定率軍越過這片細長的水域，夷平當地的拜占庭小城。穆罕默德於兩千年前波斯國王薛西斯（Xerxes）與注定滅亡的斯巴達國王李奧尼達交鋒處[3]建了一座堡壘。他祖父也曾在亞洲一邊建造一個類似的堡壘，如今兩座堡壘加在一起，將有效切斷往來黑海和君士坦丁堡的水道。這是公然的戰爭行為，但蘇丹根本沒打算掩飾自己的意圖。當君士坦丁派遣使者提醒穆罕默德他已違背誓言，並勸他至少要放過附近的村莊時，這些使者卻遭到斬首。

隨著新堡壘的城牆越築越高，一位名叫烏爾班（Urban）的年輕匈牙利人進入君士坦丁堡。他是設計與發射大砲的專家，自薦為帝國打造特殊的大砲。君士坦丁十一世喜出望外。他在「六里城牆」見識過這種致命新武器的可怕威力，知道這種會發出震耳欲聾聲音的「猛獸」可以打碎岩石，擊穿城牆。皇帝設法湊出一小筆錢留才，但不久便無以為繼。日益窮困的烏爾班最後不得不離開，改為鄂圖曼人工作。

穆罕默德二世求之不得。他在看過烏爾班的演示後，詢問這位匈牙利人大砲是否也能打倒城牆。烏爾班完全清楚蘇丹想的是哪裡的城牆，因為他花過時間研究君士坦丁堡的防禦工事，所以保證可以設計出一種連巴比倫城門都可炸開的砲彈。接著，他馬上展開設計，很快就製造出一管能發射兩百七十公斤石球的銅砲。喜孜孜的蘇丹馬上將大砲架在新堡壘上，宣布任何想通過海峽的船舶都必須停下來付過路費。威尼斯人抗議說，這樣的命令會徹底切斷博斯普魯斯海峽的貿易，但蘇丹不為所動。後來，當他看見一艘威尼斯帆船想偷溜過海峽，便命令將船炸飛，落水的船員則一律被拽上岸處決，船長還被長槍刺穿身體掛在岸邊，以儆效尤。

蘇丹喜歡他的新武器，但想要一管更大的，於是命烏爾班製造大一倍的大砲。匈牙利人回到鑄造間，造出八公尺長的龐然巨物，可以把六百八十公斤的花崗岩石球射到一．五公里之外。穆罕默德心知，靠著這玩意兒，他將可迅速給予君士坦丁堡毀滅性的打擊，讓西方來不及組織十字軍救援。剩下的問題是，如何將巨砲從阿德里安堡的烏爾班鑄造間運送到兩百公里以外的君士坦丁堡而已。蘇丹決定派木匠和石匠打頭陣，將山丘填平並建造橋樑，然後透過六十頭牛和兩百人組成的隊伍，以每天四公里的龜速把大砲拉過色雷斯的鄉村地區。穆罕默德自己則和部隊在一四五三年三月二十三日動身，君士坦丁堡的滅亡近在眼前。

君士坦丁十一世做了一切所能做的準備工夫，包括疏濬護城河、修補城牆、儲備糧食和其他補給物資。他知道鄂圖曼人都用什麼方式對待被征服的城市，也知道君士坦丁堡的活命機會微乎其微。但他還有最後一個希望：他哥哥約翰八世曾答應讓東、西教會重新統一，但從未舉行宗教儀式進行確認。現在，教宗派來的樞機主教保證，只要皇帝在聖索菲亞大教堂正式宣讀統一協議，就提供幫助。皇帝沒有一絲猶豫。主禮教士在出席者寥寥無幾的大教堂裡，宣布東正教和天主教正式統一，宣稱諸天為這個決定歡騰。

但市民的心情卻不那麼興高采烈。不過，當大家知道滅亡的威脅迫在眉睫，便未出現暴動或反對的聲音。因為樞機主教身邊帶著兩百名弓箭手，人們預期會有更多軍隊在正式統一後來到。大部分市民都迴避統一儀式，也拒絕進入任何被拉丁儀式「汙染」的教堂。他們不想以暴動添亂，但也不肯放棄自己的傳統。所以當年的復活節，聖索菲亞大教堂出奇少人且安靜，因大家都跑去找一家維持希臘儀式的教堂。五天後的四月六日，鄂圖曼人抵達。

威尼斯共和國答應過派海軍相助，但海平線上卻遲遲沒有他們艦艇的蹤影。連最樂觀的人也開始明白，威尼斯人提供的只是口惠。求助於西方一直都白費心機，而這一次，鄂圖曼軍隊更是多如天上的星星。拜占庭的人們看著如大海般湧入的敵人，想起他們心愛的東正教教堂正舉行拉丁彌撒，莫不忿然：他們付出教會統一的代價但卻一無所獲。城市裡的威尼斯人全都信誓旦旦表示要留下來幫忙，但這種騎士風度很快穿幫：七艘軍艦在夜色掩護下載走了數百名威尼斯人。唯一讓人精神一振的是，一名擅打守城戰的熱那亞人朱斯蒂尼亞尼（Giovanni Giustiniani）慨然援助，他帶著一支七百人的私人軍隊，而且每個士兵都訓練有素。他之所以前來幫忙，是要為他的父姓來源者（即查士丁尼[4]）統治過的土地盡一分力。不過，即使加上他的七百人，全城守軍也只有將近七千人之眾。更有甚者，這支守軍需防守的是二十公里長的城牆，需要抵抗多達八萬人的鄂圖曼軍隊。緊張和擔心層層籠罩著城市，但已沒有時間想東想西。穆罕默德二世一抵達便騎馬來到城門，要求城中人投降。但沒有得到回覆，於是他在四月六日下令發砲。

巨砲在怒哮一聲後吐出火焰與煙霧，還有一顆隨即把逾千年的狄奧多西城牆打得搖搖晃晃的石砲。十個世紀以來，這座城牆讓無數可能的征服者翻船，但磚塊和灰泥的時代已然過去，古老防禦工事如今面對的是史無前例的犀利砲轟。巨砲每發射一次，都要花時間冷卻，而且一天也只能發七砲。不過蘇丹擁有其他小砲可以補其不足。石砲狠狠地砸在城牆上，除了打落磚塊，有時還能打掉一大塊城牆。炮轟一天下來，外城牆已有一大段城為瓦礫，這時蘇丹下令攻擊。君士坦丁親自在缺口處指揮，成功擊退幾波攻擊，入夜之後，朱斯蒂尼亞尼想出了一種修補城牆的方法。他叫人把木樁插入瓦礫堆中，使其形成一個鬆散的形構，然後在裡面填入破磚和石頭，使其形成一面臨時的牆。第二天砲擊恢復後，守軍發現湊合牆比實心牆更能吸收砲彈衝擊，不管砲彈怎麼轟至少都能維持原狀。有鑑於此，守軍依循一種節奏行事：白天盡可能躲在石砲打不到之處，晚上砲轟停止後再火速修補損壞。

鄂圖曼人在對呂科斯河（Lycus River）河谷上方一個城牆脆弱處連續砲轟四十八天後，發起第二次攻城，但一樣不成功。皇帝再次表現其英勇，而飽受挫折的蘇丹則在城牆看得見的地方以刺穿戰俘身體的方法出氣。接著他改變戰術，決定進攻較脆弱的護岸牆，命令他的艦隊衝撞保護港口的大鍊索，但鍊索不動如山。這本來就夠讓鄂圖曼人丟臉的，雪上加霜的是，為被圍首都送來食物補給的熱那亞船隻竟成功避過鄂圖曼海軍，溜進了港口——要知道，穆罕默德先前曾經下令，不惜一切代價都要把它們撞沉。

熱那亞人對蘇丹權威的公然蔑視，惹得他勃然大怒。他面子丟盡，敵人又興高采烈：鄂圖曼軍營裡，拜占庭人對熱那亞船隻閃躲技巧的歡呼喝彩清晰可聞。穆罕默德為了不讓這種情形持續下去，於是準備做出一個極盡巧思的回應。

先前說過，港口入口由一條大鍊索保護著，而這鍊索的一端在君士坦丁堡，另一端在對岸熱那亞殖民地的一座塔樓。鄂圖曼海軍多次試圖衝破鍊索都以失敗告終，但足智多謀的蘇丹知道他有別的選項。在此足以展示鄂圖曼人企劃力與組織力的是，當穆罕默德二世一聲令下，七十艘軍艦被拖上岸，以塗了油脂的滾木沿陸路運送（沿著繞過熱那亞殖民地的路線），到了帝國港口再靜悄悄地投放到海上。

港口的丟失對君士坦丁造成沉重的打擊。這不但讓拜占庭人從此無法安全打漁（魚是吃不飽的市民重要的食物來源），還讓他們多出近六公里的城牆需要分兵防守，而使兵力更形分散。雙方都知道最後結果近在咫尺，所以當穆罕默德當著守軍的面前斬首更多戰俘，守軍的回應則是把鄂圖曼人戰俘推下城頭。這是一場至死方休的戰爭。如果蘇丹不給拜占庭人留點生路，他們也絕不給他留半點餘地。

唯一讓守軍維持希望的是，威尼斯艦隊答應過會拔刀相助，但隨著五月一天天過去，士氣和希望開始動搖。君士坦丁派出一艘船前去瞭望是否有艦隊接近的跡象，但三星期以來卻只得到否定的回報。眾臣懇求皇帝出逃，到別處成立流亡政府，待光復君士坦丁堡再還駕。他們力陳鄂圖曼人必然會步上十字軍的後塵，即使佔領了首都也一定會被趕走，所以最重要的是保存皇帝的性命。君士坦丁儘管身心俱疲，卻堅拒所請。他們都是他的子民，他要與他們同生共死。

此時，穆罕默德正在鄂圖曼軍營策劃最後的總攻。君士坦丁堡的城牆已被他的大砲炸成一堆堆瓦礫，繼續炮轟也不會有太多收穫。他幾次嘗試攻城都傷亡慘重，每失敗一次都讓他的威信遞減。是傾盡全力放手一搏的時候了。他懶得對疲憊的對手隱瞞自己的計畫，公開宣布將在五月二十九日星期二發動總攻。

君士坦丁堡疲憊的守軍已經到達臨界點。他們白天飽受鄂圖曼人的連續砲轟，夜間又得修捕城牆，少有休息的時間，精神與身體的負荷都到了極限，隨時都可能會爆炸。但在帝國歷史上最後一個星期一的夜晚，士氣發生了重大變化。工作當然要繼續，但疲倦已不見蹤影；幾星期以來，市民們首次向聖索菲亞大教堂集中。在那裡，拜占庭歷史上第一次也是最後一次，東、西教會幾世紀以來的分裂被拋諸腦後，希臘系與拉丁系的教士肩並肩站立，展開了一場真正普世的彌撒。

當人們向著大教堂集中的同時，君士坦丁對軍隊發表了最後講話——愛德華・吉朋稱之為「祭羅馬帝國文」。他為軍隊回顧了帝國的輝煌歷史，責成他們以尊嚴和榮譽為念：「動物也許看到其他動物便會掉頭就跑，但你們是堂堂的男人，是古希臘和古羅馬大英雄名實相符的繼承人。」[5]然後他轉向那些挺身而出、保衛君士坦丁堡的義大利人，感謝他們拔刀相助，向他們保證，拜占庭人和威尼斯人已經成了一家人。他在與每位指揮官握過手後，著令他們回到自己的崗位，接著前往聖索菲亞大教堂。

皇帝幾乎徹夜未眠，留在教堂裡禱告，直到只剩幾支蠟燭還亮著才騎馬回家，與家人訣別。然後他巡視各段城牆，直到兵力分配再也無可挑剔才罷休。最後，他在防守力最脆弱的城牆下馬，等待蘇丹於黎明發起攻擊。然而，穆罕默德二世不打算等到太陽出來。凌晨一點半，靜悄悄的黑夜如遭大雷轟鳴聲震碎。鄂圖曼人砲火齊發，對準一段城牆猛轟，守軍你推我擠地尋找掩護。不旋踵，城牆便被撕開一個大缺口，鄂圖曼人連忙衝上前去，趕在拜占庭人來得及修補缺口前衝進去。他們猛攻了三小時，但多虧朱斯蒂尼亞尼指揮得當，每次進攻都被擊退。這位熱那亞指揮官看似無所不在，哪裡防守鬆動就出現在哪裡，為將士們加油打氣。到了凌晨四點，疲憊的鄂圖曼非正規軍後撤，分出一條路讓主力軍團部隊而過。雙方再次短兵相接，鄂圖曼人踩著同袍的屍體前進，拚了命也要殺進缺口，作戰起來像瘋子一般，一心只想得到蘇丹的獎賞或戰死後到天堂享福。他們一寸寸地逼進，但君士坦丁每次總能在千鈞一髮時帶來增援，擊退他們。精疲力竭的守軍在敵人退卻後馬上癱軟在地，但他們不可能有太多時間喘息。穆罕默德二世甫意識到敵人呈現疲態，便派出耶尼切里軍團（Janissaries）上陣。

耶尼切里軍團就如同拜占庭軍隊的瓦良格衛隊與古羅馬的禁衛隊（Praetorians），是鄂圖曼軍隊中的精銳。其成員都生於基督徒家庭，但從小就被強行帶離父母身邊，被迫歸信伊斯蘭教。他們對蘇丹無比忠誠又受過最精良的軍事訓練。在轟鳴軍樂聲的伴奏下，這支紀律井然的部隊形成一道牢不可破的陣線，看似對從城頭落下的任何攻擊都無所顧忌。神奇的是，他們還是被擊退了。不過，朱斯蒂尼亞尼卻在作戰中被弩箭射穿胸甲。雖不是致命傷，但他再也無法繼續戰鬥。君士坦丁求他留下，深知如果他的部下看見他走掉，一定會無心戀戰。但朱斯蒂尼亞尼去意已決，命人用擔架將他抬到港口等著的一艘船上。

皇帝最擔心的事立刻發生了。熱那亞人一見他們英勇的領導者被從城牆抬走，立刻出現恐慌。當耶尼切里軍團再度發起攻擊時，他們開始撤到內城牆。混戰中，鄂圖曼人佔領了幾座城樓，開始屠宰困於內外城牆之間的守軍。君士坦丁站在聖羅曼努斯門上看著這一幕，知道大勢已去。他大喊一聲：「城是丟了，但我還活著。」說完便甩下皇帝冠冕，衝向城牆缺口，從此自歷史上消失。

接下來的大屠殺煞是可怕。鄂圖曼人呈扇形展開，沿各條街道殺人，未幾血流成河，加上屍體堆積如山，導致有些地方幾乎看不見路面。威尼斯人和熱那亞人全都逃到了船上，成功逃脫：負責封鎖港口的鄂圖曼海軍因急著在洗劫中分一杯羹，已離船上岸。但城中居民卻沒有這種好運氣。婦女和小孩遭強暴，男人的身體被刺穿，房屋被洗劫一空，教堂遭劫掠與縱火。城市裡最著名的聖像（據說為聖路加親自所繪）被劈為四大塊，古代雕像被推倒或搬走，皇陵被砸開，裡頭的屍骨被扔撒至街道上。皇宮已然成了空殼子。

隨著鄂圖曼帝國的旗幟飄揚在城牆甚至大皇宮上，未死的市民湧向他們一向感到最安全的地方。根據一個古老的傳說，聖索菲亞大教堂絕不會落入土耳其人手中，這是因為，只要大教堂受到威脅，一個天使就會從附近的君士坦丁巨柱飛出，保護信徒。在其深如洞窟的內部，僧侶正在進行早課，有慰藉作用的誦經聲與熟悉的聖像都讓難民寬心不少。但古代預言沒有成真：天使始終沒有出現，而就連沉重的青銅門也無法阻止凶殘敵人的腳步。鄂圖曼人撞開青銅門後大開殺戒，僧侶和民眾紛紛倒於刀下。僅少數看似富有的人被饒過一命（把他們賣為奴隸可以賣得好價錢），但他們卻被迫看著大教堂遭到褻瀆。士兵把牧首的法衣披在野狗身上，又把聖體[6]撒了一地。一名耶尼切里軍團的士兵把帽子勾在十字架頂端，祭壇被翻過來，用作馬飼料的槽或強暴女人的床。牆上凡是看上去有點價值之物都被撬下或砸爛。每個十字架都遭劈斷。

到了那天的結束時，二十四歲的蘇丹眼見君士坦丁堡已經沒有剩下可搶可拿的，便下令收兵。他計畫把聖索菲亞大教堂改造成清真寺，以幾何圖案蓋過原有金碧輝煌的馬賽克畫，懸掛上寫有《古蘭經》經文的巨大木盾牌，並在適當的位置加入一塊「米哈拉布」（mihrab）。[7]貴族出身的男性一律被處決，其他俘虜則賣為奴隸，每位蘇丹的主要支持者都獲賞賜四百名兒童。穆罕默德二世非常渴望找到君士坦丁的屍體，非親眼證實大敵已真正死去才能安心。他火速命人在各條街道涉血而過，檢查每具屍體和每個被斬下的人頭。他們發現一具屍體穿著繡有雙頭鷹圖案的絲襪，但當穆罕默德命人以長槍挑著頭顱遊街示眾時，認識皇帝的人卻面無面情。雖然蘇丹提出重賞，卻始終沒有人找到皇帝的屍體。雖然君士坦丁十一世生前無法躲過壓迫者的魔掌，但他死後卻做到了。

經過一千一百二十三年又十八天，拜占庭帝國的歷史終於落幕了。在聖索菲亞大教堂巨大穹頂迴響了近千年的誦經聲陷入沉默，一向繚繞各家教堂的香燭煙霧也慢慢消散。此時魂飛魄散的拜占庭人進入了永遠的流放狀態，唯一可堪安慰的是他們的帝國結束得轟轟烈烈。勇敢而昂揚，四十八歲的末代之君讓帝國的光榮歷史首尾相接。如同博斯普魯斯海峽邊京城的第一位統治者，他名叫君士坦丁，媽媽也叫海倫娜。因此，就在他亟需幫助時正好有個查士丁尼[8]在他身旁，著實不易宜乎。

BYZANTINE
EMBERS

結語

拜占庭的餘燼

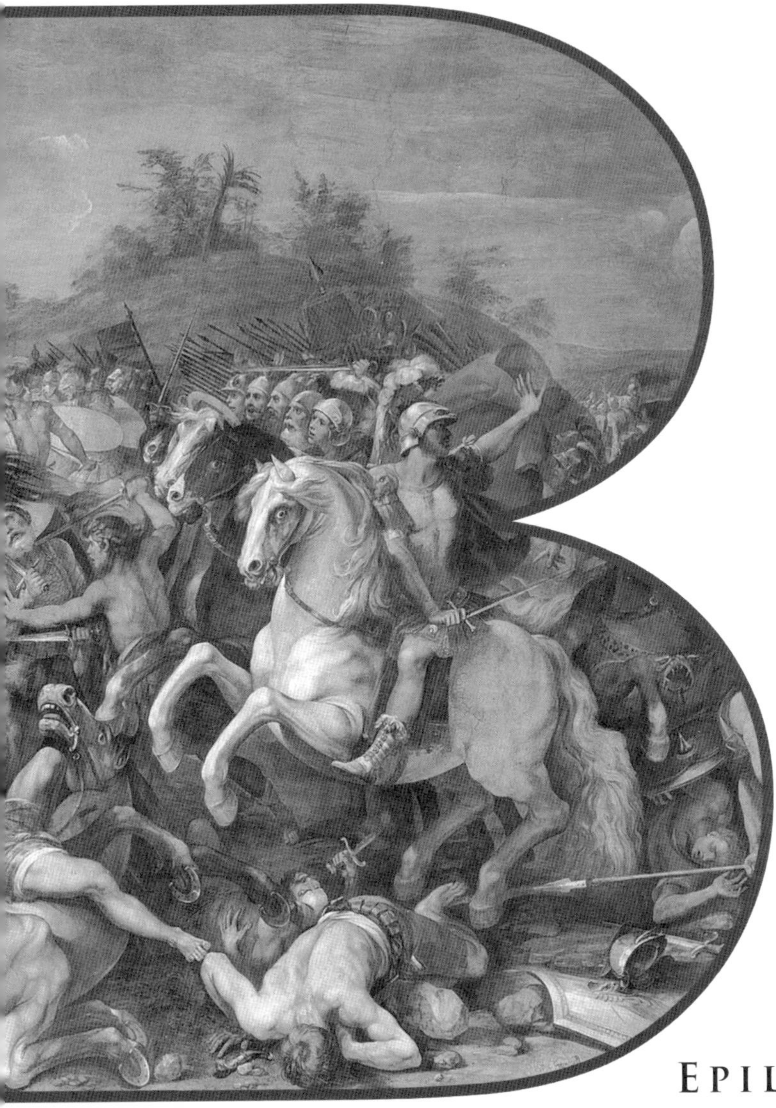

EPILOGUE

有朝一日，我將從大理石圍攏的沉睡中醒來，走出我的神祕墳墓，大大展開被磚封起來的黃金門。我會打敗哈里發和沙皇，將他們驅趕到紅蘋果樹之外，然後安歇在我的古老國土中。

——尼科爾（Donald Nicol），《不朽的皇帝》（*The Immortal Emperor*, 1992）

一四五三年五月三十日翌日的星期三，當太陽在基督教世界的破碎首都升起時，鄂圖曼帝國的征服已徹底完成。雖然君士坦丁幾名爭吵不休的兄弟仍據守著伯羅奔尼撒半島，亞歷克塞・科穆寧的子孫也仍統治著黑海沿岸的特拉比松，但這些地方不過是些空殼子，蘇丹唾手可得。果不其然，它們也在一四六一年夏天結束前全部失守了。土耳其人實現了奪得君士坦丁堡的夙願，對鄂圖曼帝國的自我認知產生了深刻的影響。為繼承拜占庭的餘威，鄂圖曼人將首都遷至君士坦丁堡，穆罕默德二世也自封「凱撒」，仍持續做著任命牧首的把戲與穿戴拜占庭的皇帝飾物。[1]土耳其人從沒忘記這場勝利的美味，時至今日他們的國旗仍自豪地招展一彎殘月，象徵帝國首都失陷的那個星期二的夜空。[2]

東正教世界顯然因為五月的這個巨大衝擊而失魂落魄，但隨著時光流轉，人們的記憶逐漸被傳說取代。盛傳土耳其人衝進聖索菲亞大教堂後，並未能殺死正在做早課的僧侶，因他們忽地消失，融入了南面的牆壁之中，在那裡等待君士坦丁堡光復，重新出來把經誦完。又盛傳英勇抗敵的末代皇帝並未在戰鬥中殞命，而是被天使救走，化作一尊大理石像，從此藏身於黃金門下的一個洞穴中，如亞瑟王那般等待有朝一日東山再起，領導人民趕走入侵者。此後鄂圖曼帝國五百年的統治期間，君士坦丁寧死不屈的精神成為流亡中東正教的心靈慰藉。他的雕像至今仍矗立於雅典（人像一臂悍然揮劍），希臘人視之為現代希臘的指標但非正式的第一位烈士與聖徒。[3]

拜占庭對伊斯蘭教勢力的漫長抵抗以失敗告終。但正因為它撐得夠久，穆斯林的銳氣也盛極而衰。君士坦丁堡的高聳城牆將穆斯林挺進歐洲的步伐拖延了八百年，讓西方有足夠時間成長茁壯，直到鄂圖曼狂潮淹沒拜占庭時達到了高峰的盡頭：不久，伊斯蘭教的軍隊就在維也納的城牆前搖搖欲墜，自此一步步退出歐洲。

本來君士坦丁堡的陷落也許會讓古代學問的餘焰消失，但這樣的事情並未發生。大量湧入西歐的拜占庭難民也隨身攜帶古希臘和古羅馬文明的珍寶。剛開始在歐洲擾動的人文主義熱情地接受這份珍貴禮物。西方人對亞里士多德的部分著作並不陌生，但在此之前卻未接觸過柏拉圖和狄摩西尼（Demosthenes）的著作。讀《伊里亞德》讓他們有如觸電，讀色諾芬與埃斯庫羅斯讓他們為之神迷。包括佩脫拉克（Petrarch）和薄伽丘（Boccaccio）在內，很多文化名人都聽過流亡者講學。富有的科西莫・麥第奇（Cosimodé Medici）聽了一名拜占庭學者講課後也大為動容，於是在佛羅倫斯創辦了一所柏拉圖式學院。隨著西歐被引導回自己的根源，一場文化的「重生」（很快將被正名為「文藝復興」）得以出現。

有些流亡者去了俄羅斯（最後一個未被穆斯林佔領的東正教大國），試圖將它轉化為另一個拜占庭。當時俄羅斯已擁有一套拜占庭字母[4]與東方的心魂，因此非常歡迎這些難民。莫斯科大公以拜占庭帝國的繼承者自居，而給自己冠上沙皇的頭銜（相當於「凱撒」），又採用雙頭鷹作為國家象徵。結合了地方風格的拜占庭藝術持續在整個巴爾幹及北方地區蓬勃發展。俄羅斯人將永遠不會忘記君士坦丁堡傳遞給他們的偉大願景，而追求這願景也成了俄羅斯帝國漫長歷史中的一個未竟之夢。他們從拜占庭吸收如此豐富的奶水，乃至史達林即使因為共產主義的勝利而暈眩時，仍記取拜占庭的教訓，對西方充滿了不信任——這種心理至今仍縈繞於克里姆林宮。

拜占庭最大的繼承人無疑是東正教教會。在十九、二十世紀民族主義者的力量運行時，教會提供的文化資源庫連接著輝煌時代的前帝國人民。在今天，從阿爾巴尼亞到黑山許多國家的國旗上，拜占庭的雙頭鷹仍自豪地飛翔，[5]雖然這些國家有各自的教會，但無一不是上承自拜占庭的教會。

但拜占庭的故事在西方卻泰半被遺忘。但若少了這一塊，中東和歐洲的歷史就會變得不完整，甚至變得完全無法理解。早在鄂圖曼的砲彈在那要命的星期二製造出的濃煙完全消散前，世界早已深深改變了：中世紀已結束，歐洲正處於文化大爆炸的邊緣。君士坦丁堡才陷落三十五年，葡萄牙人迪亞士便繞過好望角，開闢了通往印度的航路。又經過短短四年，一位名不見經傳的義大利探險家哥倫布靠著拜占庭翻譯的托勒密《地理學》（*Geographia*），發現了美洲。

在地理大發現風頭正勁的時代，人們鮮少回想拜占庭糾結的記憶。於是，曾經保護歐洲上千年的巨大堡壘變得沒沒無聞，而「拜占庭」一詞也帶有貶意，有繁文縟節或宮廷陰謀之類的弦外之音。這種貶低既不公道亦有違事實，但成功地讓西方對帝國的歷史與榜樣不理不睬。雖然拜占庭在文化上與西方同出一源，但它卻能找出自己的辦法，十分成功地化解一些至今仍讓我們頭痛的緊張關係，包括教會與國家，信仰與理性等熟悉的緊張局勢。它因為幅員太廣而本質上帶有不穩定的因子，但大體上仍能維持穩定並統一超過千年。

拜占庭最大的悲劇不在於金碧輝煌終歸倒塌，而是它的存在被徹底遺忘。它的豐功偉績乏人問津，也無人記取其教訓。然而對那些有眼光的人來說，光是狄奧多西城牆便足以見證拜占庭的偉大：雖飽受戰火蹂躪與風吹日曬，至今仍屹立不搖，從馬摩拉海一直延伸到金角灣，令人歎為觀止。五百年前那場史詩般的奮鬥，堅定不移地提醒世人，羅馬帝國並非結束於小奧古斯都[6]羞辱的遜位，而是君士坦丁英雄式的壯烈成仁。

致謝

如同它所記述的人物，本書並非橫空出世。我受惠於許多人，才能寫畢全書。最重要的是我的哥哥安德斯（Anders），若不是他從不鬆懈地鞭策，我將無以為繼。感謝不斷對我提供寶貴意見的蒂娜·貝內特（Tina Bennett），我的編輯霍根（Rick Horgan）也讓我的寫作不致偏離航道。還有，若不是帕維亞（Julian Pavia）一絲不苟地閱讀初稿，向我提出許多一針見血的問題，本書將不能以現在的形式問世。我還要大大感謝費特曼（Sam Freedman）、莫根（David Morken）和我教過的學生們，謝謝他們忍耐我談什麼都扯到拜占庭，又不停地發問。由衷感謝雙親鼓勵我熱愛歷史，以及幾名手足（Tonja, Pat, Nils, Celine）不嫌我開口閉口都是皇帝和將軍。最後，我必須感謝內人凱薩琳，她支持我寫作的熱情從未減少。總之，感謝所有曾經鼓勵和指教過我的人：你們的幫助讓我得以克竟全功。

註釋

作者序

1. 譯註：拜占庭時代有一些僧侶以長期生活在石柱頂端的方式苦修，其中最著名的是「柱頂修士」西緬，據說他在一根十五公尺高的石柱上方住了三十七年之久。
2. 譯註：拜倫是二十世紀初的英國旅行作家。
3. 譯註：奧古斯都原名蓋烏斯・屋大維・圖里努斯（Gaius Octavius Thurinus，63BC-14AD），是羅馬帝國第一位皇帝。
4. 譯註：愛德華・吉朋（Edward Gibbon, 1737-1794）是十八世紀英國歷史學家，《羅馬帝國衰亡史》（*The History of the Decline and Fall of the Roman Empire*）的作者。
5. 譯註：宣禮塔是清真寺的附屬建築，用於呼喚信徒禱告。
6. 譯註：西里爾和美多德兄弟是將東正教傳入俄羅斯的拜占庭教士。

序幕

1. 譯註：「異教」和「異教徒」是基督教對外教和外教徒的稱呼，特別是指古希臘和古羅馬的多神教。
2. 譯註：傳說中的特洛伊國王，特洛伊就是他在位期間遭希臘聯軍摧毀。
3. 譯註：赫勒斯滂是達達尼爾海峽的古稱，連接馬爾馬拉海和愛琴海的海峽，屬土耳其內海，也是亞洲和歐洲的分界線之一，常與馬爾馬拉海和博斯普魯斯海峽並稱土耳其海峽，並且是連接黑海以及地中海的唯一航道。
4. 譯註：即馬摩拉海，為小亞細亞與歐洲巴爾幹半島之間的內海。
5. 譯註：君士坦丁堡的官方名稱是「新羅馬」。

第一章

1. 譯註：指由羅馬帝國強大武力保障的太平盛世。
2. Ronald Mellor, *The Historians of Ancient Rome: An Anthology of the Major Writings* (New York: Routledge), 2004.
3. 譯註：克羅埃西亞南部、亞得里亞海東岸的地區。
4. 早期教會邁向組織化後，很自然地會向帝國借鏡。所以戴克里先的行政改革在天主教會留下了至今仍能看見的印記：其教區稱為diocese，教宗則稱為基督的「代理人」（Vicar）。
5. 譯註：這是一些羅馬皇帝的自謙之詞，表示自己「基本上」與其他公民平起平坐。
6. 譯註：古希臘神話中的大英雄和大力士。
7. 他的荒唐行徑包括在競技場下令打死幾千名傷殘者，並以此取樂。
8. 譯註：他有「蒼白者」這個外號，是因為患有白血病而臉色蒼白。
9. 後來有人求他重登帝位時，他挖苦地回答：權力的誘惑無法與務農之樂相比。今日克羅埃西亞的城市斯普利特（Split）便位於當年戴克里先宮殿的宮牆範圍內。

第二章

1. 這座會堂至今仍在，但被稱為君士坦丁會堂。君士坦丁得勝進入羅馬後，把馬克森提的巨像換成自己的，並在將會堂作出若干整修後冠上自己的名字。
2. 譯註：「星期天」（Sunday）的原意是「太陽日」。起初，一星期的每一天一律以星曜命名。
3. 譯註：「各他」是耶路撒冷郊外的一座小山，為耶穌被釘十字架之處，相傳他的墓穴亦在該處。
4. 譯註：「異端」和「異教」是不同的觀念。「異教」指的是基督教以外的宗教，「異端」則指涉基督教內的「離經叛道」派別。
5. 君士坦丁和這座城市的關聯可回溯至二九二年。當時他把母親海倫娜安置於此城，供東部皇帝伽列里烏斯（Galerius）充當人質。
6. 譯註：羅慕路斯是傳說中的羅馬城建城者。

7. 譯註：「馬戲」原指鬥獸場鬥獸和格鬥士格鬥之類的大型公眾娛樂活動。免費的「麵包和馬戲」一直被認為是羅馬皇帝爭取民心的不二法門。
8. 這就是著名的戰車賽車粉絲團「藍軍」和「綠軍」的起源。他們很快就會主宰大賽馬車場，在查士丁尼一朝扮演重要角色。
9. 從三二三年直到帝國在千餘年後覆滅為止，君士坦丁堡的市民在每年的五月十一日，都會聚集在大賽馬車場，紀念君士坦丁堡的建城。
10. 譯註：《新約聖經》記載，耶穌曾用五餅二魚餵飽五千人。
11. 隨著時間的推移，巨柱本身被視為一件聖物。每年元旦（西曆九月一日），市民都會聚集在巨柱基部頌唱讚美詩。
12. 譯註：亞歷山卓是當時埃及的首府，開羅還不存在。
13. 他死去的過程據說如下：阿里烏走過君士坦丁堡的主廣場時，突然想大解。他在一根立柱後面蹲下來後，卻把腸子拉了出來，繼而拉出了肝和腎，導致他立刻死亡。譯註：一說他是被敵人下毒。

第三章

1. 尤利安身為道地的羅馬人，對高盧人大量飲用的日耳曼啤酒十分反感。他寫道：「我不認識你。我只知道宙斯的兒子（指葡萄酒之神戴奧尼索斯人）。他聞起來像甘露，你卻瀰漫著羊臊味。」
2. 諷刺的是，因這些原因而不願被派到帝國東部而叛變的將士，後來又陪尤利安去了君士坦丁堡和波斯。不過這也清楚顯示，尤利安多受部下愛戴。
3. Marcellinus Ammianus. W. Hamilton, Ed & Trans. *The Later Roman Empire (AD 354–378)* (New York: Penguin Classics), 1986.
4. 尤利安為了逆轉時鐘，不惜參加元老院的會議並坐在他們中間，任得他們開口閉口，即便皇帝沒有凌駕於法律之上。只不過他完全不打算回到合議制的羅馬共和時期。他在打壓基督教一事上，是最重手的皇帝之一。
5. Marcellinus Ammianus. W. Hamilton, Ed & Trans. *The Later Roman Empire (AD 354–378)* (New York: Penguin Classics), 1986.
6. 波斯人在帝國邊界一路洗劫，卻攻不破羅馬大城尼西比思（Nisibis）。多虧當地主教的祈禱，上帝派來蝨子和蚊子大軍，狠叮波斯人的大象，把牠們都弄瘋了。
7. 譯註：「光明居所」大概指光明之神（太陽神）的居所。

8. Wilmer C. Wright, *Julian: Volume III* (Cambridge: Harvard University Press), 2003.

9. 譯註：根據基督教，上帝會在世界末日進行審判，但世界將繼續存在一千年，並由基督統治。

10. 第三世紀的宮廷不流行蓄鬍，所以君士坦丁和幾個兒子都無鬚，但尤利安約莫是心儀哲學家皇帝馬可・奧尼略（Marcus Arelius），蓄了一把腮鬍，並深感自豪。他在安提阿時，利用空閒時間寫了兩本書，一是《恨鬍者》（*Misopogon*），以此將安提阿人痛罵了一番。另一本《反對加利利人》（*Against the Galileans*）則是對基督教的嚴厲批判。

11. “Thou hast conquered, Galilean.” 此處的Galilean，譯註：指的是耶穌基督的勝利。

12. Marcellinus. Ammianus Marcellinus. *The Later Roman Empire (AD 354–378)*, W. Hamilton, Ed. & Translated New York: Penguin Classics, 1986. P. 298.

13. 譯註：基督教會早期把基督教信條神學化和理論化的作家，涵蓋時期為二世紀至六世紀。

14. 譯註：指古希臘和古羅馬的哲學。

15. 最著名的例子是第四世紀的教會父老「該撒利亞人」聖巴西流（Saint Basil of Caesarea），他曾寫下名著《致年輕人，談他們如何才能從異教典籍受惠》。

第四章

1. 譯註：位於希臘北部，保加利亞南部。

2. 雖然格拉提安是最後使用「最高祭司」頭銜的羅馬皇帝，它並沒有自此從歷史上消失。五九〇年，教宗格列高利一世（Gregory I）自稱為「基督教的最高祭司」。直譯的話，最高祭司為「搭橋人」之意，因為他可以為諸神的與人的世界搭建橋樑。君士坦丁大帝一直保持這個頭銜，是因為他自認是「主教中的主教」（教宗格列高利一世同樣如此自稱）。

3. 七百年後，教皇格列高利七世和德意志的亨利四世將重演這番政教角力的戲碼。結果也一樣：亨利謙卑地赤腳跋涉雪地，向教宗表示順服。

4. 君士坦丁堡的異教神廟存活至第六世紀初期，其他一些異教習尚存活更久。晚至六九二年，教會還發現有必要禁止農民在壓葡萄汁時呼號酒神戴奧尼索斯之名，或以熊（或其他動物）來預卜未來。

5. 譯註：德爾圖良為早期基督教的著名教會父老，塞內卡為第一世紀羅馬的斯多噶學派哲學家。

第五章

1. 《西比拉預言書》是傳說中最後一位羅馬國王「傲慢者」塔克文（Tarquin the Proud）購入的一本預言詩集。儘管原件毀於公元前一世紀的一場大火，副本卻藏在帕拉丁（Palatine）阿波羅神廟下方的府庫。每逢重大危機，元老院就會拿出來參考，看要舉行怎樣的宗教儀式才能消災解難。譯註：羅馬的國王時期早於共和時期，接著才是帝國時期。
2. 據說他們其中一人說過：「除非你把自己賣為奴隸，否則我們之間沒完沒了。」。
3. Charles Christopher Mierow, *The Letters of St. Jerome* (Westminster: Newman Press), 1963.
4. 他被葬在一條遭引流改道之河的河床上，並有大批戰利品陪葬。挖墓人在遺體安葬後通通被殺，河水則被引回原處，以讓這名羅馬征服者的長眠之處永遠不為人所知。
5. 霍諾留會說出這種混帳話實在不足為奇。當他聽說羅馬陷落時，第一反應是以為自己的寵物公雞「羅馬」（Roma）出了事，待搞清楚出事的是羅馬城（Rome）後，大大鬆了一口氣。
6. 入侵的撒克遜部落最終會消滅不列顛的古典文明。不過在此之前，一名羅馬化的不列顛領導人曾作出最後抵抗，並挺住了好一段時間。他的努力以失敗告終，但卻為亞瑟王的傳奇提供了靈感來源。
7. 阿提拉逼近時，小城阿奎萊亞（Aquileia）的市民逃到附近的潟湖區避難，並在發現潟湖區極易防守後選擇留下，為日後強大的威尼斯共和國打下基礎。在它最早有人居住的托爾切洛島（Torcello）上，仍留有當時打造的一張粗糙石椅，當地人稱之為「阿提拉的寶座」。
8. 阿提拉以其極度迷信聞名。也許狡猾的教宗利奧只是跟他說，上個試圖征服羅馬的人（阿拉里克）沒有好下場而已。

第六章

1. 英文至今以vandal（原意是汪達爾人）指涉「大肆破壞者」，讓人得以想見他們對羅馬城的洗劫有多徹底。
2. 直至二十世紀前，羅馬的人口再也沒有回復到帝國鼎盛時期的規模。
3. 薩爾馬提亞人原為伊朗的半游牧群體，後來在今日喬治亞一個稱為奧塞梯（Ossetia）的地區定居下來。

4. 利奧是首位牧首加冕的皇帝，加冕儀式自此注入了基督教元素。事隔十五世紀後，加冕典禮的基本格局仍無異於當日。
5. 動手殺掉阿斯帕爾的固然是宮中太監，但皇帝還是得了「屠夫利奧」的外號。
6. 譯註：說基督不具人性，指的是主張基督完全是神，不具半點人的成份。但正統教義認定基督兼具神、人二性。
7. 柱頂修士是一些想避開塵世誘惑而跑到柱頂上生活的基督教苦行僧，他們也受到極大尊崇。這種苦修方法在七世紀時退流行，直到十二世紀，仍可在東部沙漠找到柱頂修士。
8. 「奧古斯都路斯」是「小皇帝」之意，或指他年紀還小、無足輕重。有些作家諷刺地稱他為「小恥辱」，但這位末代皇帝與第一位羅馬皇帝同名，可謂有趣的巧合。同樣的巧合也發生在拜占庭帝國，其末代君主是君士坦丁十一世。
9. 理論上，前一年被羅慕路斯・奧古斯都路斯的父親廢黜的尤利安・尼波斯（Julius Nepos）仍算有正當性的西羅馬皇帝。

第七章

1. 這種主張名為「基督一性論」（Monophysitism），源自好幾個激烈反對阿里烏神學的主教。因為否認基督有人（低下）的一面，他們走向了另一個極端。
2. 事實上，教宗菲利克斯三世（Felix III）也曾革除君士坦丁堡牧首的教籍，但因為使者沒有勇氣當面向牧首傳達這個消息，便趁他不注意時把革教令別在他的袍子後面。
3. 狄奧多拉的拿手戲碼似乎是一種涉及鵝的淫穢啞劇。我們對她的所知主要來自普羅科匹厄斯的記載，但這位史家有足夠的理由恨她，所以下筆時八成是加鹽添醋。

第八章

1. 譯註：芝諾和查士丁之間的皇帝。
2. 有趣的是，羅馬法也是路易斯安那州的法律基礎。
3. 稱之為「永久和平」，是因為這份和約不同於其他多數拜占庭與波斯人簽訂的和約，其未訂定有效日期。不幸的是，這次的「永久」和平只維持八年。

4. 狄奧朵拉這裡的引用有誤（但有誤的也可能是普羅科匹厄斯，因為是他把她說的話寫入史冊）。所引之語出自西西里僭主老狄奧尼西奧斯（Dionysius the Elder），原文為：「僭主的榮耀是最好的裹屍布。」不過，考慮到事情的最後結果，這種分別在大多數君士坦丁堡市民看來大概是多餘的。Procopius, *History of the Wars: The Persian War Books I& II* (New York: Cosimo), 2007. 譯註：作者會出此言，是因為「僭主」tyrant：也可作暴君解。

5. 太監曾在拜占庭社會頗有價值。因他們被去勢，不可能坐上龍椅，皇帝也可以放心讓他們出任高官。在一個盟友關係不斷變換與陰謀層出不窮的世界，因為太監通常會忠於皇帝，所以也獲得顯赫的地位並握有大權。不少父親為確保自己較小的兒子一生享有榮華富貴，會自己動手閹割兒子。

第九章

1. 查士丁尼讓雕像者把他刻劃成著波斯軍服的模樣，以象徵貝利薩留對東方的征服。柱與像如今已不存，誠為可惜。
2. 幾乎可以確定的是，兩位建築師和查士丁尼自己在尼卡暴動前便有了這種新穎的構想。他們的首次嘗試（儘管規模要小得多）可見於附近的聖瑟古斯暨聖巴楚斯教堂（Church of Saints Sergius and Bacchus）。
3. 相比之下，西敏寺大教堂花了約三十年才重建完成。巴黎聖母院的建成花了超過一百年，佛羅倫斯大教堂則花了兩百三十年。
4. 聖索菲亞大教堂不同於西方的大教堂，因為穹頂不用柱子支承，所以站在七扇主門中的任一扇，都可將整個內部空間盡收眼底。
5. 譯註：分隔教堂內殿用的屏幃。
6. 事情發生在西元前一四六年布匿戰爭結束時，當時西庇阿．埃米利安努斯（Scipio Aemilianus）下令放火燒掉整座城市，把所有人口賣為奴隸，又在大火後的廢墟上撒鹽。
7. 起初這種設計是為了提醒受表揚者不要得意忘形，以防他們會因得到人民熱烈奉承而變得忘其所以，興起造反念頭。
8. 譯註：羅馬帝國的猶太省在西元六十六年爆發起義，至七十一年被皇帝之子提圖斯敉平。猶太人從此完全亡國，漂流四散。
9. 譯註：《傳道書》是《舊約聖經》其中一卷。
10. 義大利人無法愛戴哥德人，也因為他們畢竟是蠻族。義大利人喜歡取笑他們可怕的音樂品味、怪里怪氣的褲子與過多的髮油。
11. Edward Gibbon, *The Decline and Fall of the Roman Empire*, v4 (New York: Random House), 1993.

第十章

1. 本章章名中，鼠疫桿菌（Yersinia Pestis）是一八九四年由巴斯德研究所（Pasteur Institute）的瑞士裔法國醫生暨細菌學家亞歷山大．耶爾辛（Alexandre Yersin）在香港鼠疫大流行時所發現的。耶爾辛是巴斯德的學生，他首先確定鼠疫和鼠疫桿菌的關係。這個細菌原被稱為鼠疫巴斯德氏桿菌（Pasteurella Pestis），後來被重新命名為鼠疫耶爾辛氏桿菌。
2. Edward Gibbon, *The Decline and Fall of the Roman Empire*, V4 (New York: Random House), 1993.
3. 隨軍的歷史學家普羅科匹厄斯記載，當時的羅馬城令人難以置信地，僅餘五百市民。
4. 指基督完全是人、毫無人類成份的神學主張。
5. 貝利薩留也許受皇帝冷落，卻從未被尋常百姓遺忘。八百年後，君士坦丁堡的市民繼續唱歌與寫詩紀念他。
6. 查士丁尼與貝利薩留的許多事蹟都是靠大史家普羅科匹厄斯的記載才得以流傳後世。出於命運的巧合，這三位拜占庭巨人都歿於五六五年。

第十一章

1. 從遠東把絲綢運來既昂貴又緩慢，但幸運的是，兩名拜占庭僧侶在中國發現了絲為蠶蛾所吐的祕密，並成功地將一些蠶蛾偷渡出境。龍心大悅的查士丁尼馬上在首都種植桑樹供蠶蛾食用。拜占庭最賺錢的產業於焉誕生。
2. 查士丁尼的老將軍納爾西斯在完成對義大利的征服後，收到一件十足荒唐的禮物。新皇后給這位九十歲的宦官送去一支金製的紡紗桿與一封解職信，據說信上寫著：「既然你不是男人，就和女人一起織羊毛去吧。」為國家服務了一生的納爾西斯，看到這個不必要的羞辱後勃然大怒，喃喃自語地說他要在皇后身上「綁一個她一輩子解不開的結。」於是，準備前往拿坡里的他把倫巴底人（意指「長鬍子」）邀請進義大利。自此，義大利半島直至十九世紀的統一運動前都未再統一過。
3. 譯註：古希臘神話中的大英雄，除腳踝之外刀槍不入。
4. 此十字架為君士坦丁大帝的母親聖海倫娜找到，被認為就是釘死基督的十字架。
5. 譯註：君士坦丁堡的主要出入城門。

6. 譯註：拜火教的創教者。

7. 這幅聖像被稱為「善導之母」（Hodegetria），是拜占庭最神聖的聖物。據信聖像為聖路加親手所畫，於第五世紀被人攜至君士坦丁堡，收藏在一間專門為其修建的修道院。譯註：路加是耶穌的門徒之一，《路加福音》的相傳作者。

8. 沙欣戰敗後自戕，不過庫斯勞二世命人將他的屍體以鹽封存。屍體運至首都後，庫斯勞二世親自鞭屍，直至屍體面目全非才甘罷休。

9. 庫斯勞二世更常幫自己倒忙。例如他在一場戰事結束後，送給吃敗仗的將軍一件女裝以示羞辱，結果對方馬上叛變。

10. 「征服者」西庇阿是羅馬共和時代最了不起的英雄，其功績在於打敗雄才偉略的漢尼拔，讓羅馬在第二次布匿戰爭中得勝。

11. 希哈克略打敗波斯人後，仿效波斯國王的一貫作風，自稱「萬王之王」。不過他後來意識到這個頭銜太囂張，所以又改回較低調的「巴西琉斯」。

第十二章

1. 譯註：「伊斯蘭之家」所指為已皈依伊斯蘭教的地區，「戰爭之家」指的是有待戰爭將其轉化為伊斯蘭教的地區。

2. 在此之前，規模宏大的亞歷山卓圖書館至少曾經歷過兩次重大破壞，一次是在凱撒入侵時，一次是在數百年後，當時一群基督教暴民試圖燒毀館內有關巫術的藏書。所以直至阿拉伯人到來時，曾是古代世界學問集大成者的亞歷山卓圖書館十之八九只剩下空殼子。根據傳說，伊斯蘭教哈里發奧馬爾（Omar）在下達摧毀令時這樣說：「如果這座圖書館的藏書不包含《古蘭經》的教導，那就是無用且該銷毀的。又即便這些藏書包含《古蘭經》的教導，它們也是多餘的，應予以銷毀。」

3. 今日的伊斯蘭世界繼續因為這場內訌而處於分裂狀態。事情源於一個忠於將軍穆阿維葉（Muawiyah）的刺客在伊拉克中部一家清真寺刺殺了正在祈禱的哈里發阿里（Ali）。那些拒絕接受穆阿維葉統治與認定只有阿里後代能當哈里發的人自此被稱為「什葉派」，那些接受穆阿維葉為哈里發的人則被稱為「遜尼派」。伊拉克至今仍是一個以「什葉派」為主的國家。

4. 譯註：「哈里發」指身兼教主與皇帝二職的伊斯蘭教最高領袖。

5. 那個七大奇蹟之一是一座巨大無朋的太陽神銅像，但已在九百年前的一場地震中倒下。阿拉伯人將它敲碎當成廢銅賣掉，並用了九百匹駱駝才運完它。

6. 「希臘火」的成分被視為國家機密，並受到嚴密把守，所以時至今日，我們仍不知道它如何製成。有人猜測，那是一種低密度的碳氫化合物，類似石腦油。若真是如此，它的發明者領先了現代化學家十二個世紀。

7. 金角灣是博斯普魯斯海峽的一個海灣，構成君士坦丁堡北岸的一個絕佳良港。

8. 此巨巖更為人所知的名字為直布陀羅巨巖。

9. 其他人成了「希臘火」與冬季風暴的祭品，還有少數人在途經錫拉島（Thira）時遭恐怖的火山爆發奪命。

第十三章

1. 譯註：指穆斯林軍隊。

2. 譯註：據一個資料來源所稱，她們推倒士兵站立的梯子，也在無意中讓其摔死。

3. 威尼斯瀉湖區，憤怒的市民起而反抗皇帝，推出一位自己的總督，威尼斯共和國就此誕生。此共和國日後將同時是帝國的盟友和敵人。

4. 西歐後來在十六世紀的宗教改革時期，也經歷過一破壞聖像的階段。這些發起聖像破壞的新教徒為證明自己有理，也引用拜占庭皇帝引用過的同一批教會父老的言論。

5. 這座希臘島嶼自第七世紀晚期便落入穆斯林的控制，但君士坦丁五世後來仍迫使阿拉伯人承認帝國對該島有共管權。最終，這種奇怪的安排（預示塞浦路斯今日的處境）變得有利於帝國，乃至該島在十二世紀晚期被「獅心王」理查征服前，一直掌握在拜占庭手中。譯註：今日的塞浦路斯分裂為土耳其人區和希臘人區兩部分。

6. 梵蒂岡是這個教宗國至今碩果僅存的部分。譯註：「教宗國」是用丕平獻給教廷的土地成立。

7. 穆斯林佔領區的基督徒激烈反對破壞聖像，也幸好如此，有些最漂亮的聖像靠著第八世紀時，安全地座落於帝國邊境之外的科爾特教會（Coptic）修道院保存而流傳下來。譯註：科爾特教會是埃及的基督教會。

第十四章

1. 舊元老院大廈逐漸被合併於大皇宮，並用作演講廳。但元老院本身繼續存在，偶爾會用來審判高階人物。雖然其威信和責任到了第九世紀後便減少至微不足道，但直到一四五三年五月二十九日帝國覆滅當天，仍有元老院議員挺身捍衛帝國。

2. 在破壞聖像運動開始前，帝國錢幣上都是基督的肖像。由於伊琳娜剛恢復聖像的地位，人人都預期她會重新把基督肖像放在錢幣上。但她的虛榮心顯然戰勝了她的虔誠。

3. 譯註：撒拉森是對阿拉伯帝國的籠統稱呼。

4. 譯註：查理大帝通譯為查理曼大帝，但「曼」字其實就是「大帝」的意思，加上為兼顧他和祖父同名這一點，此處仍譯為查理。

5. 精明的查理也看出了利奧的盤算。但因為生米已煮成熟飯，查理雖惱怒卻無計可施。有鑑於此，千年後拿破崙才會在加冕典禮上自戴皇冠。

6. 該文件八成是寫成於利奧將它拿出來使用的數十年前。直到人文主義學者瓦拉（Lorenzo Valla）在一四四〇年徹底證明其為偽作前，始終為「教宗國」的標準武器。

第十五章

1. 被他殺死的皇帝是尼基弗魯斯（Nicephonus I）。人們是從屍體腳上的紫靴來確認此為皇帝遺體。屍體被拖到克魯姆的營帳後，這位可汗興高采烈地命人砍下皇帝頭顱以矛釘在牆上，用以炫耀自己的勝利。示眾多日後，他本著真正野蠻人的本色，把肌肉腐爛的頭骨鍍銀，用作酒杯，又逼前來談和的拜占庭使者以它來飲酒。

2. 阿摩利阿姆除為當前王朝的發祥地，也以希臘寓言家伊索的出生地聞名。

3. 譯註：即小亞細亞。

4. 譯註：其為接下來提到的皇帝狄奧斐盧斯之妻，在丈夫死後以太后的身分攝政。

5. 時至今日，東部教會每年仍持續慶祝此事件，稱之為「東正教的星期天」。

6. 這幅聖像流傳至今。畫中的聖母與小孩基督坐在天國的寶座上，神情黯然地垂視那曾為祭壇的所在。

7. 拜占庭的大學課程從第五世紀至第十五世紀始終保持嚴謹。內容總包括修辭學、數學研究和哲學。能背出整部《伊里亞德》的優秀學生並不罕見。

8. 當他的軍隊被證明不管用，狄奧斐盧斯便派使者到巴格達向市民拋撒數千金幣，企圖震懾哈里發。可惜皇帝的黃金和他的軍隊一樣沒有起作用。

9. 狄奧斐盧斯這種對主持公道的熱情讓他在生前便成為傳奇故事的主角，許多杜撰的傳說（可能包括上面一個）不脛而走。他的名聲在三百年後仍然響亮，乃至拜占庭諷刺作品《蒂馬里翁遊記》（*Timarion*）在書中將他塑造為一位陰間的判官。

10. 狄奧斐盧斯的行事很少不是大肆鋪張。例如他為了選后，舉行了一場大型選美比賽，得勝者的獎品是一顆精雕細琢的金蘋果，以此比附巴里斯（Paris）的故事。譯註：根據古希臘神話，主神宙斯找來特洛伊王子巴里斯，要他裁判天后赫拉、雅典娜與維納斯何人最美，優勝者可以得到一顆金蘋果為獎品。巴里斯受維納斯所賄而評定她最美，得罪了另兩位女神，埋下特洛伊戰爭的種子。

11. 令人不足為奇的是，上一位大規模擴大皇宮的皇帝是查士丁尼。二十世紀初期發現的一幅大型地板馬賽克畫讓人得以一瞥查士丁尼時代大皇宮的華美。畫中混雜著異教與基督教的象徵符號，包含一些暴力的狩獵畫面與奇思怪想的小插圖，堪稱古代世界流傳下來最精美的藝術作品之一。

12. 建築群覆蓋面積逾十八萬平方公尺。

13. 當今斯拉夫世界使用的西里爾字母以他的榮譽來命名等。

14. 譯註：聖彼得是耶穌十二門徒之一，相傳他是羅馬教會的建立者。

15. 為了紀念西里爾的功勞，這套字母被稱為西里爾字母，至今仍為大部分斯拉夫國家所使用。

16. 教宗哈德良二世（Adrian II）覺得所言有理，允許西里爾兄弟按他們自己的方法工作，但要求讀經時先用拉丁語唸一遍再以在地語唸。

17. 八二〇年的平安夜，皇帝利奧五世下令以一個相當古怪的方法處死覬覦皇位的米海爾二世（Michael II）：將他和一隻猿綁在一起，扔進為皇宮浴池加熱的火爐中。米海爾二世的支持者在行刑前假扮成僧侶，潛入宮中行刺皇帝。據載，利奧揮舞一個金屬十字架自衛，抵抗了一個多小時才死於刀下。接著刺客匆匆把米海爾二世帶出地牢，給他戴上皇冠，當時他腳上還銬著鎖鏈。這斷然是拜占庭歷史上最不名譽的加冕典禮。譯註：米海爾二世為皇帝狄奧斐盧斯之父。

18. 巴西爾的外號雖為「馬其頓人」，但就我們所知，他在馬其頓其實待不久。他年輕時就被克魯姆擄去，遷至一個住滿被擄「馬其頓人」的地區（譯按：應為亞美尼亞），外號也是由此而來。出於這許多原因，他創立的王朝實無資格自稱為馬其頓王朝。

19. 譯註：他是狄奧斐盧斯與狄奧朵拉的兒子。

20. 譯註：穆斯林的一方地方長官，一般音譯為「埃米爾」，但為了方便理解，以下皆譯為太守。

第十六章

1. 譯註：莎劇《馬克白》中的國王，滿手血腥之人。
2. 遺憾的是，我們如今只能靠文字紀錄來體會這座教堂的瑰麗。一四五三年君士坦丁堡易主後，教堂被土耳其人拿來儲存火藥，且不太讓人意外的是，它後來毀於火藥爆炸。
3. 佛提烏熱愛閱讀，並在自己的藏書上寫下大量批注，又寫出歷史上第一批真正有意義的書評並記錄了讀書心得。他評論過的書籍後來大多亡佚，但透過他的「書評」，我們得以一瞥拜占庭精彩傑作的些許輪廓。
4. 馬扎爾人因為回家的路被佩徹涅格人堵住，轉至匈牙利中部的肥沃平原定居，今日仍有後人住在該地。
5. 一般來說，離婚不被容許，但有些例外情況。例如，若一對怨偶堅持離婚，當局會把他們關在一棟房子裡，若一星期後仍未能言歸於好，便以相互仇恨為由准予離婚。
6. 「卡爾伯勒普希娜」意為「烏溜溜的大眼睛」，左漪最為人所稱道的似乎正是有雙烏溜溜的大眼。從任何記載來看，她都是拜占庭最美的女子之一。
7. 一般習慣是以祖父名字來命名，這樣的話，君士坦丁七世本來就應該叫做巴西爾。但「君士坦丁」是個更有皇帝氣派的名字。

第十七章

1. 羅曼努斯要君士坦丁寫一紙聲明，表示自己完全信賴「父親」，然後透過一名教士和妓女，把聲明的副本走私到福卡斯的軍營（不讓人意外的是，妓女比教士散發出更多副本）。不久後，福卡斯的人馬便相信，他們是站在名不正、言不順的一方。
2. 譯註：泉水教堂似乎位於君士坦丁堡其中一座城門「泉水門」的附近。
3. I. Bozhilov, "L'idéologie politique du Tsar Syméon: Pax Symeonica," *Byzantinobulgarica* 8 (1986).
4. 這些俄羅斯人是維京戰士的後裔，還沒融入周圍的斯拉夫人中間。在歐洲，他們業已把查理大帝的帝國搞得翻天覆地，以致接下來數百年，西方的祈禱書都有這麼一句：「求主別讓我們被北方人的怒火波及。」與拜占庭這次交手為有「海狼」之稱的維京人首次碰上一個有可觀實力艦隊的國家，也讓他們留下了難以磨滅的印象。四十年後，他們將獲准進入君士坦丁堡，加入最精銳的一支禁衛軍，從此成為帝國的骨幹，直到帝國覆滅為止。

5. 此聖物為「耶穌聖容像」（Holy Mandylion），咸信是基督教第一幅聖像。據傳說，垂死的埃德薩國王寫信給耶穌請求治癒他的腳疾，耶穌便把自己的容貌印在一塊布上，寄給國王。此聖物在第四次十字軍東征後去了法蘭西，後於法國大革命時期被毀。

6. 譯註：Pantherius 有黑豹之意。

7. 相當有趣的是，約翰・齊米斯西斯也是約翰・庫祖亞斯的姪孫。「齊米斯西斯」其實是他的外號，在亞美尼亞語中，泛指較矮的身材（尼斯福魯斯也是這種身材）。約翰・齊米斯西斯的父姓為庫祖亞斯。

8. 譯註：指莫斯科沙皇國。

9. 「小凱旋式」不若「凱旋式」氣派。尼斯福魯斯既取得了幾百年來沒有將領取得過的成就，當然有資格接受「凱旋式」表揚。但就像查士丁尼對貝里撒留一樣，羅曼努斯二世對尼斯福魯斯也有幾分忌憚。

10. 賽義夫－道萊之所以跑得掉，是因為他一面縱馬逃命，一面拋撒金幣。拜占庭士兵因為忙著撿金幣，所以沒有追上去。

11. 羅曼努斯實際上是死於打獵受傷。但這是個必須封鎖的消息，因為當時正值大齋節，嚴禁狩獵。

第十八章

1. 若她真有毒殺親夫，那可是拚得很。因為她兩天前才剛產子，仍躺在床上等待康復。

2. 這筆進貢其實是要支應嫁到保加爾人的拜占庭公主其開銷，好讓她的排場匹配其身分。

3. 譯註：當時還沒有俄羅斯這個國家，這裡的「俄羅斯」只是籠統的稱呼，指的是以基輔為中心的一個霸權（後人稱為「基輔羅斯」）。

4. 牧首的反應其實為拜占庭開了一個很好的先例：完全否定「聖戰士」的觀念。到了十字軍時代，西方顯然對此有完全不同的看法。

5. 建於阿索斯山的「聖山」修道院群至今猶存。它就像拜占庭世界留下的一座孤島，絲毫沒有受到物換星移與現代發展的影響。這二十四家修道院座落於阿索斯半島無比漂亮的環境，自成一個自治社群，且仍懸掛著拜占庭的雄鷹旗。

6. 譯註：宣佈死者已升堂的儀式。

7. 他家族的後人至今仍有些生活在希臘和黎巴嫩的南部。

8. 齊米斯西斯以善射知名，若他的主要作傳者說的話可信，他還常表演一項驚人的本領：一躍跳過三匹馬，然後落在第四匹的鞍上。

9. 彼得的感激之情應會被兩件事情淡化：約翰吞沒保加利亞的皇家珠寶，又在他之後，把普雷斯拉夫更名為若阿諾波利斯（Joannopolis）——即約翰城。

10. 這位大公在回程途中遭佩徹涅格人伏擊，就像倒楣的皇帝尼基弗魯斯一世一樣，他的頭骨也被製成酒杯。

11. 「不朽者」是騎兵中的精銳，由最勇敢且武技最好的士兵組成。這支部隊直至一個多世紀後，亞歷克塞一世在位期間，仍是帝國軍力的骨幹。

12. 譯註：《新約聖經》記載，耶穌曾在他泊山上臉上放光，顯示出神人容貌。基督教稱此事件為「基督變容」。

13. 約翰一世把姪女嫁給了西羅馬皇帝奧托二世，讓兩個帝國的統治王朝自第四世紀狄奧多西一世以來，首次結為親家。此事讓羅馬帝國恢復統一變得不再那麼遙不可及。

第十九章

1. 巴達斯·斯凱勒努斯與巴達斯·福卡斯的命運相當糾葛。當福卡斯因為反對姪兒約翰一世而首次起兵造反時，被派去討伐他的就是斯凱勒努斯。兩人當然互看不順眼，但他們的命運卻奇怪地糾結彼此直到生命的盡頭。

2. 弗拉基米爾打算改變國教已有一段時日。根據傳說，他曾派使者到四鄰國家考察，幫助他決定皈依哪個教。他沒接受伊斯蘭教是因為它管太多（禁止教徒喝酒和吃豬肉！），不接受猶太教是因為猶太人失去了國家，顯然已被上帝遺棄。他決定選擇基督教後，又派人前往研究拉丁系統和希臘系統的儀式何者更佳。前往西方的使者發現，那裡的教堂低矮幽暗，無甚足觀。反觀他們到君士坦丁堡的同僚卻被聖索菲亞大教堂的金碧輝煌震懾地目瞪口呆。他們回報說：「我們簡直不知道，自己是身在天上還是人間。」不到一年，大公便受洗為基督徒，東正教也成為俄羅斯的國教。

3. 「瓦蘭吉」一詞之意為「發誓的人」。他們後來也以忠於皇帝著稱（雖然未必是忠於龍椅上的那一位）。根據一個奇怪的傳統，他們有權在皇帝駕崩當晚進入國庫，搬走雙手拿得動的黃金數量。這種規定讓許多衛隊成員退役後成為有錢人，也確保了斯堪地納維亞人和盎格魯－撒克遜人源源不斷地加入衛隊。

4. Michael Psellus, *Fourteen Byzantine Rulers*, (London: Penguin), 1966.

第二十章

1. 他們也深受拜占庭的精緻文化吸引。一〇〇四年，威尼斯人因為看見一位名為馬里亞（Maria）的拜占庭貴族吃飯時使用古羅馬的黃金雙齒叉，大感興趣。這種雙齒叉被說成是最新的時尚，迅即流行起來，並風靡整個西方。
2. 拜占庭的傳統做法是把退伍士兵安置在邊區，授與他們田地，讓他們一面種田，一面保家衛國。這種政策大大降低了帝國的國防支出，並曾行之有效多年。
3. 譯註：「這磐石」指的是彼得。見《馬太福音》十六章十八節。
4. 譯註：換言之，是把原來的「聖靈從聖父流出」改為「聖靈從聖父和聖子流出」。
5. 教廷也是經過一段很長的時間，才接納西班牙的信經版本。晚至九世紀晚期教宗利奧三世在位期間，銘刻在聖伯多祿大教堂大門上的尼西亞信經仍是最初的版本，而當君士坦丁堡在八八〇年出言譴責西班牙教會的版本時，教宗約翰八世也完全沒有異議。
6. 今日，羅馬和君士坦丁堡的神學分歧最明顯地展現於塞爾維亞和克羅埃西亞之間。這兩國雖然同文同種，皆為斯拉夫人國家，但宗教上卻屬於敵對陣營。克羅埃西亞奉羅馬為正宗，是天主教國家，書面語以拉丁字母拼寫，反之塞爾維亞則是東正教國家，使用西里爾字母。
7. 譯註：「天主教」一詞原意為「大公教」，「東正教」原意為「正信教」。
8. 譯註：指義大利，巴里是拜占庭在義大利的最後要塞。

第二十一章

1. 亞歷克塞一個較少為人們傳頌的貢獻是恢復錢幣的含金量，終結對經濟有極大殺傷力的惡性通貨膨脹。
2. 他的遺體被運回義大利的韋諾薩（Venosa）安葬。他的逝世之地（一個風光明媚的小城）今日仍以他名字的訛體：菲斯卡多（Fiscardo）為名。
3. 他靠著藏身在一具棺材中才逃出拜占庭的領土。棺材裡放著一隻死鵝，所以散發腐臭味，讓人不疑有他。他的支持者穿著喪服，痛哭流涕，裝得煞有介事。接著他的「棺材」被偷運上一艘船，使他得以安全回到羅馬。

4. 譯註：義大利城市，後來比薩斜塔的所在地。

5. 其中之一是他的女兒安娜．科穆寧。她著有《亞歷克塞傳》——此書約莫為關於亞歷克塞的人生與時代之最有趣的讀物。

6. 該教堂今日仍在，毫不起眼地側身於四周的房舍間，但已經荒廢（並非完全無人居住），也找不到任何墳墓。或許，亞歷克塞還在未被發現的墓穴裡酣睡，夢著生前的幸福時光。

7. 不同於其他曾親自參加奧林匹克運動會與格鬥士比武的羅馬皇帝（例如尼祿和康茂德），曼努埃爾對馬上武術比賽看來真有兩把刷子。根據記載，他在一場錦標賽中，撂倒了兩位著名的義大利騎士。

8. 日耳曼人沒理會曼努埃爾的勸告，進攻時取道捷徑，結果幾乎立刻遭伏，差不多全軍覆沒。在法蘭西人率領下，剩下的十字軍又莫名進攻大馬士革（那裡是十字軍在穆斯林中的唯一盟友），而當時正值盛暑。一一四八年七月二十八日，即圍攻大馬士革僅五天後，十字軍各頭頭便知事無可為，因而打道回國。

第二十二章

1. 截至他坐上皇位時，已至少勾引過兩名外甥女。

2. 譯註：小亞細亞的西南海岸地區。

3. 就像不列顛的亞瑟王傳說，一個關於巴巴羅薩的傳說很快出現，說他其實還沒死，只是沉睡在德意志的群山中，有朝一日將再起：當烏鴉不再飛，他就會醒來帶領德意志恢復往昔的輝煌。

4. 譯註：指要害、罩門。

5. 譯註：威尼斯共和國的最高行政長官稱為「總督」。

6. 譯註：在基督教，「敵基督」指反對基督最大惡勢力的化身。

7. 「穆澤福魯斯」意指「愁眉苦臉的」。他本姓杜卡斯（Ducas），但因為有雙不是普通濃的濃眉，讓他老是一副沮喪的模樣，所以大家都以外號「穆澤福魯斯」稱之。

8. 這些藝術品有些流傳至今。之中特別值得一提的是，有名威尼斯人爬上大賽馬車場的宏偉大門，拆掉了四匹活馬大小的青銅馬，並在運回威尼斯後以其點綴聖馬可大教堂，如今仍可見得。

第二十三章

1. 雖然教廷對第四次十字軍的行為幾乎毫無責任可言，但八百年後的二〇〇四年，教宗若望・保祿二世仍就君士坦丁堡牧首造訪梵蒂岡的事件致上歉意。
2. 譯註：指信奉天主教的西方人。
3. 唯一的武裝反對力量近乎是由一位名叫利奧・希格魯斯（Leo Sgurus）的土匪頭子率領。歷經四年戰鬥後，利奧和他的人馬在科林斯衛城被包圍。他沒有投降，而是選擇自殺，自殺方式非常好萊塢：騎著馬跳出要塞邊緣。
4. 譯註：此派基督教在中國稱為景教。
5. 這位教宗最為後人所知的是，他在一位年輕義大利冒險家人生中扮演的角色。格列高利十世在一二七一年當選教宗後，收到忽必烈的來信，向他要了聖墓教堂裡一盞油燈的些許燈油。教宗把運送燈油的差事付給年輕的馬可・波羅——他日後寫出的遊記將成為中世紀最知名的著作之一。
6. 譯註：復活節（星期日）後的第一天。

第二十四章

1. 他還建議，防止通姦最好的辦法是，逼迫觸犯通姦的女性當妓女（但沒提到要懲罰涉及的男人），又主張活活燒死觸犯強姦罪之人。
2. 蒙古可汗因為信奉伊斯蘭教，不想讓穆罕默德的後繼者流血，所以以一條地毯裹住塞爾柱哈里發，才讓馬踩死他。接著，入侵者對巴格達進行了徹底的燒殺擄掠。據說，蒙古人將大圖書館的大量藏書扔進底格里斯河，溶解的墨水讓河水發黑了六個月。這則故事顯然誇大其詞，但巴格達的確從此一蹶不振。
3. 這顯然是因為貧富極不均而引起的，但還有另一個原因：當時有人主張，應該容許貧富通婚（這本來是禁忌），認為此舉可以消弭貧窮，造就一個資源共享的烏托邦社會。
4. 但這頂皇冠只是可憐兮兮的玻璃貨色：前任皇帝因囊中羞澀，已將真正的皇冠典當給了威尼斯。

5. 在歐洲，黑死病帶走了將近三分之一的人口。鄂圖曼人因為居住在遠離人口密集城市的地區，基本上未受波及。
6. Roger Crowley, *1453*, (New York: Hyperion), 2005.
7. 《舊約聖經．創世紀》有部分篇幅由七封寫給小亞細亞七個主要教會的書信構成，其中之一是非拉鐵非教會。
8. 對後人來說幸運的是，皇帝留下了一本生動的遊記，記載他穿過了拜占庭失去腹地的見聞。
9. 有些同時代的記載提到，蒙古大汗相當禮遇巴耶塞特相，至少沒把他關在鐵籠裡。但另一些記載卻細細描述，鄂圖曼蘇丹如何受辱，並顯得樂在其中。後者看來較為可信，因為帖木兒並無用得著鄂圖曼人之處，凌虐被征服者也是他的一貫作風。
10. 譯註：本書的原書採取英制度量衡單位，所以中譯文才會出現「九點五英里長的『六里城牆』」這般不協調的現象。
11. 曼努埃爾二世約莫是因為自己的帝國老受穆斯林攻擊，所以深惡痛絕以刀劍逼人改教的做法。他身為一名多產的作家，留下的其中一本著作是《與一個波斯人的二十六回對話》（*26 Dialogues with a Persian*），並在其中談及以刀劍逼人改教多麼要不得。二〇〇六年，教宗本篤十六世引用了其中的一段話來主張，不應讓暴力在宗教信仰中有存在餘地。諷刺的是，這番言論在中東引發了一場風暴，並導致些許教會被摧毀與好些人喪命。

第二十五章

1. 在米斯特拉的聖迪米特里奧斯大教堂（Agios Dimitrios）地板上，至今仍可看見一隻雙頭鷹的圖案，那就是拜占庭末代皇帝接過皇冠之處。
2. 為防巴爾幹的王公作怪，穆拉德二世出遠門時，經常帶著他們的兒子們充當人質。一位著名人質是特蘭西瓦尼亞大公弗拉德三世（Vlad III），他在被蘇丹挾持期間，喜歡以小棒刺穿小鳥身體自娛。他恨極了鄂圖曼人，又特別痛恨年輕的穆罕默德二世，他畢生致力於把鄂圖曼人逐出特蘭西瓦尼亞。他的殘忍小娛樂很快地讓他贏得了「刺穿公弗拉德」（Vlad the Impaler）的外號，但他總是更喜歡自己父親的外號Dragon（龍）。因此，後人都稱他「德古拉」（Dracula），意為「龍之子」。譯註：吸血鬼德古拉的故事便是以他為原型。
3. 譯註：此即斯巴達三百勇士的故事。
4. 譯註：「朱斯蒂尼亞尼」是「查士丁尼」的義大利文拼法，至於朱斯蒂尼亞尼的家族為何採用這個姓氏，則無可稽考。
5. Nicol, Donald M. *The Immortal Emperor*. Au: pls. add publisher info. P.67.

6. 譯註：天主教把聖餐禮用的聖餅稱為聖體，因其象徵基督的身體。
7. 「米哈拉布」是面朝麥加方向的一個半圓形壁龕，用於讓穆斯林禱告時知道要面向哪個方向。
8. 譯註：指朱斯蒂尼亞尼。

結語

1. 君士坦丁堡直到一九三〇年，才正式更名為伊斯坦堡。
2. 早在西元前六七〇年，拜占庭的市民便選擇了新月作為這座城市的象徵，並以此尊榮城市的守護女神阿爾忒彌斯（Artemis）。穆罕默德二世以新月作為自己旗幟的圖案。接著，新月又改為盈月，並用於伊斯蘭教的軍旗。
3. 希臘人對拜占庭的此種認同也表現在語言上。直至十九世紀為止，希臘人都自稱*Romioi*（羅馬人），而不是*Hellene*（希臘人）。
4. 雙頭鷹也是伊拉克和埃及國旗上的標誌，隱約反映出查士丁尼帝國的幅員有多遼闊。
5. 譯註：這裡指的應為西里爾字母。
6. 譯註：西羅馬帝國最後一位皇帝。

參考文獻

第一手資料

三三〇—六〇〇年

以下兩本書對研究君士坦丁大帝的改教是無價之寶，對於四世紀到七世紀穆斯林入侵為止的神學、日常生活和皇帝諭旨的研究也大有幫助。

Lactantius. *De Mortibus Persecutorum*, J. L. Creed, Ed. & Trans. Oxford: Clarendon, 1984.

Maas, Michael. *Readings in Late Antiquity*. London: Routledge, 2003.

對於背教者尤利安的統治，我強烈倚重他的主要傳記作者：

Ammianus Marcellinus. *The Later Roman Empire (A.D. 354–378)*, W. Hamilton, Ed. & Trans. New York: Penguin Classics, 1986.

還有：

Wright, Wilmer C. *Julian: Volume III*. Cambridge: Harvard University Press, 2003.

後者是尤利安皇帝的書信和議論文合集，寫作時間涵蓋他的整個公職生涯——從在高盧第一次穿上鎧甲到三六三年出發去打那場不幸的波斯戰役為止。

普羅科匹厄斯的四本著作對我研究尤利安一朝很有幫助：

Procopius. *Buildings.* H. B. Dewing, Ed. & Trans. Cambridge: Harvard University Press, 2002.

Procopius. *History of the Wars: The Persian War Books 1 & 2.* H. B. Dewing, Ed. & Trans. New York: Cosimo Classics, 2007.

Procopius. *History of the Wars: The Vandalic War Books 3 & 4.* H. B. Dewing, Ed. & Trans. New York: Cosimo Classics, 2007.

Procopius. *The Secret History.* G. A. Williamson, Ed. & Trans. London: Penguin Classics, 1966.

六〇〇—一〇〇〇年

這段時期涵蓋拜占庭的「黑暗時代」，可供參考的資料文獻比較稀少。不過，我受惠於《奧塞菲尼斯的編年史》。這部九世紀僧人所寫的作品描寫了哈克略的崛起以及拜占庭帝國如何在內部宗教紛爭與外來攻擊中掙扎求生。這段時期的兩大事件——破壞聖像之爭和馬其頓王朝的崛起——詳載於 Alice-Mary 和 Talbot 的精彩譯本*Leo the Deacon and Eight Saints' Lives.*

Talbot, Alice-Mary. *Byzantine Defenders of Images: Eight Saints' Lives in English Translation.*Washington, D.C.: Dumbarton Oaks, 1998.

Talbot, Alice-Mary. *The History of Leo the Deacon: Byzantine Military Expansion in the Tenth Century.*Washington, D.C.: Dumbarton Oaks, 2005.

Turtledove, Harry. *The Chronicle of Theophanes.* Philadelphia: University of Pennsylvania Press, 1982.

一〇〇〇—一四五三年

對於第一次到第四次十字軍東征之間這段時期，我依賴 Anna Comnena, John Kinnamos, Michael Psellus 和 Niketas Choniates 的生動目擊，這些記載為我提供了東方人的觀點，而依賴 Joinville 和 Villehardouin 則為我提供了西方人的觀點。

Choniates, Niketas. *O City of Byzantium: Annals of Niketas Choniates*. Trans. Harry J. Magoulias. Detroit: Wayne State University Press, 1986.

Comnena, Anna. *The Alexiad*. London: Penguin Classics, 1969.

Kinnamos, John. *Deeds of John and Manuel Comnenus*. C. M. Brand Ed. & Trans New York: Columbia University Press, 1976.

Psellus, Michael. *Fourteen Byzantine Rulers*. London: Penguin Classics, 1966.

Shaw, M.R.B. *Joinville and Villehardouin: Chronicles of the Crusades*. New York: Penguin, 1963.

第二手資料

最有用的第二手資料可分為兩大範疇，一是綜覽拜占庭的歷史，一是處理特定的時期。在前一範疇，我藉助最多的是 Warren Treadgold 的詳盡之作和 Lord Norwich 的三卷本著作。Timothy Gregory 的作品同樣重要，Edward Gibbon 當然也不在話下（只不過摻雜了一定量的砂石）。在後一範疇，處理十字軍時期時，我依賴 Jonathan Harris 的協助，處理馬其頓王朝早期時則依賴 Steven Runciman 的協助。對於帝國最後時刻的細節，我受惠於 Roger Crowley 和 Donald Nicol，特別是 Donald Nicol 對君士坦丁十一世精彩的研究。

Crowley, Roger. 1453: *The Holy War for Constantinople and the Clash of Islam and the West.* New York: Hyperion, 2005.

Gibbon, Edward. *The Decline and Fall of the Roman Empire.* 6 vols. New York: Random House, 1993.

Gregory, Timothy E. *A History of Byzantium.* Malden, MA: Blackwell Publishing, 2005.

Harris, Jonathan. *Byzantium and The Crusades.* London: Hambledon Continuum, 2006.

Nicol, Donald M. *The Immortal Emperor.* Cambridge: Cambridge Univer - sity Press, 1992.

Norwich, John Julius. *Byzantium: The Apogee.* New York: Alfred A. Knopf, 2004.

———. *Byzantium: The Early Centuries.* New York: Alfred A. Knopf, 1989.

———. *Byzantium: The Decline and Fall.* New York: Alfred A. Knopf, 2003.

Runciman, Steven. *The Emperor Romanus Lecapenus and His Reign.* Cambridge: Cambridge University Press, 1929.

Treadgold, Warren. *A History of the Byzantine State and Society.* California: Stanford University Press, 1997.

拜占庭帝國年表

君士坦丁王朝（Constantinian Dynasty, 324-363）

324-353 君士坦丁大帝（Constantine the Great，君士坦丁一世）
353-361 君士坦提烏斯（Constantius），君士坦丁大帝的兒子
361-363「背教者」尤利安（Julian the Apostate），君士坦提烏斯的堂弟

非王朝（Non-Dynastic）

363-364 約維安（Jovian），軍人，由部下擁立
364-378 瓦倫斯（Valens），西部皇帝瓦倫提尼安（Valentinian）的弟弟

狄奧多西王朝（Theodosian Dynasty, 379-457）

379-395 狄奧多西一世（Theodosius I the Great），軍人，由西部皇帝格拉提安提拔
395-408 阿卡迪烏斯（Arcadius），狄奧多西一世的兒子
408-450 狄奧多西二世，阿卡迪烏斯兒子
450-457 馬爾西安（Marcian），狄奧多西二世的女婿

利奧王朝（Leonid Dynasty, 457-518）

457-474「色雷斯人」利奧一世（Leo I the Thracian），軍人，東羅馬將軍阿斯伯爾推舉
474 利奧二世，利奧一世的孫子
474-475 芝諾（Zeno），利奧一世的女婿
475-476 巴西利斯庫斯（Basiliscus），篡位者，利奧一世的大舅
476-491 芝諾（復位）
491-518 阿納斯塔修斯一世（Anastasius I），利奧一世的女婿

查士丁尼王朝（Justinian Dynasty, 527-602）

518-527 查士丁一世（Justin I）禁衛軍司令
527-565 查士丁尼一世（Justinian I the Great，查士丁尼大帝），查士丁尼一世的姪兒
565-578 查士丁尼二世，查士丁尼外甥
578-582 提比留二世（Tiberius II），查士丁二世的養子

582-602 摩里士（Maurice），提比留二世的女婿

非王朝

602-610 福卡斯（Phocas），篡位者，摩里士座下將領

席哈克略王朝（Heraclius Dynasty, 610-711）

610-641 席哈克略（Heraclius），篡位者，駐守迦太基的將領
641 君士坦丁三世（Constantine III），席哈克略的兒子
641 席哈克洛納斯（Heraclonas），席哈克略的兒子
641-668「大鬍子」君士坦斯二世（Constans II the Bearded），君士坦丁三世的兒子
668-685 君士坦丁四世，君士坦斯二世的兒子
685-695「被剜鼻者」查士丁尼二世（Justinian II the Slit-Nosed），君士坦丁四世的兒子
695-698 列昂提（Leontius），篡位者，查士丁尼二世座下將領
698-705 提比留三世，篡位者，日耳曼人，列昂提座下海軍將領
705-711 查士丁尼二世（復位）

非王朝

711-713 菲力皮庫斯（Philippicus），篡位者，亞美尼亞人，查士丁尼二世座下將領
713-715 阿納斯塔修斯二世，篡位者，菲力皮庫斯的大臣
715-717 狄奧多西三世，篡位者，稅務官，傳言為提比留三世的兒子

伊蘇里亞王朝（Isaurian Dynasty, 717-802）

717-741 利奧三世（Leo III the Isaurian），篡位者，查士丁尼二世的敘利亞人外交官
741-775「大便」君士坦丁五世（Constantine V the Dung-Named），利奧三世的兒子
775-780 利奧四世，利奧三世的女婿
780-797「被刺瞎者」君士坦丁六世（Constantine VI the Blinded），利奧四世的兒子
797-802「雅典人」伊琳娜（Irene the Athenian），利奧四世的妻子，君士坦丁六世之母

尼基弗魯斯王朝（Nicephorus Dynasty, 802-813）

802-811 尼基弗魯斯一世（Nicephorus I），篡位者，伊琳娜的財政大臣
811 斯陶圖拉奧斯基（Stauracius），尼基弗魯斯一世的兒子
811-813 米海爾一世（Michael I Rangabe），尼基弗魯斯一世的女婿

非王朝

813-820「亞美尼亞人」利奧五世（Leo V the Armenian），貴族和米海爾一世座下將領

弗里吉亞王朝（Amorian Dynasty, 820-867）

820-829「口吃者」米海爾二世（Michael II the Stammerer），君士坦丁六世的女婿

829-842 狄奧斐盧斯（Theophilus），米海爾二世的兒子

842-855 西奧朵拉（Theodora），狄奧斐盧斯的妻子

842-867「酒鬼」米海爾三世（Michael III the Drunkard），狄奧斐盧斯的兒子

馬其頓王朝（Macedonian Dynasty, 867-1056）

867-886「馬其頓人」巴西爾一世（Basil I the Macedonian），亞美尼亞農民，娶米海爾三世的遺孀為妻

886-912 利奧六世，巴西爾一世或米海爾三世的兒子

912-913 亞歷山大（Alexander），巴西爾一世的兒子

913-959「生於紫宮者」君士坦丁七世（Constantine VII the Purple-born），利奧六世之子

920-944 羅曼努斯一世（Romanus I Lecapenus），將軍，君士坦丁七世的岳父

959-963「生於紫宮者」羅曼努斯二世（Romanus II the Purple-born），君士坦丁七世之子

963-969 尼基弗魯斯二世（Nicephorus II Phocas），將軍，娶羅曼努斯二世的遺孀為妻

969-976 約翰一世（John I Tzimisces），篡位者，尼基弗魯斯二世的侄子

976-1025「保加爾人屠宰者」巴西爾二世（Basil II the Bulgar-Slayer），羅曼努斯二世之子

1025-1028 君士坦丁八世，羅曼努斯二世的兒子

1028-1050 佐漪（Zoë），君士坦丁八世的女兒

1028-1034 羅曼努斯三世（Romanus III Argyrus），佐漪的第一任丈夫

1034-1041「帕佛拉格尼亞人」米海爾四世（Michael IV the Paphlagonian），佐漪的第二任丈夫

1041-1042「斂縫錘」米海爾五世（Michael V the Caulker），佐漪的養子

1042 佐漪和狄奧朵拉（Theodora），君士坦丁八世的女兒

1042-1055 君士坦丁九世（Constantine IX Monomachus），佐漪第的三任丈夫

1055-1056 狄奧朵拉（復位）

非王朝

1056-1057「老頭」米海爾六世（Michael VI the Old），由狄奧朵拉欽點

1057-1059 伊薩克一世（Isaac I Comnenus），篡位者，米海爾六世座下將領

杜卡斯王朝（Ducas Dynasty, 1059-1081）

1059-1067 君士坦丁十世，由伊薩克欽點

1068-1071 羅曼努斯四世（Romanus IV Diogenes），娶君士坦丁十世的遺孀為妻

1071-1078「缺斤少兩的」米海爾七世（Michael VII the Quarter short），君士坦丁十世之子

1078-1081 尼基弗魯斯三世（Nicephorus III Botaneiates），篡位者，米海爾七世座下將領

科穆寧王朝（Comneni Dynasty, 1081-1185）

1081-1118 亞歷克塞一世（Alexius I），篡位者，伊薩克一世的侄子

1118-1143「美男子」約翰二世（John II the Beautiful），亞歷克塞一世的兒子

1141-1180 曼努埃爾一世（Manuel I the Great，曼努埃爾大帝），約翰二世的兒子

1180-1183 亞歷克塞二世，曼努埃爾一世的兒子

1183-1185「恐怖的」安德洛尼卡一世（Andronicus the Terrible），篡位者，曼努埃爾一世的堂兄弟

安格魯斯王朝（Angelus Dynasty, 1185-1204）

1185-1195 伊薩克二世（Isaac II Angelus），亞歷克塞一世的曾孫

1195-1203 亞歷克塞三世（Alexius III Angelus），伊薩克二世的兄長

1203-1204 伊薩克二世（復位）及其子亞歷克塞四世

非王朝

1204「濃眉」亞歷克塞五世（Alexius V the Bushy-eyebrowed），篡位者，亞歷克塞三世的女婿

巴列奧略王朝（Paleologian Dynasty, 1259-1453）

1259-1282 米海爾八世，亞歷克塞三世的曾孫

1282-1328 安德洛尼卡二世，米海爾八世的兒子

1328-1341 安德洛尼卡三世，安德洛尼卡二世的孫子

1341-1391 約翰五世，安德洛尼卡三世的兒子

1347-1354 約翰六世，約翰五世的岳父

1376-1379 安德洛尼卡四世，約翰五世的兒子

1390 約翰七世，安德洛尼卡四世的兒子

1391-1425 曼努埃爾二世，約翰五世的兒子

1425-1448 約翰八世，曼努埃爾二世的兒子

1448-1453 君士坦丁十一世（Constantine XI Dragases），曼努埃爾二世的兒子

國家圖書館出版品預行編目(CIP)資料

拜占庭帝國：324-1453拯救西方文明的千年東羅馬帝國 / 拉爾斯.布朗沃思(Lars Brownworth)作；梁永安譯. -- 初版. -- 新北市：遠足文化, 2019.08
面； 公分. -- (歷史.跨域；9)
譯自：Lost to the West : the forgotten Byzantine Empire that rescued Western civilization
ISBN 978-986-508-007-5(平裝)

1.拜占廷帝國 2.文明史

740.229 108005991

遠足文化 讀者回函

歷史・跨域09

拜占庭帝國：324-1453拯救西方文明的千年東羅馬帝國

Lost to the West: The Forgotten Byzantine Empire That Rescued Western Civilization

作者・拉爾斯・布朗沃思（Lars Brownworth）｜地圖繪製・安德斯・布朗沃思（Anders Brownworth）｜譯者・梁永安｜責任編輯・龍傑娣｜校對・施靜沂、楊俶儻｜封面設計・林宜賢｜出版・遠足文化事業股份有限公司・第二編輯部｜社長・郭重興｜總編輯・龍傑娣｜發行人兼出版總監・曾大福｜發行・遠足文化事業股份有限公司｜電話・02-22181417｜傳真・02-86672166｜客服專線・0800-221-029｜E-Mail・service@bookrep.com.tw｜官方網站・http://www.bookrep.com.tw｜法律顧問・華洋國際專利商標事務所・蘇文生律師｜印刷・崎威彩藝有限公司｜排版・菩薩蠻數位文化有限公司｜初版・2019年8月｜二版一刷・2022年12月｜定價・450元｜ISBN・978-986-508-007-5